现 代 教 育 管 理 论 丛

丛书主编 张茂聪 李松玉

学生社团生活：
一种学习的新视野

谭维智 赵瑞情 著

山东教育出版社

丛书编委会

序　言

教育管理学作为研究和阐明科学管理教育事业的一门学科，在我国已经经历了近百年的发展历程。但自其产生以来，并未真正引起社会各界足够的重视。毛礼锐先生就曾说过，“过去，我们对历史上的教育实践取士制度和教育家的研究比较注重，在管理体制方面从文教政策和学校教育制度方面也有许多探讨，而对教育管理体制、学校管理的经验教训、教育家的教育管理实践与思想等的研究，则较薄弱，至于近现代教育管理方面的重大问题，几乎没有作出专题研究”。直至改革开放以来，教育管理学在恢复与重建的基础上得到了一定程度的快速发展，对这门学科的研究也呈现出良好的态势，表现为研究人员逐渐增多，研究领域逐渐扩展，研究主题也越来越丰富。然而，随着社会与教育改革的不断深入，教育管理学在其发展过程中逐渐暴露出了一些弊端，不得不引起我们的重视。

就现代教育管理学的发展来看，其研究主要存在以下三个方面的问题。首先，国际比较视野的研究仍较薄弱，现有的对国外教育管理学的研究多数仅停留在简单的理论介绍层面。国外教育管理学起步较早、理论流派较多，借鉴他们的理论对于我国教育管理学的发展具有重要作用。然而，理论是难以简单移植的，必须结合我国的实际。其次，单调的研究方法限制了我国教育管理学的发展与进步。目前的研究多采用思辨方法，解释性和经验性研究较多，实证研究与实地研究较少。第三，研究主要以个体形式进行，缺乏合作性研究，不利于教育管理的创新与突破。

《国家中长期教育改革和发展规划纲要(2010—2020 年)》强调教育管理

体制的改革,提出要完善中国特色现代大学制度、中小学学校管理制度,健全统筹有力、权责明确的教育管理体制的要求。山东师范大学教育管理与政策研究团队主持完成的《现代教育管理论丛》,以现代教育管理为研究对象,选择一些教育管理与政策研究中的前沿问题展开针对性的专题研究,并借鉴一些国家的经验,以解决制约我国高等教育管理、义务教育管理以及学校管理中的问题,是具有很大进步意义的。

该丛书由《现代大学管理制度改革与创新:国际比较的视野》《宽基教育:呈现学校价值力》《公平与均衡:义务教育管理体制改革及制度保障》《学生社团生活:一种学习的新视野》《现代小学教育管理新论》《中小学教师激励与管理》六册著作组成。研究内容涉及现代大学管理制度、义务教育管理体制、学生生活与发展等多个方面。虽侧重点有所不同,但均为我国教育管理领域中的热点问题。在把握当前社会发展趋势的基础上,深刻分析了我国现代教育管理领域所面临的一些新变化和新挑战,并结合了当代大学生和中小学生的需求变化,论证了完善我国现代教育管理方法与措施的必要性。借鉴国外先进的教育管理经验,并与我国的实际情况相结合,探寻适用于我国的改进高等教育与义务教育管理的有效路径。

总的来看,该丛书的特点在于问题意识强,论证观点明确,严谨且清晰,研究内容紧紧围绕国家教育发展中的热点问题,具有一定的科学性、系统性和应用性。该丛书还及时总结现有的研究成果,并吸纳了新颖的管理理念和方法,是教育管理学领域的一次探索和创新。当然,丛书的内容比较分散,尚不够集中、系统,有待进一步研究与完善,但其研究成果值得从事教育管理领域的研究者、决策者和研究生、本科生们阅览,相信对于促进现代教育管理的发展会有所帮助,这也正是丛书作者们力求达成的愿望。

前　言

在教育普遍强调民主、突出学生自主、自治发展的背景下，各类学生社团得到迅速发展，学界对学生社团也日渐关注，对学生社团的类型、特点、作用、现状和问题、管理等的研究日渐增多。总体来看，目前对学生社团的研究还不够深入和完善，对学生社团的研究和认识还存在诸多的局限，已有的研究更多地停留在表层上，简单罗列社团的类型、特点、问题、对策和社团之于学校的工具性价值，是目前学生社团研究的主要研究内容和研究模式，究其原因，这其中既有现实的局限也有理论的短视。对学生社团生活的关注，对学生社团发展中出现的新情况、新问题的研究，有助于我们清楚认识和全面了解学生社团在教育中的地位和作用，澄清学生社团生活之于学生的教育价值，丰富现有的关于学生生活、学校生活的理论研究成果，为学生社团的繁荣发展提供理论支持。

在赵瑞情完成她以中学生社团生活为研究对象的博士学位论文之后，我们对学生社团生活的关注并没有随着答辩的结束画上句号。经过若干次跨越大洋的讨论、思想的碰撞之后，我们达成共识，准备在博士论文的基础上继续拓展对学生社团的研究，进行一些新的思考和追踪。

如果要总结有哪些拓展和深化，我们感觉可以用“加宽”和“加厚”这两个词来概括。所谓的“加宽”，是指我们将研究的范围加宽，原来的研究只关注了中学生这个群体，现在我们将范围扩展到了所有学生，不仅仅是中学生，也包括大学生和小学生，这一点与下面将要谈到的“加厚”有关，因为我们将关注的重点由“生活”延伸到了“学习”。作为一种“学习”的视野，当然也就不再局限于中学生这个群体。至于“加厚”，是指我们在研究的深度上所做的进一步努力，在原来学生社团生活研究的基础上，我们认识到生活与学习的密不可分的一体两面的关系，于是思路沿着社团生活——生活即学习——社团学习的路线不断前进，另外一个线路则是由学生社团——实践共同体——实践——学习发展，两个线路最终都指向了同一个终点，即“学习”。研究路线一步一步向前伸展，关注的问题也不断发生变化，最终，提出了一个“社团学习”的概念，将研究的重点放在了“学习”上。于是，关注的问题变成了社团学习中的问题，理论工具变成了从学习科学中直接拿来的“非正式学习”、“实践共同体”，甚至包括最后的策略，都变成了“社团学习”取向的。因此，所有的“加宽”和“加厚”，是随着研究的深入逐步延伸、逐步拓展、逐步发现的。

说起学生社团，就不能不关注实践共同体；说起实践共同体，就不能不关注学习；说起学习，就不能不关注社团学习。这是我们的研究逻辑，也是我们努力跟踪当前关于实践共同体和学习科学一些最新研究成果后，展示出来的研究路线。

本书定位在“生活”这一层面，主要是基于以下考虑：首先，对社团学习的关注和研究。从上个世纪90年代起，世界范围内正发生一场学习的革命。人们越来越认识到，教育的目的是学，而不是教。对学生而言，学习即生活，生活即学习。学生，包括从小学生到大学生，由于教育的需要，特别是学习的需要，参与社团生活并根据自己的兴趣爱好自发成立其自己的组织，在社团生活中充分发挥其自主性和创造性。学习是当下学生社团活动最重要的取向，我们甚至可以说，社团活动就是社团学习。社团学习在学校生活中所发挥的作用，已经要求我们必须将其纳入正式学习的范畴，而不能再对其采取漠视、排斥的态度（指学习取向上的）。这样说，主要是缘于目前大多数学校对社团学习的价值认识还不足，没有把社团活动纳入学习的视野，甚至还只是将社团作为一种管理的方式、学生自治的工具，社团学习还处在一种被边缘化的位置。学生这一群体的特殊性，也决定了学生社团活动与社会上其他社团活动有着根本的区别，这种区别就是社团活动总是与学习联系在一起。相应地，学生社团活动的开展是不可能也无法照搬和机械模仿社会其他社团活动的开展，或者说学生社团本身有着区别于其他群体社团的特殊的运作逻辑和规律，这种运作逻辑和规律就是学习的逻辑和规律。

其次，对当下的学生在社团活动中“正经历着的”实际生活状态的关注和研究。生活是学校的全部内容，是学校的核心。正如陶行知所说：“学校以生活为中心。一天之内，从早到晚莫非生活，即莫非教育之所在。一人之身，从心到手莫非生活，即莫非教育之所在。学校有死的有活的，那以学生全人、全校、全天的生活为中心，才算是活学校。死学校只专在书本上做功夫。介于二者之间的，可算是不死不活的学校。”①社团生活是学校生活的重要组成部分，在某些程度上已经成为与课内生活同样重要的生活形式。社团生活关注的是学生在社团中的“存在”，关注的是当下的学生在社团活动中的相互交往与互动、矛盾与冲突，在社团活动中的喜怒哀乐、共同的相伴和成长。在社团生活中，强调的是人的动态生成性的特点。当然，对“学生社团生活”的研究和探讨，离不开对“学生社团”这一教育形式的作为“组织”本身的静态的介绍和分析，比如学生社团组织的性质、发展历史、机构设置、管理体制、规章制度、人员构成等，但又不仅仅停留在这一层面上，而是更多地去关注学生在社团生活中的动态的交往、互动、冲突与合作的过程，揭示学生在社团活动中的生活方式，研究学生在社团生活中的成长和发展，特别是社团生活之于学生的独特的教育作用和价值。

本书侧重于学习视野下社团生活状态和问题的研究，在此基础上着重探讨社团学习作为一种学习的新变革，它的理论基础、运营方式、管理方式、存在的问题以及优化策略。社团生活与社团学习，即社团生活作为一种学习模式的研究，是本研究的核心和主线。本书的框架大致安排如下：

第一章：“学生社团生活的界定”，对学生社团的内涵进行了基本界定。立足于我国学生社团实践，在对学生社团与学生会、班级等其他重要学生组织进行了简要比较分析的基础上，对学生社团的“非正式群体”性质进行了

① 陶行知：《我之学校观》，见《陶行知文集》，江苏教育出版社2008年版，第184页。

恰当的定位。

第二章:“学生社团:那些过去的故事”,首先在历史层面,从国外和国内两个维度对学生社团发展的大致脉络进行了梳理和澄清。其中国外学生社团的发展,主要以美国为例详述了美国学生社团发生发展的历史以及当前美国学生社团的发展现状和研究特点。在此基础上指出,在不同的历史时期,学生社团承载着应对时代需求的历史使命,但关心社会、了解社会、熟悉社会、服务社会依然应该成为当今学生社团的主要天职和使命。

第三章:“社团生活对课堂生活的超越”,从学校生活的整体着眼,从单一课堂生活对学生身心全面健康发展的价值缺失出发,引出对学生有重要价值的学生生活的另一界域——社团生活。本章的分析剑走偏锋,以子之矛攻子之盾,用社团生活的优势对比课堂生活的劣势,提出了社团生活对课堂生活缺失的补充意义,并重点分析了社团生活对课堂生活在学习方式变革上的突破。

第四章:“学生社团生活的学习功能”,在对学生社团之于学生、学校和社团三重功能正确把握的基础上,分析了学生社团的学习价值。主要论述了社团生活对于学生自主与责任、民主合作与领导力、个性与社会性发展等方面的价值。

第五章:“社团学习的理论基础”,本章简要分析了社团学习的三个理论基础,即非正式学习、实践共同体以及陶行知的教学做合一理论,这三种理论均从不同侧面支持了学生社团对学生生活、实践的涉入,以及作为实践共同体所包含的学习意义。其中隐含的主要思想有生活即学习、实践即学习,以及共同体的实践即社团的学习。

第六章:“社团活动课程化:对非正式学习的收编”,本章针对当前我国学生社团课程化这一现状,对“课程化”本身进行了合理的价值定位,并对课程化后的社团活动开展过程中存在的问题及时予以回应和反思。

第七章:“学生社团生活的主体及其生活方式”,分别对社团生活产生重要影响的参与性主体(社团负责人和社团成员)、支持性主体(校长、教师和家长)进行了论述。本章认为,社团开展的实践过程中主体结构即人的因素是社团活动中最重要的因素。在这一理念指导下,我们分别对各主体进行了分析和探讨。一个优秀的社团必定有一个优秀的社团负责人,而社团实践本身又有助于社团负责人的成长和发展。对于社团成员,主要探讨了社团成员的产生、兴趣对于一个社团成员的重要性、社团生活之于社团成员的成长发展以及不可回避的成员对于参加社团活动与课业学习之间所谓的"矛盾"问题的主要看法等。教师作为支持性主体,处理好教师主导与学生主体的关系自然成为了社团生活中指导教师所面临的主要矛盾。家长部分,主要焦点问题依然在于如何正确看待和处理学生参加社团活动与课业学习之间的关系。调查发现,家长作为支持性主体,对学生参加社团生活的态度起着至关重要的作用。在此基础上,本章将社团生活看成是一个动态发展过程,从参与社团的动机、社团中的同辈群体及其影响、交往与互动以及社团生活之于学生的人际关系和情意发展等角度,对参与学生社团生活的各利益主体分别进行了动态分析和论述。

第八章:"学生社团生活的再生产",围绕社团成员的再生产、知识再生产以及社团资源再生产,着重探讨了当前学生社团的产生与成立、社团活动的日常管理、社团活动资源的获得、社团的激励与评价等问题。本章立足学生社团现状,重在对社团实践过程中组织体制的分析。通过一些具有典型性的案例真实呈现了当前我国学生社团的组织结构。并在此基础上,借鉴和分析了美国学生社团组织体制。其中的"社团活动资源的获得",密切结合学生社团之于学生社会性发展这一重要价值,重点探讨了社团活动经费获得的过程也是学生走向社会、了解社会、丰富自己、完善自己的过程。

第九章:"学生社团生活中的障碍",主要讨论了当前学生社团生活中存在的主要问题及其产生的根源。反思目前的学生社团,我们认为,学校对学生社团的指导不足、干预有余,社团活动偏重于个人的娱乐消遣,缺乏与社会的联系,服务社会的意识淡薄,是目前学生社团存在的几个主要问题。

第十章:"学生社团生活的优化策略",主要提出了变"具体指导"为"宏观引导"、强化社团的社会实践性特点以及做好社团培育促进社团的可持续发展等主要观点。需要说明的是,这里的主要内容与前面的问题分析之间并不是严格的一一对应的关系，而是主要立足于当前中国学生社团实践，我们认为所着重需要努力的方面。尤其是社团培育和可持续发展方面，本身就是一个复杂的、多维的问题。因此，在优化策略中，也包括做好社团负责人的培训工作、加强社团指导教师的交流和再提高、强化社团的凝聚力、建立健全社团的体制机制以及营造积极健康的社团文化等诸多方面。

结语："两种学习：'个人学习'与'社团学习'的融合"，个人学习和社团学习各有所长，优劣互现，因此不存在以社团学习取代个人学习的问题，同时，社团学习的独特功能也是个人学习所缺失的部分，最理想的境界是进行学习范式的革命，让学生在两种学习之间自由地游弋，以充分发挥各自所长，弥补各自的缺憾。

总之，从学生社团生活的实际出发，努力呈现和认识当前学生社团生活的全貌，研究和分析学生社团活动开展的现状和问题，深入挖掘学生社团生活的运行机制，充分发挥社团生活的学习功能，以及社团之于学生的个性培养、自主性发挥、民主意识的增强、社会化发展等的教育价值，特别是，从社团生活切入，重新认识学习的本质，拓宽学习的视野，是我们致力于思考和试图解决的主要问题。

感谢华东师范大学范国睿教授对本研究的支持以及为此付出的心血，从选题的确立到写作提纲的拟定以至于书稿的修改，范教授均给予了精神上和智力上的无私帮助，在此表示最真挚的感谢。本书能够出版，得到了山东师范大学张茂聪教授和山东教育出版社有关领导的大力支持，在此一并表示感谢。

目　录

第一章 学生社团生活的界定

第一节 学生社团的概念及主要特征

《教育大辞典》对学生社团的界定是:“学生是在自愿基础上结成的各种群众性文化、艺术、学术团体。不分年级、系科甚至学校的界限,由兴趣爱好相近的同学组成。在保证学生完成学习任务和不影响学校正常教学秩序的前提下开展各种活动。目的是活跃学校学习空气,提高学生自治能力,丰富课余生活;交流思想,切磋技艺,互相启迪,增进友谊。”①《辞海》对学生社团的解释是:“中国高等和中等学校的学生自愿组成的群众组织。形式多样,有学术研究会及诗画社、棋艺社、摄影社、美工社、合唱团、剧团、球队等。以有益于学生身心健康成长为原则,多数由共青团和学生会给予适当的指导和支持。”②团中央、教育部共同下发的《关于加强和改进大学生社团工作的

① 教育大辞典编纂委员会编:《教育大辞典》(第1卷),上海教育出版社1990年版,第225页。

② 辞海编辑委员会:《辞海》(缩印本),上海辞书出版社1999年版,第3196页。

意见》明确界定了大学生社团的性质:“大学生社团是由高校学生依据兴趣爱好自愿组成,按照章程自主开展活动的学生组织。”《普通高等学校学生管理规定》中将学生社团做如下定义:“学生社团是本校学生自愿组织的群众性团体。”

“学生社团”英文可译为“student club”,“student society”或“student association”。在我国台湾地区和日本,倾向于使用“student club”一词。如日本认为学生社团(或称俱乐部)一般是指:“根据共同兴趣而结合的团体,进行互相协同的定期的聚会。”①美国也倾向于使用“student club”一词,但所涵盖范围却明显小于我国的界定。也有使用“student society”②的,但不如“student club”更普遍。在他们看来,诸如管乐队、合唱团、戏剧社、辩论社都不属于 club 的范围,但毫无疑问,他们都属于“学生活动”。如 Robert V. Lone 于 1946 年在美国卡拉马祖西州立高中(Western State High School, Kalamazoo)进行问卷调查时提到:“除了学校的社团活动(club),你还参加了哪些课外活动(extracurricular activities),如橄榄球、棒球、辩论会、戏剧社和唱诗班等?”③Kimball Wiles 也将社团活动与运动会、管弦乐队、合唱团、校报社以及学生会并列起来谈论。④ 美国习惯于将所有以学生为主体开展的各种活动统称为“学生活动”(student activities)。当然,这里的学生活动并不单单指所谓的学生社团活动,还包括以学生会以及班级等为主体开展的各类活动。需要指出的是,在美国的学校里,今天仍有不少在继续沿用课外

① [日]麦岛文夫等编,刘平译:《中学生与生活》,中国青年出版社 1988 年版,第 110 页。

② 参见 Kimball Wiles (1963), ***The Changing Curriculum of the American High School***, Englewood Cliffs: Prentice-Hall, Inc., p. 201; Jerry H. Robbins & Stirling B. Williams, Jr. (1969), ***Student Activities in the Innovative School***, Minneapolis: Burgess Publishing Co., p. 7.

③ 参见 Robert V. Lone (1947), ***A Comparative Study of Member and Non-member of Extracurricular Clubs of Western State High School***, Unpublished Master's thesis, University of Michigan, p. 179.

④ 参见 Kimball Wiles (1963), ***The Changing Curriculum of the American High School***, Englewood Cliffs: Prentice-Hall, Inc., p. 203.

活动这一说法。① 但他们所谓的课外活动，不同于我国对于课外活动的界定，内容包括了所有以学生为主体组织开展的各类活动，即等同于他们目前对于“学生活动”的界定，包括学生会组织、班委会组织，甚至连在学校各办公室做助手的一批同学组织也包括在内。总之在美国，无论是当今的学生活动，还是20世纪四五十年代有关学生社团的专业书籍②，都将班级或学生会组织统一纳入到“课外活动”或“学生活动”的范畴内。而社团活动作为丰富多彩的课外活动的重要组成部分，无疑成为了最能发挥学生自主性、最能体现学生能动性的主要渠道。因此，在他们看来，凡是由学生自行组织的活动均属课外活动或学生活动。这一点与我国对于学生社团的理解有所不同。在中国，一般将班委会、学生会等学生组织称为正式组织，其侧重点在于行使以学生为主体的管理职能。

综上所述，学生社团可以理解为：由部分学生在共同兴趣、爱好的基础上自愿、自发地组织起来，通过开展各项有益的课外活动，实现自我教育、自我管理、自我发展的学习共同体。本文所谈的学生社团仅指由学生自发组建或在学校的指导建议下帮助组建起来的，由有着某种共同的兴趣爱好的学生自愿参加组成的学生群众性组织。

学生社团作为社团的一种，在自发性、非营利性以及非正式的特征上，与通常意义上的民间社团有很多相似之处。但是学生社团与其他社会团体又具有明显的不同，表现为以下几个显著的特征。

首先，学生社团成员社会角色比较单一。普通意义上的社会团体，成员构成往往比较复杂，成员的学历、职业都会有很大的差异。而学生社团的成员构成比较单纯，所有成员都是有着共同兴趣爱好、年龄相仿的在校学生，往往还以同一学校的学生为主，很少有跨校的社团成员，即其成员的社会角

① 参阅后面章节中有关卡拉马祖教会高中(Kalamazoo Christian High School)关于课外活动海报的有关内容；另哈佛大学在关于本科生教育相关网页上也依然采用课外活动(extracurricular activities)这一说法，可参阅 http://webdocs.registrar.fas.harvard.edu/ugrad_handbook/current/。

② 参见 Nellie Zetta Thompson (1953), ***Your School Clubs: A Complete Guide to 500 Activities for Group Leaders and Members***, New York: E. P. Dutton & Co., Inc.

色比较单一。这样，在社团内部彼此间更容易产生共鸣，关系更为密切，凝聚力相对较强。在社团活动中，更有利于培养学生的团队精神和团结协作精神。在具体的社团活动中，细致的分工、密切的协作，更有利于帮助每一位成员树立起自主意识和责任意识，更有利于学生的社会化和角色化。

其次，学生社团活动具有较大自由度。普通意义上的社会团体活动往往比较单一，活动主题也比较集中，形式相对比较具体。学生社团的活动开展主要围绕学生生活展开，上到天文，下至地理，无所不包，在活动的形式和内容上呈现出较大的自由度，较社会上其他社团相对更加具有灵活性。学生社团中所进行的活动可以摆脱课堂教学等常规教育方式的局限，从而及时地向学生传递多种信息，让他们随时吸收新的知识，拓展视野。社团活动不受教学计划、教学大纲和教科书的限制，其可以通过活动和开展项目进行基于问题的学习和基于项目的学习，较之学校其他学生活动形式和学习形式具有更大的自由度和选择性，也更利于增长学生的见识，锻炼才干，提高能力。同时，对学生的要求上，社团活动不像课堂教学活动那样一刀切、齐步走，学生的学习完全可以在一种宽松、自由和生动活泼的氛围中进行，学生的个性亦可以得到充分的尊重和充足的发展。

第三，学生社团结构较为松散。社会团体的成立、发展往往比较稳定，成员的进出自由度相对较小，制约性较大。学生社团是以校园生活为基础，社团成员的进出比较容易，不像社会上其他社团成员间存在一定的经济利益关系。学生更换社团的自由度大，因而其结构更具有松散性特点。《社会团体登记管理条例》规定："在政府机构、企事业单位、学校、街道和村庄内部开展活动的社团，属于单位内部社团，无需到民政部门登记注册。"①学生社团的成立、发展、甚至解散，都不需要经过什么法律手续，进出较为自由，人员流动性很强。这也是由学生与学校自身的特点决定的，铁打的学校流水的学生，老生走了，新生进来，表现出极大的流动性。学生社团的松散性还表现为另一个趋势，近年来出现了跨校社团和网络社团，这种类型社团的出

① 王绍光等：《中国的社团革命——中国人的结社版图》，《浙江学刊》2004 年第 6 期。

现，使社团的结构更趋松散化。“据中国青少年研究中心提供的一项调查显示：从发展趋势看，学生社团的领域和范围正在不断扩大，跨校社团和网络社团的数量不断增加。目前，参加跨校社团和网络社团的大学生比例分别达到 6.5%和 14.0%，平均每人参与的跨校社团为 1.76 个、网络社团为1.99 个。”①特别是网络社团，呈现为一种虚拟的特性，社团成员的身份都是隐藏的，甚至是虚构的，制约性更小，活动的自由度更大，管理上也更松散。

第四，学生社团数量繁多，类型包罗万象。“近几年，全国高校学生社团呈现出蓬勃发展的势头，仅北京高校目前就有各类学生社团 2 300 多家，并且这个数字还在不断增长。另据中国青少年研究中心提供的最新数据显示，目前有 59.7%的大学生参加了校内社团，平均每人参与的社团数为 1.8 个。”②从社团的角度看，学校是个大社会，在社会上存在的社团，在学校几乎都可以找到影子，社会上没有的社团，学校里往往也可以找到。目前我国的学生社团可谓包罗万象、类型繁多。各种社团按照领域分：有体育类、艺术类、学术类、实践类等；按照功能分：有创业型、研究型、学习型、社交型、政治型、休闲型、公益型、服务型、学术型、网络类（虚拟型）等。以清华大学为例，截止到 2010 年 4 月，清华大学共有注册的学生社团 112 家，涵盖人文社科、科技、公益、文艺、体育五大类别，注册会员总数超过两万人次。协会主要分为体育、科技、艺术、人文社科和公益五大类，涌现出学生马克思主义理论研究协会、国旗仪仗队、绿色协会、爱心公益协会、山野协会、摄影协会等众多优秀社团协会。比较受欢迎的有学生绿色协会、学生职业发展协会、学生对外交流协会、学生汽车爱好者协会、学生越剧协会、学生轮滑协会、学生马克思主义学习和研究协会、学生排球协会、学生定向越野协会、学生项目管理协会、学生心理协会、排球协会、学生外语协会、学生创新社、学生笃行社、学生三晋文化交流协会、学生职业发展协会、学生影视欣赏与评论协会、学生跆拳道协会、学生吉他协会等。其他如，复旦大学共有实践类、学术类、艺术

① 孙晔：《新生代学生社团异军突起》，《中国青年报》2006 年 03 月 25 日。

② 孙晔：《新生代学生社团异军突起》，《中国青年报》2006 年 03 月 25 日。

类、体育类等4大类学生社团77个。武汉大学这4类学生社团共90个。目前台湾地区的大学院校中共有五花八门的学生社团8 000多个。以保守估计，每学期至少有16万到24万大学生投身社团活动。2002年东吴大学有6大类190个学生社团，参与人数约占全校学生总数的40%。台湾大学有学术性、艺术性、宗教性、服务性、传统文化等16类，总计600多个学生社团。① 在美国的大学，不少青年学生热衷于组织与参加社团，学生社团种类、数量繁多，名称也是五花八门。以哈佛大学为例，哈佛大学目前有600多个学生社团，其中建立了自己网站的社团有546个，得到学校认可的学生社团占50%，平均不到30个学生就有一个学生社团。美国学校的学生社团分类与中国有所不同，如哈佛大学的学生社团大致分为五大类：一是信仰型社团，如共和党员俱乐部(Republican Club)，巴勒斯坦团结委员会(Palestine Solidarity Committee)；二是专业学术型社团，如化学俱乐部(Chemistry Club)；三是艺术类学生社团，如Harvard-Radcliffe管弦乐队、魔术协会(Magic Society)；四是服务型学生社团，如红十字(American Red Cross)；五是地域性社团，这类社团数量最多，如以中国留学生为主体建立的社团，除了六个泛亚洲协会外，还有中国学生联合会(Chinese Students Association)、香港社(HongKong Society)、台湾文化社(Taiwanese Cultural Society)等。②

第五，学生社团具有很强的教育性特征。一般来说，社会上的普通社团或者具有很强的政治性，或者具有很强的经济性，或者具有很强的娱乐休闲性，与社会上其他社团不同，学生社团具有很强的教育性，这往往是其他社团所不具备的。学生社团的教育性表现在学生社团往往是以隐性的或者显性的学习为目的，是学校的学习共同体。社团作为学习共同体，与课堂中进行合作学习的学习共同体有很大区别，课堂中的学习共同体具有均质化、甄别化的特征，活动中有共同的目标、共同的学习内容、共同的愿景、共同的言

① 唐德中、胡敏：《台湾学生社团：磨志练才的摇篮》，《中国青年研究》2003年第6期。

② 廖良辉：《中美高校学生社团管理比较——以美国哈佛大学为研究实例》，《青年研究》2005年第4期。

词，通过共同的探究达到理解、逻辑思维上的一致性。学生社团作为一种异质型的学习共同体，虽然为了共同的问题或者项目走在一起，但是每个人的自立、自主、保持多样性是社团存在的前提。

第二节 学生社团的"非正式群体"性质

一般认为学生社团属非正式群体，"学校在重视正式群体的教育力量下，应充分认识并重视社团这种非正式群体的教育力量"①。尤其对于大学生社团而言，它的非正式性的特点更多的体现在学生社团成立的自发性上。"大学生社团是大学生基于一定的兴趣、爱好和特长而建立的非正式群体组织。"②共青团中央、教育部《关于加强和改进大学生社团工作的意见》(2005年1月13日)指出，大学生社团是由高校学生依据兴趣爱好自愿组成，按照章程自主开展活动的学生组织。

因此，将大学生社团定位为"非正式群体"似乎是无争议的，而中学生社团、小学生社团则有所不同。教育实践中的中学生社团和小学生社团，由于学生本身的自主性不强、兴趣爱好发展还没有完全定型，以及财力等方面的制约，因此，更需要学校和教师的组织引导，甚至很多的中小学生社团的成立完全是由学校出面组建的。如校合唱团、管乐团等的组建基本上是学校行为、教师意志。这些社团的成员大都来自学校招生中的特长生，成立社团一方面可以进一步发展他们的特长，培养他们的专业素养，另一方面也为了在各级大型比赛中获奖，为学校争得荣誉。这样的社团一般由学校音乐组

① 陈瑞瑞等：《社团活动与大学生社会化的关系研究》，《教育理论与实践》2006年第8期。

② 林伟雄：《青年社会化与大学生社团结构与功能的调整》，《华南师范大学学报》(社会科学版)1999年第3期。

的教师亲自组织和指导，有着严格的训练程序和制度。有人就此认为，这样的组织已经不是非正式组织了。总体看来，关于何为中小学生社团，至少有一点是无争议的，那就是中小学生社团一定是有着共同兴趣爱好的同学自愿参加的学生组织。必须肯定的是，中小学生在组建社团时不一定是自发的，而其在参与社团活动时一定是自发自愿的。在我国台湾地区关于中学生社团的组织安排上，同样也认为中学生社团一般包括由学校组织安排的社团活动以及由学生自行运用课余或假日所进行的活动。① 由此可见，是否学生自发组织，并不是判断社团的主要标准。或者说，判断社团的标准并不看重是否自发组织，看重的是社团的活动内容和活动形式。

不可否认的是，社团是否自发组织直接影响了学生对社团的认知。一项对台湾地区的中学生社团成员关于社团参与态度差异的调查结果证实了这一点。调查发现："参与康乐类社团学生、服务类社团学生在社团参与态度上高于参与运动类社团学生；参与服务类社团学生高于参与艺术类社团学生。"②究其原因，目前不少中学尤其是初中学校里，艺术类社团如合唱团、管乐团等，其目标主要是参加各种类型和级别的比赛，因此即使是社团活动时间也是更偏重于节目的排练，所以对社团活动的感觉较为淡漠。同样，运动类社团大多为学校校队，其训练时间除了社团活动时间外，更多的是利用其他的时间在训练，而比赛时多以校队名义参赛，可能没有参加社团活动的感觉，或不认为自己参加的是社团活动，因此相应地对社团的认知较不充分。而娱乐、服务类社团，其活动形式比较活泼、自由，社团成员的交往互动较为频繁，成员间有较多的与人相处的机会，因此其成员对社团的认同感较运动类、艺术类社团相对偏高。

我们可以通过对学生社团与其他类型的学生组织，如学生会、班级集体加以比较，来更加清晰地认识学生社团作为一种非正式群体的性质。

---

① 徐彩淑：《社团参与态度、社团凝聚力与人际关系之相关研究——以台北县参与社团国中生为例》，硕士学位论文（未发表），台北师范大学，2004 年，第 5 页。

② 徐彩淑：《社团参与态度、社团凝聚力与人际关系之相关研究——以台北县参与社团国中生为例》，硕士学位论文（未发表），台北师范大学，2004 年，第 69 页。

一、学生社团与学生会的差异

在美国,学生社团和学生会同样都被纳入到学生活动的范畴。在他们看来,学生社团也好,学生会也好,都属于以学生为主体而开展的学生活动,两者并没有本质的区别。这一点与我国的理解有所不同。我国一般把学生会和学生社团看作是性质不同的两类学生组织。他们之间的差异主要表现在管理方式的不同。

学生会是党委托共青团指导的青少年群众组织,是典型的最基本的学生自治组织。学生会作为学校最大的学生组织,有着比较严密的组织体系和学习、宣传、文艺等明确的职能机构。它的工作重点是组织大型活动、维护学生权益、管理部分学生事务,实际上类似于校园里的"学生政府"。学生会组织重在面向全体学生,因此学生会组织的活动具有大众化特点。而社团则不同,学生社团通常没有分层的组织体系,规模不一,主要的凝聚力来自共同的兴趣,有相对自由的活动空间,其主要工作内容是组织开展各种活动,比较类似于校园里的"行业协会"。学生社团在组织上相对独立,在活动的设计开展上相对自主。从这个角度讲,学生社团较学生会等传统的学生组织对成员创新意识的培养力度更强,效果更明显。因此,参加社团比当班干部、学生会、团委干部更能锻炼人,在这里没有人会指导你该怎样做。

美国一般是将学生会(Student Government or Student Council)作为学生社团活动的协调部门。学生会在学校各种学生活动组织中占据着非常重要的地位。"在发扬学校精神及传统方面扮演着非常重要的角色的学生会,应该为学生社团等各级学生组织的开展和运行制定相关制度措施。"①而我国一般把学生社团界定为在校团委的指导下开展工作的学生组织。从这个角度上讲,学生社团与学生会是同属于校团委领导下的并列的两个学生组织。从学生会和学生社团组织的运行机制来看,学生社团是学生以"兴趣"为纽带的志同道合的群众性组织,其最大的特征是"自治性",学生会则是兼

① Kimball Wiles (1963), ***The Changing Curriculum of the American High School***, Englewood Cliffs: Prentice-Hall, Inc., p. 206.

有“自治”和“他治”的特点。两者在活动内容、活动目标以及同学参与上都有着不同的要求。但实践中，不少学校为了管理的方便，将社团挂靠在学生会下成为学生会的一个部门，由学生会的社团部全权管理学校的社团。难怪有人认为，“学生社团是一种学生群众性的自愿的联系组织，不过要接受校团委以及学生会的领导”①。因此，学生社团与学生会实属性质不同的学生组织。还有一种做法是，单独成立社团联合会，与学生会组织机构平行运作，或社团联合会主席（或称理事长）由学生会副主席担任，这样一方面保证了社团独立自主地开展工作，另一方面也便于社团和学生会之间的沟通和协调。共青团中央、教育部在《关于加强和改进大学生社团工作的意见》（2005 年 1 月 13 日）中指出：“学校团委要设社团部或指派专人负责社团工作，社团数量较多的高校可成立社团联合会，作为学生社团自我管理、自我服务的载体，由校团委负责指导，社团联合会主要负责人由学生会（研究生会）负责社团工作的同学兼任。”另有一种比较合理的布局是，由学校的一名团委副书记兼任社团联合会秘书长，直接指导和管理学生社团工作，与学生会并列附属于校团委的领导。这样学生会与社团联之间不再会发生更多的牵扯和影响，各自根据自身性质和特点开展工作。

二、学生社团与班级集体的差异

班级是一种特殊的社会组织，班级构成的法则决定了班级是以正式群体的形式出现的，每个学生都生活在这个正式群体之中。作为教育基本场所的班级，所承载和传播的是代表社会期望的主流文化或主导文化，而学生社团更多地反映和折射出的是学生群体的亚文化。与社会、家长、学校和老师的期望相比，他们更多地考虑的是自己的兴趣、爱好。他们更热衷于选择自己所喜爱的甚至比较另类和前卫的服饰、发型和音乐等，因此也就有了街舞社、HIP-HOP 社、动漫社和涂鸦社等。

在传统的学校管理模式中，学生的大部分时间都是在班级这样的正式

① 李健：《大学生社团社会学角度之考察》，《中国青年政治学院学报》2003 年第 2 期。

组织中度过，各种奖惩制度也主要以班级为单位来落实，因此，课业学习、升学等的竞争也主要发生在班级里。班级作为一种正式的社会控制，通常是通过有组织的安排，给予奖励或处罚的方式进行。班级中的权力关系类型是“竞争与甄别”型，如通过提升班级任职、评定“三好”、给予正式表扬、表彰等方式对成员的言行加以肯定和鼓励；通过批评、处分、评语等方式对成员的言行加以否定。而学生社团的组织结构更多的是以一种相对松散的、不系统的、非正式的形态存在，社团成员间没有严格的利益冲突，社团生活中的人文氛围相对宽松和自由，社团中的权力关系类型是“共存与共生”型。“所有的中学生社团活动都应该是开放性的。秘密性的社团组织在一定程度上是缺乏民主性的。”①学生社团一定程度上突破了班级管理的固定化和模式化，成员的组成打破了班级、年级的界限，更加具有流动性，而不是像班级那样意味着一个划一的、凝固的集合。学生社团组织虽也有社联理事长、理事和社团负责人等所谓的权力结构的分层，但其当选完全依赖于社团成员和其他同学的信赖，基本没有什么可以控制的资源。只有依靠自身的努力才能真正赢得广大社团成员的支持，相对更有利于学生民主意识的养成。同样作为学习的共同体，班级是那种具有同样的叙事、同样的言词、同样的祈愿，实现同样的学习的共同体；而社团则是那种每一个人的差异得以交响的共同体，在社团生活中“每一个人通过亲力亲为的探究，形成与自我共生的众多异质的他者的关系，从而构成了自我参与其中的共同体”②。

作为学校传统的最基本的教育与管理单位的班级，在学分制、选课制逐步推行的情况下，所行使的行政管理的职能越来越弱化，原来的班级管理开始显得松散和不稳固，班级的影响和凝聚力正在逐渐变小，而学生社团作为学生生活的另一个群体和组织，其影响力在逐渐增大。学生社团可以填补传统课堂教育和班级管理机制上的管理空档，学生社团通过将有着共同兴

---

① Nellie Zetta Thompson (1953), ***Your School Clubs: A Complete Guide to 500 Activities for Group Leaders and Members***, New York: E. P. Dutton & Co., Inc., p. 55.

② 佐藤学著，钟启泉译：《学校的挑战：创建学习共同体》，华东师范大学出版社 2010 年版，第 214 页。

趣爱好的同学凝聚在一起，在课余时间开展一系列健康、有益的活动，无形中也达到了通过另一种途径约束和管理学生的目的。学生社团为学生提供了非常灵活的选择性，逐渐成为校园里学生生活、学习和交往的基本单位形式。作为一种自发性的组织，学生社团的繁荣也说明了现代学生正从过去工业社会教育模式下的“单位型学生”向智能社会教育模式下的“社会型学生”转变。由于社团在学生和社会之间搭建了一个很好的平台，学生进入社会后需要具备的许多能力就在社团活动中得到了培养。

当然，社团组织的成熟不是建立在班级建制组织的功能弱化的前提下，而是即使在班级体制相对完善的情况下，社团照样有其发展壮大的空间与可能，两者相互补充、互为表里。相对而言，班级侧重于学生管理和大众化活动的开展，侧重于全民性、大众性，而社团则侧重于个别性和特殊群体。但是，在班级相对弱化的背景下，社团功能则会相对突显。社团与班级，各有优势，应各司其职。学生社团有着班级无法取代的自身优势，但并不是社团就可以取代班级。学生社团要明确自身的优势，甘为学生联系社会的桥梁和纽带，而不是逾越和行使班级等正式组织的职能，更不是要染上“官府衙门”等级分明的工作作风，这些都背离了学生社团成立的初衷。

第三节　研究视野中的学生社团生活

对学生社团的研究可追溯到对学生课外活动的研究和探讨上。但两者又不完全是替代和发展延伸的关系。但在课外活动存在的背景下，一定的时期内也出现了学生社团组织。可以说学生社团是课外活动组织的其中一种形式，而不是简单的彼此包含的关系。在我国，随着新课程改革在基础教育的全面推进，不存在过去所谓的“课内”、“课外”之分，这时的课外活动已逐渐退出历史舞台，取而代之的是综合实践活动。而社团活动则成为此背景下开展综合实践活动的一种有效形式。之所以没有“课外”之说，是因为“大课程”理念的贯彻，学生社团活动与课堂教学活动之于学生发展都有着各自的不同侧面的教育价值，对学生身心发展都有着各自的优势。

有关学生社团生活的研究，国外以美国为例，20 世纪三四十年代就已非常成熟。1947 年，美国密歇根大学(University of Michigan)的硕士研究生 Robert V. Lone 以《西州立高中社团成员与非成员的比较研究》(*A Comparative Study of Member and Non-member of Extra-curricular Clubs of Western State High School*)为题，对美国高中学生社团进行了个案研究。该研究主要借助于问卷调查①和加州个性测试量表对西州立高中(Western State High School, Kalamazoo)38 名被试(其中社团成员 19 名，非成员 19 名)进行研究。研究目的在于比较成员与非成员在性格、态度和兴趣方面的差异，进而试图分析为什么一定的人群没有参加社团背后的潜在原因，是否有必要以及怎样通过一定的努力来激励非成员愿意并积极加入社团组织等。60 年代，有关学生社团的研究集中在学生运动层面，成果颇丰，如阿特巴赫(Philip G. Altbach)和利普赛特(S. M. Lipset)等著名的教育学者和社会学家都对美国的学生政治运动进行了研究和分析。② 进入到 20 世纪 90 年代，个人与国家之间不断扩大的社会空间在全球引起了一场悄悄进行的“结社革命”，各国政府和学术界对社团研究兴趣倍增，“民间社团”是这些研究中的一个重要课题。“这些研究中，有的集中研究某一类社团，如工会、商会和专业社团、休闲团体、基金会；有的专门研究学生社团；有的以一个乡镇

① 参阅附录(七)Robert V. Lone 关于西州立高中社团成员与非成员的调查问卷。

② S. M. Lipset, P. G. Altbach, Student politics and higher education in the United States, ***Comparative Education Review***, 1966, 10(June), pp. 320—349. S. M. Lipset, The activists: A profile, ***Public Interest***, 1968 (Fall), pp. 38—50. S. M. Lipset, Introduction: Students and politics in comparative studies. In S. M. Lipset, P. G. Altbach, ***Students in revolt***. Boston: Houghton Mifflin, 1969. S. M. Lipset, ***Rebellion in the university***. Boston: Little, Brown, 1971. E. W. Bakke, M. S. Bakke, ***Campus Challenge: Student Activism in Perspective***, Hamden: Archon Books, 1972. Philip G. Altbach, Robert S. Laufer, ***The New Pilgrims: Youth Protest in Transition***. New York: David McKay Company, 1972.

或城市为个案；还有的研究社团总体变迁，这些研究资料丰富，充满洞见。”[①] 例如，理查德·莱特(Richard J. Light)的《穿过金色阳光的哈佛人》(*Making The Most of College：Students Speak Their Minds*)[②]较为全面地描绘了哈佛大学的学生校园文化生活；亨利·罗索夫斯基的《美国校园文化——学生·教授·管理》[③]也对美国学生的一些学校课外活动进行了介绍。

我国早期的学生社团从一创立就同反帝、反封建和争取民族独立、解放有着密不可分的关系。改革开放以来，学生社团首先在各类大专院校以及中学里兴起，至90年代，各类社团犹如雨后春笋，形成一股社团热，但对学生社团的研究却相对缺乏。至90年代末期，每年大约有10多篇探讨学生社团生活的文章发表。新世纪初，随着社团的发展，人们对社团的关注和研究有所加强，这一方面表现为文献数量的增加，如单2005年就有近150篇文献是专门研究学生社团的；另一方面表现为研究主题的多样化，例如，人们的研究主题已涉及学生社团的发展历史、功能、作用、管理和建设等诸多领域。

绝大多数有关学生社团的文献研究主要是基于对实践中社团的关注，大多来自学校党、团组织干部的工作思考，侧重于介绍和宣传本校社团活动的开展情况以及所取得的成绩和社团在提升学生素质、丰富校园文化建设中的重要作用等。如1994年两篇关于中学文学社团的研究，作者分别从提高学生写作水平和丰富学生课外活动的角度来提倡大力发展文学社团，这在某种程度上对于落实语文学科素质教育，增强语文教学实践的生活化起着不可低估的指导作用。[④] 同年，张燕的《学生社团：让人欢喜让人忧》，则是关于大学社团发展现状和问题的宏大思考。作者结合自身的所见、所闻、所感，提出“社团为学生提供了一个展现自我的空间”的观点，认真分析了当下

① 王绍光、何建宇：《中国的社团革命——勾勒中国人的结社的全景图》，《浙江学刊》2004年第11期。

② [美]理查德·莱特：《穿过金色阳光的哈佛人》，中国轻工业出版社2002年版。

③ [美]亨利·罗索夫斯基著，谢宗仙等译：《美国校园文化：学生·教授·管理》，山东人民出版社1996年版。

④ 参见卫金海：《组织文学社团 提高写作水平》，《上海教育科研》1994年第4期；石春海：《文学社团：语文课外活动的好形式》，《绥化师专学报》1994年第3期。

大学生在不同动机驱使下参与社团的种种心态，显示了作者的几分忧虑和担心。在此基础上，指出了诸如社团管理制度不健全、内部运行机制不完善、导向不明确等等学生社团发展中存在的问题。文章对我们认识和把握十多年前我国高校学生社团的发展提供了一幅清晰的图景。①徐锐关于高校社团的组织结构设计的论述也属此类。② 当然，另一方面，在关注学生社团实践的同时，也有学者借助有关组织理论试图构建自己关于学生社团的理论。如彭志越、刘献君的《高校学生社团评价的心理机制研究》和《组织承诺：一个高校学生社团的视角》等文。③

关于学生社团的研究，根据我们所占有的文献资料，国外研究明显少于国内的研究，在进行相关著作的检索时，只有以“关键词”和“主题”为条件检索学生社团(student societies or student clubs)时，才搜索出几部有关学生社团的著作④，而且也已是四十年前的研究成果了。其他零星找到的一些也不过稍许有些参考价值。⑤ 当然，就国内研究而言，关于国外学生社团的介绍和比较研究也明显少于立足于本土的研究。仅有的一些比较研究还主要集中在高校层面⑥，关于国外中学生社团的研究较少，只有一篇提及到美国中学生社团生活，但整篇文章也只是介绍美国中学生生活，缺乏比较研究的学术视野。⑦ 而关于我国港台地区的学生社团的研究，也只能借鉴到较为有

---

① 参见张燕：《学生社团：让人欢喜让人忧》，《学校党建与思想教育》1994 年第 1 期。

② 参见徐锐：《浅论高校学生社团的组织结构设计》，《高教探索》2005 年第 2 期。

③ 参见彭志越、刘献君：《高校学生社团评价的心理机制研究》，《江苏高教》2001 年第 4 期；彭志越、刘献君：《组织承诺：一个高校学生社团的视角》，《华中科技大学学报》(社会科学版)2003 年第 2 期；李莲：《愿景：学生社团管理的新理念》，《孝感学院学报》2005 年第 5 期。

④ 参见 Virginia Bailard and Harry C. Mckown (1966), ***So You Were Elected!*** (third edition), New York, Toronto, London: McGraw-Hill, Inc.

⑤ 参见 Margaret J. Barr, et al. (1993), ***The Handbook of Student Affairs Administration***, San Francisco: Jossey-Bass, Inc.; George D. Kuh (ed.) (1993), ***Cultural Perspectives in Student Affairs Work***, American College Personnel Association.

⑥ 参见于伟、韩丽颖：《中美高校学生社团文化建设若干问题比较研究》，《外国教育研究》2002 年第 10 期；廖良辉：《中美高校学生社团管理比较——以美国哈佛大学为研究实例》，《青年研究》2005 年第 4 期；张家勇：《美国大学的学生社团活动》，《比较教育研究》2004 年第 4 期；王万民：《国外学生社团发展的特征及启示》，《青少年研究－山东省团校学报》2004 年第 4 期。

⑦ 参见费建华：《不拘一格的美国高中生》，《课堂内外》(高中版)2002 年第 2 期。

限的文献资料。①

对学生社团的研究，具有很明显的时代特点。比如，1999年及以后的几年里，随着素质教育的逐步贯彻、实施，关于素质教育的大讨论可谓是家喻户晓。借此，学生社团活动究竟在什么程度上促进学生素质的提高、学生社团活动与素质教育之间的关系如何等问题成了不少学者关注的重点。单2000年，就有十多篇文章是从落实素质教育的角度来强调加强高校学生社团建设工作的，占当年学生社团研究文献的近一半，学生社团活动成了实施和贯彻落实素质教育的主渠道。而且，这一时期，随着市场经济的日益深入，素质教育关于人的全面发展理念的贯彻落实，一些关于企业介入校园社团的利弊和高校社团如何面对商业赞助等问题，以及心理社团等相继进入学者们关注的视野；②1998年前后，随着我国环境问题的日益突出，以及政府对环境保护工作的高度重视，旨在加强环境教育的环保社团开始出现在一些学校里。有关这一方面的研究，揭示了我国大、中学生对环境问题的关注和保护大自然的强烈的责任感。③ 世纪之交，随着市场经济的贯彻落实、高校后勤社会化的管理模式的运作，再次催生了高校大学生社团，从而为高校校园文化平添了几许春色和活力。在此背景下，2001、2002两年间，有学者结合高校后勤社会化论述高校学生社团的发展，认为后勤社会化有利于学生社团由校园走向社会，由依附走向独立；④2006年，随着党的十六届六

① 参见唐德中、胡敏：《台湾学生社团：磨志练才的摇篮》，《中国青年研究》2003年第6期。

② 参见张陟遥：《浅议高校学生社团如何面对商业赞助》，《山东省青年管理干部学院学报》1999年第4期；张桂荣：《企业介入校园社团的利弊分析》，《佛山科学技术学院学报》（社会科学版）2001年8月；杨颖儒等：《心理卫生社团对大学生心理素质的影响》，《中国校医》2000年第1期；朱延华、梁中芳：《市场经济条件下高校学生社团的特点研究》，《商场现代化》2005年9月（中）；李金明等：《高校社团企业化运作模式初探》，《黑龙江高教研究》2003年第6期。

③ 参见赵秀梅、肖广岭：《首都高校学生环保社团的现状与发展》，《中国人口·资源与环境》1998年第4期；李燕冰：《绿色之路——高师建立学生环保社团之探索》，《广州师院学报》（自然科学版）2000年第5期；杨士军：《浅谈学生环保社团活动的组织与管理》，《环境教育》2001年第2期；戚志坚：《浅谈中学生环保社团的管理策略》，《环境教育》2003年第3期；卜欣欣、陈晨咏：《我国中小学环保社团发展述评》，《环境教育》2005年第7期。

④ 参见孙华：《对学生社团在高校后勤社会化改革中的作用探讨》，《克山师专学报》2001年第4期；谢志远：《高校后勤社会化与学生社团活动的思考》，《广西社会科学》2002年第5期。

中全会的召开，如何创建“和谐社会”成为了国人关注的焦点。相应地，就学校而言，如何通过学生社团活动的开展，优化校园文化，创建和谐校园的话题也进入了一些学者的关注范围。①

当然，学生社团在思想政治工作中的育人功能，在校园文化建设中所发挥的作用，在对于学生个性培养、自主性发挥和社会化的提高方面等的作用，是所有学者普遍认同的。但是，在研究内容上，无论是环保社团、心理社团、网络社团，还是科技社团、体育社团、艺术社团②，无论是社团的性质、特点、类型、功能作用，还是社团的产生、影响因素、组织制度，无论是社团的现状和问题分析，还是社团的组织、实施和管理，无不面面俱到。零散性的特点还体现在对学生社团的探讨几乎涵盖了所有层次的学校。③ 当然，研究仍以普通高校为主。另还有不少学者结合新生入学的适应教育、心理健康教育，以及社团营造幸福感功能、社团经费管理、社团特色化建设等专题进行论述④，这又不能不说是高校学生社团工作的创新和亮点了。

对中小学生社团的关注，研究者大都是从提高学生的语文学习和写作

---

① 参见黄家庆：《论大学生社团活动在构建和谐校园中的作用与发展》，《钦州师范高等专科学校学报》2006 年第 1 期；许齐芳、奕德泉：《学生社团是高校构建和谐校园的有效载体》，《党史文苑》(学术版)2006 年第 8 期。

② 参见王晓萍：《心理社团活动——凸显学校心理健康教育主体性的有效途径》，《教育科学研究》2004 年第 12 期；吕冬诗、陈万海：《大学生科技社团建设在创新教育中的作用》，《边疆经济与文化》2005 年第 6 期；袁秀川：《试论大学生网络社团及其管理》，《大众科技》2005 年第 8 期；张立驰：《试析艺术社团在素质教育中的积极作用》，《学校党建与思想教育》2005 年第 12 期；杨左等：《对大学生体育社团的发展现状及对策研究》，《湖北体育科技》2005 年第 4 期；关於：《中国高校舞蹈社团的定位与发展》，《舞蹈》1997 年第 3 期。

③ 参见俞建君：《常州师范专科学校学生社团现状及管理》，《常州师范专科学校学报》2003 年第 5 期；覃伟凤、杨燕红：《浅议高职院校学生社团的管理》，《职教论坛》2005 年 6 月(中)；沈春英：《高职院校学生社团建设探析》，《无锡职业技术学院学报》2005 年第 3 期；刘钊：《对中医药院校学生心理社团指导工作的思考》，《中医教育》2005 年第 3 期；王晓萍：《心理社团活动——凸显学校心理健康教育主体性的有效途径》，《教育科学研究》2004 年第 12 期。

④ 参见王军等：《高校大学生社团在新生适应教育中的作用》，《山西高等学校社会科学学报》2006 年第 2 期；刘微波等：《高校体育社团对大学生新生心理健康干预效果评价》，《中国学校卫生》2006 年第 4 期；冯国森：《学生社团营造幸福感功能刍议》，《广东农工商职业技术学院学报》2006 年第 1 期；陈正芹、吴涛：《试析高校学生社团的经费管理》，《学会》2006 年第 4 期；洪丽华：《浅谈高校社团的特色化建设——浙江青年专修学院创建学习、艺术两类特色社团》，《浙江青年专修学院学报》2006 年第 1 期。

水平的角度入手，至于中学生社团组织的运行和活动开展以及社团活动对人的教育意义等问题几乎没有涉猎。随着素质教育的贯彻、推行和“减负”政策的应运而生，课程改革精神的不断深入，“以学生发展为本”的理念逐渐被人们所领会，学生的课外活动逐渐得到重视，而以高中社团活动作为社会实践突破口的做法在全国各地陆续铺开，以上海、深圳等为代表的沿海发达城市走在了教育改革的前沿阵地。社团这种组织形式逐渐成为了广大中学生增长知识、拓展能力的实验阵地和发展兴趣、张扬个性的心灵家园。自2001年，中学生社团尤其是高中生社团逐渐进入了专家、学者的研究视域，其中尤以上海地区为先。学者们在对当下中学生社团参与状况调查的基础上，进行了较为理性的分析和思考①，对于了解和认识中学生社团发展的现状和问题提供了一幅较为清晰的画面。但总体上看，这一时期对高中学生社团更多的是“面”上的研究，多以整个城市的高中社团为研究对象，笼统的分析多、个案研究少是这一时期中学生社团研究的特点。

单就对“学生社团生活”的研究而言，目前看来，对其关注还不够，仅有的专门论述学生社团的十多篇期刊文章大多是近几年来一些实践工作者的介绍和探索。可喜的是，近几年逐渐有一些硕博士研究生开始关注学生社团的发展，其中有少数将学生社团的研究定位在生活这一层面②，而且更多的是采用个案研究方法，对某中学动漫社团或文学社团展开研究，从该社团的创建、发展谈起，重点在于对社团运行过程、组织形式的探讨，以及在此基础上针对社团活动开展过程中存在的问题提出相应的优化措施。其他更多的研究则是无一例外的从高校社团的层面介入。

---

① 参见胡秀芳：《中学生社团的现状分析与发展思考》，《上海教育》2001年第8期；潘敬芳：《对中学社团发展的若干思考》，《思想·理论·教育》2001年第11期；张亮：《上海市区高中学生社团参与状况调查》，《青年研究》2001年8月；共青团上海市委学校部：《上海市中学生社团发展报告》，《上海教育科研》2002年第7期；张治：《实施社团课程化的探索》，《上海教育》（半月刊）2004年第08S期；周国正：《学生社团建设：文化立校的重要载体》，《思想理论教育》（上半月·综合）2005年第5期；陈斌：《优化管理机制 发挥学生社团的育人功能》，《计算机教与学》2005年第5期。

② 参见钱东兴：《上海市历城中学动漫社团发展研究》，硕士学位论文（未发表），华东师范大学，2006年9月；徐小红：《中学文学社团活动的理念创新与实践策略》，硕士学位论文（未发表），南京师范大学，2007年4月。

总之,对学生社团的研究表现为:对高校关注多、对中小学关注少;零散研究多、系统研究少;实践经验介绍多、理论提炼分析少。尤其重要的,大多研究者均忽视了社团作为学习共同体的特征,对学生社团中发生的学习以及社团学习对于学校学习制度变革的意义认识不足。就我们目力所及,真正深入学生社团生活内部的介入式研究还相当缺乏。几乎所有作者都谈到,学生社团生活之于校园文化、学生思想政治工作和学生素质都起着积极的影响作用。他们解决了“是”的问题,但是社团活动到底是怎样促进学生的素质提升的? 怎样促进学生的个性和社会化发展的? 社团学习是如何进行的? 社团学习对于学校学习制度的启示意义何在? 如何针对当今学生社团的发展现状,给读者呈现和全面认识学生社团生活的真实图景,则是我们所致力于思考和力图解决的主要问题。

第二章
学生社团：那些过去的故事

美国学者乔丹在对学徒制这样的实践共同体的研究中发现，那些共同体的"故事"在共同体的传承中占有重要的地位。"这对新手学什么和如何学有着重要的意义，因为学徒制学习是由关于问题的，尤其是关于疑难情形的对话和故事所支撑的。"①奥尔在研究了机械维修技工的学习情况后，也发现了故事在学徒制这样的社群中的学习和决策价值："维修复印机的技师互相讲述他们以往的维修经历中的'战斗故事'。这些故事构成了故障诊断和进行新维修工作的一个重要组成部分。新手在这一过程中学习如何维修(有时是很难的)，他们学习讲述'战斗故事'的技巧，并且成为该实践共同体的合法参与者。"②在某种程度上，追述一个社团的悠久的历史，特别是讲述社团那些过去的故事，对于新成员学习社团的文化、尽快地融入社团都具有重要的作用。讲故事成为社团延续、新手获得成员身份的一种必不可少的过程。

---

① 莱夫等著，王文静译：《情境学习：合法的边缘性参与》，华东师范大学出版社 2004 年版，第 53 页。

② 莱夫等著，王文静译：《情境学习：合法的边缘性参与》，华东师范大学出版社 2004 年版，第 53 页。

第一节 国外学生社团的历史与发展

学生社团的发端可追溯至课外活动。起初，学生社团是作为课外活动的一个重要组成部分而存在。课外活动长期以来被人们误认为是19、20世纪新近产生的事物，其实早在古希腊时期就已有课外活动的存在和开展了。Grizzell认为："斯巴达和雅典学校里开始的各种体育运动类活动足以证明早在那个时期课外活动就已经存在。而且，同一时期的雅典也已经发现学生政府组织的产生。"①同时他还发现，在中世纪的欧洲以及18世纪晚期英国的大学和学校里也有学生课外活动的开展。以"学生治校"为特点的意大利博洛尼亚大学为中世纪欧洲学生社团的产生开创了先河。此后，学生社团逐渐成为了学生在学习以外进行文化体育活动的主要组织形式。18世纪的英国，"社会上统治阶级对政治的特殊兴趣影响到公学的学生，辩论会遂随以抬头，伊顿公学(Eton College)在1811年即有'微声'(Pop)辩论会的组织，拉格比学校(Rugby School)辩论会亦于1833年成立"。② 1889年，赛西尔·雷迪(Ceil Reddie, 1858—1932)在英格兰创办了艾博茨霍姆学校，当属最早出现于欧洲的"新学校"③。由当时的每日作息时间表(见下页)可以看出，下午主要是让学生参加各种艺术和体育活动，可见课外活动在当时的欧

① 参见E. D. Grizzell (1926), Evolution of Student Activities in the Secondary School, ***Educational Outlook***, 1, pp. 19—31.

② 李相勖等:《课外活动史略》，见瞿葆奎主编，吴慧珠、蒋晓选编:《教育学文集·课外校外活动》，人民教育出版社1991年版，第450页。

③ 所谓"新学校"，是相对于当时欧洲那种半经院主义的、保守的旧教育而言。认为当时的学校只传授一些浮虚无用的知识，把青年一代娇惯成了图虚荣、乐享受、懒散无能的人。"新学校"以"学校应成为一个真实的、实际的、儿童能在该处发现自己的小世界"为办学宗旨，以"我们要训练儿童能力、智力、体力以及手工技巧与敏捷"为最初的教育观点。

洲已很受重视。

艾博茨霍姆学校每日作息时间表①

时间	活动	备注
6:55	起床	夏季：起床(6:10)，做操(6:30)，上课(6:45—7:30)
7:15	军训操练、哑铃操练或跑步	视天气而定
7:30	礼拜	
7:40	早餐	餐后整理宿舍，练小提琴
8:30—10:45	上课	第一节课(8:30—9:15)分批参观花园中的小泥屋
10:45—11:15	午前辅餐	晴天裸露上身户外呼吸
11:15	上课	夏季晴天唱歌(12:00)、游泳(12:20)
13:00	午后正步	
13:30—13:45	独奏	在礼堂
14:00—18:00	绘画、专题学术讨论、园艺劳动、运动、徒步旅行或骑自行车	饮茶，练小提琴
18:45—19:30	唱歌	夏季改在中午12:00
19:30	阅读莎士比亚作品、演讲、排戏、音乐会等	在指定日进行
20:30	晚餐	
20:40	礼拜	

美国是一个崇尚组织社团的国家，其社团组织形成可追溯到殖民地时期。美国最早的学生社团出现在18世纪末19世纪初，许多由清一色的男生

① 陈桂生：《方寸之间的文章——"课程表"解读》，《全球教育展望》2007年第5期。

或女生组成联谊会，这些联谊会的名称多用希腊字母表示。第二次世界大战后，美国强调高等教育要培养完整学生，提出"学生人事服务"(student personnel work)和"服务学生"(student services)的理念。在这种思想的指导下，学生社团得以蓬勃发展。① 作为学生课外活动有效载体的学生社团，沿袭并完善了社会上的社团组织建设方式，逐步成为校园文化中的一道亮丽的风景线。美国学校戏剧的表演，最早可推 1790 年莱斯特中学(Leicester Academy)男女学生合演的"悍妇"(Scolding Wife)；戏剧团体的出现以哈特福德公立中学(Hartford Public High School)的"西格马樊剧社"(Sigma Phi)为最早；1812 年埃克塞特中学"修辞学研究会"的创立为最早的文学会社。② 1841 年，美国的埃克塞特中学即有"腓立辩论会"的产生；1857 年伍斯特公立中学有"欧克里亚辩论会"(Eucleia)的组织。③ 此后美国各中学均闻风发起组织许多类似的学生社团组织。Terry 认为："课外活动之所以能够在美国产生和发展，最主要的原因在于改变学校死气沉沉的局面，提高学校的吸引力和培养学生多方面的兴趣。"④但直到 20 世纪初期尤其是第一次世界大战以后，课外活动在美国才逐渐引起人们的关注。1919 年，哥伦比亚大学师范学院的 Elbert K. Fretwell 教授首次在全院范围内为学生开设"课外活动的组织与管理"课程，成为美国教育史上有据可考的对课外活动重视的主要见证。⑤ 有分析人士认为，当时不少教育决策者对于课外活动这一新生事物的坚定信念，是使课外活动得以推广的主要原因之一。

20 世纪 30 年代，人们逐渐形成共识，认为"对学生活动的指导需要专门

---

① http://www.globeedu.com/expertblog/BlogShow.aspx? id=5133.

② 李相勖等：《课外活动史略》，见瞿葆奎主编，吴慧珠、蒋晓选编：《教育学文集·课外校外活动》，人民教育出版社 1991 年版，第 451 页。

③ 李相勖等：《课外活动史略》，见瞿葆奎主编，吴慧珠、蒋晓选编：《教育学文集·课外校外活动》，人民教育出版社 1991 年版，第 451 页。

④ Paul W. Terry (1930), ***Supervising Extra-curricular Activities in the American Secondary School***, New York: McGraw-Hill Book Company, Inc., pp. 13—14.

⑤ 参见 Jerry H. Robbins & Stirling B. Williams, Jr. (1969), ***Student Activities in the Innovative School***, Minneapolis: Burgess Publishing Co., p. 10.

的技巧和经过专业的训练。学校行政部门开始为每个社团配备指导老师或顾问。学校校车接送时间也照顾到了下午放学后参加学生活动的同学的需求。这时期，参与学生活动已经作为学生学校表现之一被记录在学生档案里，但是没有学分。因此学生活动一般开始采用Co-curriculum Activities这一用法。"①1937年，美国教育委员会(American Council on Education)出版了《学生人事宣言》(*The Student Personnel Point of View*)，强调学生作为一个完整的人去发展而不仅只是对他进行智力训练，美国学生工作的指导思想也逐步由注重智力培养转变为注重"完整学生"的培养。在这种思想的指导下，学生课外活动蓬勃发展起来。不少中学已经开始为一些学生活动如戏剧社、音乐社等设置相应的学分，但更多只是象征性的。同样的学生活动时间所得学分并不等同于选修相应的学科所得学分，但这在当时已是一大进步。1950年美国教育部(the United States Office of Education)的一项研究报告指出，在1930至1950年间，以学生社团活动为标志的学生活动得到了长足的发展。据估计，"1950年，在25 000所中学里有194 512个社团组织，其中有200 000名教师参与指导，参与社团活动的中学生成员达3 890 240人"②。而且，特别值得一提的是，尽管学生活动在美国不同层级的学校里都不同程度的存在和开展着，但"中学尤其是高中阶段的学生活动，无论是学生参与程度还是活动的丰富性上，相对于大学而言，均有过之而无不及"③。这一点跟我国学生活动情况有所不同。

因此可以看出，这一时期，美国学生课外活动发展已相对成熟，相对死板的学科课程在许多方面已经不能满足青年一代的需求，以杜威教育哲学思想为核心的现代教育理念逐渐得到认可和欢迎。单从这一时期的文献研

① Kimball Wiles (1963), ***The Changing Curriculum of the American High School***, Englewood Cliffs: Prentice-Hall, Inc., p. 202.

② Nellie Zetta Thompson (1953), ***Your School Clubs: A Complete Guide to 500 Activities for Group Leaders and Members***, New York: E. P. Dutton & Co., Inc., p. 14.

③ Jerry H. Robbins & Stirling B. Williams, Jr. (1969), ***Student Activities in the Innovative School***, Minneapolis: Burgess Publishing Co., p. 41.

究就可以看出来。[①] 而且对学生社团的研究，无论是论著还是论文或是硕士、博士论文，都明显成熟于同一时期我国的研究。现代教育理念以青年一代的全面发展为己任，努力帮助他们在更大程度上认识社会，了解社会，以及他们自己与社会之间的关系。在这一理念的影响下，丰富多彩的学生课外活动逐渐得以体现到学校的日程表中，并在学生群体中产生了强大的吸引力。这其中，社团活动当之无愧成为了学生课外活动的主力军和学生活力的象征。"课外活动计划在如何改善人际关系以及如何拓展学科课程方面进行了有力的尝试。学生活动，尤其是社团活动，在中学生中间受到了广泛的欢迎。社团活动在通过对小组兴趣的认同来发展个人兴趣，以及在集体活动中体验来自于集体的安全感和荣誉感方面，极大地满足了青年一代的需要。"[②]

自20世纪60年代开始，美国开始重视课外活动的功能，并且把课堂之外的学生活动，视为整体学习的一部分，赋予课外活动极高的地位。之后，学生活动(student activities)这一术语逐渐取代了课外活动(extra-curricular activities或co-curricular activities)。直到目前，美国教育界仍然继续沿用这一术语，这一点可以从文献检索中发现。[③] 前面已有提及，今天的美国中学里，仍有一些学校继续沿用"课外活动"这一说法。由此可见，在美国，关于学生活动的具体称谓问题，并没有值得和引起过多的关注。

通过对美国课外活动的发展历史进行分析，不难发现，美国课外活动的大发展不能不提及杜威。在很多关于课外活动的文献研究中，许多学者不约而同地指出，学校生活应关注的是学生当下的生活状态，而不能仅仅是为了明天的职业和生活做准备。从中我们能够明晰地解读出，杜威对于以斯宾塞为代表的"生活预备说"的批判，以及杜威本人的"教育即生活"的主张，

---

① 可参阅文后主要参考文献有关英文著作及论文等。

② Nellie Zetta Thompson (1953), ***Your School Clubs: A Complete Guide to 500 Activities for Group Leaders and Members***, New York: E. P. Dutton & Co., Inc., p. 7.

③ Edward James Klesse (2004), ***Student Activities in Today's Schools: Essential Learning for All Youth***, Lanham, Maryland Toronto Oxford: Scarecrow Education.

非常深入地影响了当时美国的学校教育。特别是杜威提出的“体验式学习”、“做中学”等教育思想，对学生社团的发展都有非常积极的影响作用。

1916年杜威《民主主义与教育》的发表，标志着实用主义哲学成为了美国进步教育运动的主导思想。尤其是自20世纪二三十年代起，受杜威教育哲学思想的影响，教育与社会的联系更加紧密。教育者逐渐认同“培养将来公民的责任，舍学校而莫属……当时教育者已知养成‘实用的社会经验’的重要，因之学校中的社会生活有极大的进展，同时课外活动亦趁此风调雨顺的时节，放射其灿烂夺目的光彩”[①]。为了培养学生的综合能力，美国教育机构规定，除传授书本知识外，尤其注重培养他们的实践能力。多年来的教育实践表明，非正式的学生群体活动更好地体现和实现了教育的真正价值。在全国强调学生活动的一片呼声中，许多校长在积极组织开展各种有意义的学生活动方面扮演了重要的角色。全国各级教育协会组织在推进教育改革、加强学生活动、满足学生需要以及扩展学生兴趣方面也做出了不可磨灭的贡献。同时，这些协会还形成了一套完整的学生活动计划评估标准和方案。该方案充分强调了这种非正式的以学生兴趣为基础的学生小组活动在学校教育整体目标中的地位和价值。尤其是二战以后，全国教育协会教育政策委员会(Educational Policies Commission of the National Education Association)真正认识到了学生活动对学生民主自由意识的重要影响和价值，这给学生社团的发展无疑又注入了新的发展动力。

我们在文献检索时发现，美国目前对于学生社团的研究呈现出细化和分化的趋势。例如有针对学习障碍学生所开展的学术类俱乐部的专题探讨[②]，也有针对落后学生的 After-School Program 所开展的各类俱乐部的专

---

① 李相勖等:《课外活动史略》，见瞿葆奎主编，吴慧珠、蒋晓选编:《教育学文集·课外校外活动》，人民教育出版社1991年版，第452页。

② 参见 Sally L. Smith (2005), ***Live it, Learn it: the Academic Club Methodology for Students with Learning Disabilities and ADHD***, Baltimore, London, Sydney: Paul H. Brookes Publishing Co., Inc.

题研究[1]，但真正单独研究学生社团或课外活动的专著明显少于20世纪中期。另一方面，近年来对学生社团的研究，期刊文章中还是有一些关于学生社团的专题[2]，这一点要好于专著和学位论文。针对目前学生社团在美国的研究并没有成为一个热点的问题，究其原因，学生社团在美国学校的发展已成为一个重要的不可或缺而且不容置疑的一环，无论是校长、教师还是学生本身以及家长、社会，对学生参加课外活动已很少持异议。美国不少大学的录取标准，考试分数只占到了20%—50%的比例，这一做法早已让每一位学生意识到，单纯的考试分数并不能解决和说明任何问题。相反，走出课堂，走出教室，走出学校，积极融入到社会生活中去，积极组织和参加各类社会活动，追求特长发展和个性发展，才是每一个美国中学生所努力追寻的目标。另一方面，根据上面提到的近年来关于社团的研究特点，美国学校无论是针对智障学生，还是针对问题学生，其有效教育策略都不约而同地借助于学生社团活动这一媒介。这一点也说明了学生社团对学生的吸引力有多大，而学生社团对学生的教育价值也自不必说。

在日本，学校的俱乐部活动已有较长的发展历史，自明治时代已开始。它是课外自发的、自主的活动，由具有共同兴趣、共同要求的感情相投的人结合在一起，通过活动结交知心朋友，培育个人兴趣和情操。这一活动宗旨，古往今来，一直未变。约20世纪70年代中后期，日本中学里出现了全体学生必须参加的“必修俱乐部”，并列入学校教育课程。为示区别，过去的课外俱乐部改称为“部活动”。此后，学校就存在了两种类型的俱乐部。俱乐部活动在一定程度上打破了原来班级的界限，促进了跨班级、跨年级之间的同学的交往。[3]

---

① 参见 Ruth Garner, Yong Zhao, Mark Gillingham (2002): ***Hanging out: Community-Based After-School Programs for Children***, London: Bergin & Garcey, Inc.

② 可参阅文中相关参考文献。

③ 参见[日]麦岛文夫等编，刘平译：《中学生与生活》，中国青年出版社1988年版，第110—111页。

第二节　我国学生社团的历史与发展

在我国，对学生社团的研究同样可追溯至课外活动。课外活动在我国的产生和发展可谓历史悠久。中国早在两千年多前的《礼记·学记》中提出："大学之教也，时教必有正业，退息必有居学。"即倡导在规定时间内上正课，休息时间从事各种课外活动。20 世纪初期兴新学以后，在 1904 年颁布的《奏定初等小学堂章程》中将学生的游戏列入学校工作范围。"1939 年颁布的《训育纲要》将各种学科之自动研究，课余娱乐活动之开展，作为实施训育之内容。"①光绪三十二年，当时颁布的教育宗旨是"忠君、尊孔、尚公、尚武、尚实"。"其中尚武一项，完全注重兵式体操，而不注重课外活动；尚公一项似指团体精神，然按其实际，所谓尚公者，乃指'于各种教科书之中，于公德之旨，团体之效，条分缕析，辑为成书'，完全为书本上之知识灌输，而非由课外活动所得来的团结精神。当时只有少数教会大学开风气之先，在校内举行一两种课外活动。课外活动方面只有上海之约翰大学，武昌之文华大学，苏州之东吴大学，南京之金陵大学等校举行足球、棒球、田径运动等。各中小学校学生在此时期所活动者只有运动会、远足会、游艺会等临时活动项目。"②可见，在当时，课外活动的确没有得到应有的重视，更不要说校方系统地组织与指导了。专制体制下的中国，无所谓公民，学校更无所谓公民的训练。因此，根据李相勖等人的研究，清朝以前由于君主专制政体，并没有所谓的课外活动或社团活动，直到民国以后才逐渐发展和开设学生的课外活动。当时的课外活动在全国各省中学的开设情况，下表可以让我们对此有

① 教育大辞典编纂委员会编：《教育大辞典》(第 1 卷)，上海教育出版社 1990 年版，第 224 页。

② 李相勖等：《课外活动史略》，见瞿葆奎主编，吴慧珠、蒋晓选编：《教育学文集·课外校外活动》，人民教育出版社 1991 年版，第 455 页。

一个比较清晰的了解。

1922 年各省中学校学生活动事业统计表①

类别	分类	名称	数	类别	名称	数	类别	名称	数
学术研究	科学研究	数学会	3	学生自治	学生自治会	62	其他	纪念会	1
		理化会	1		学生联合会	49		参观团	2
	文学研究	世界语研究	1		新生社	1		出版部	4
		英文会	12		寝室自修室代表委员会	1		昌言会	1
		国文会	5	道德修养	德育会	1		新人学社	1
		法文会	1		崇德会	1		基督青年会	1
		阅书读书会			敦品会			膳事经理部	3
		新剧会	7	锻炼体格	体育会	1		学生爱国会	2
		辩论会	6		国技会	5		青年自觉会	1
		讲演会	13	学生交谊	校友会	9		励志学会	1
		音乐会	17		级友会	2		禁烟会	1
		篆刻会	1		同乐会	1		尚德学会	1
		美术会	8	社会服务	义务教育	36		杂志社	2
		游艺会	6		童子军	23		青年学会	1
		摄影会	5		通俗演讲	3		互助合作社	1
		课外工艺制造部	3						
		储蓄银行	3						
		贩卖部	13						
		各科研究会							

说明：本表由江苏一中校长陆殿扬先生调查所得；本表调查学校共 69 所，散布于京师、京兆、直隶、山东、江苏、安徽、浙江、湖北、湖南、江西、河南、山西、陕西、四川、云南、广东、广西、福建、奉天、黑龙江等各省内。

以当时的河北省立天津中学为例，“民国元年即有国学研究会，民国二年

① 瞿葆奎主编，吴慧珠、蒋晓选编：《教育学文集 · 课外校外活动》，人民教育出版社 1991 年版，第 465 页。

有课外研究会，以研究英文为宗旨，民国三年有辩论会与青年会的组织，民国四年有学生自动出版一种刊物名为《希光报》，惜仅出一期。民国五年有‘新剧团’，民国六年有‘三育促进会’，出版《铎声报》，民国七年有武术会”①。随着五四新文化运动和民主爱国运动的开展，广大青年的思想得到了解放，逐渐开始关心起国家的前途命运，全国各地学校陆续出现了许多社团。尤其是 1919 年杜威来华，其民治主义的教育学说在当时中国的教育界引起很大反响，给予中国民治教育、生活教育以更切实的根据，教育社会化思潮一时间汹涌澎湃。在这种背景下，全国教育联合会讨论出台《民治教育设施标准案》，其中关于学生方面的有：“(1) 注重自动自学，(2) 练习公民自治，(3) 发展生活知能，(4) 练习服务社会，(5) 注重体育，(6) 研究学生，扩充创造能力。”②这些标准的制定，对于当时我国中小学教育的实施和改革起了很大的影响。

这一时期，北京高等师范学校附属中学的一些进步学生，在日益深入发展的新思潮的影响下，经过几个月的酝酿，由赵世炎等人发起，于 1919 年 9 月 1 日成立了少年学会。学会成立时共有会员七人，以后发展到二十余人。少年学会的宗旨是：“发展个性知能，研究真实学术，以进取精神养成健全少年。”③其重要活动之一就是出版《少年》半月刊。会员们在《少年》上讨论的问题主要涉及独立生活和实行工读问题、学生参与校政问题、男女同校问题、妇女解放问题等。可以看出，这些讨论大都带有强烈的反封建、反剥削的色彩，与当时的民主爱国运动的背景是紧密相连的。

1919 年底在河南开封成立的青年学会也是五四时期出现的一个比较有影响的进步社团。学会的基本成员都是开封河南省立第二中学毕业班里的进步学生。青年学会的宗旨是“发展个性的本能；研究真实的学问；养成青年的真精神”④。该学会的主要活动之一是创办《青年》半月刊。该刊每期一

① 李相勖等：《课外活动史略》，见瞿葆奎主编，吴慧珠、蒋晓选编：《教育学文集·课外校外活动》，人民教育出版社 1991 年版，第 456 页。

② 李相勖等：《课外活动史略》，见瞿葆奎主编，吴慧珠、蒋晓选编：《教育学文集·课外校外活动》，人民教育出版社 1991 年版，第 457 页。

③ 张允侯等：《五四时期的社团》(三)，生活·读书·新知三联书店 1979 年版，第 71 页。

④ 张允侯等：《五四时期的社团》(三)，生活·读书·新知三联书店 1979 年版，第 101 页。

张四版，其中第一、二版大都刊登论文，第三版主要是新诗，第四版是通信和随感录。从1920年1月1日创刊，至同年5月停刊，共出七期。《青年》的销行地区很广，在北京、天津、上海、南京、杭州、武昌、洛阳、安徽、福建等地都设有代派处。它每期发行四五千份，这样畅销的学生刊物在当时还是很少见的。除编辑刊物外，青年学会的会员经常走上街头，进行抵制日货的活动和反对日本帝国主义的宣传。他们还通过贩卖新报刊、在群众密集的街市张贴报纸以及在街头演说等方式，大力宣传新思想，传播新文化。

与目前相同的是，早期不少学生社团活动的开展多以学校课外活动为载体。据一些老校友回忆，上海市高桥中学早在解放前夕也已经非常重视课外活动的开展。每学期会组织班级篮球赛、排球赛，还成立了校队，与兄弟学校进行球类比赛。其他还有歌咏比赛、演剧等活动。“1948年暑假，由金声穆老师发起，组织高中部学生排练曹禺剧作《北京人》。”①可见，学生活动还是十分丰富多彩的。解放后，高桥中学当时的学校领导认为，学校应当适当开展必要的课外活动，以补充正课教育的不足，从而扩大学生视野，把书本知识应用到实际生活中去。为加强对课外活动的指导，1949年底，高桥中学还专门成立了“课外活动指导委员会”。一时间，学校进步刊物、墙报、文学社团、文艺团体、体育组织，如雨后春笋，纷纷破土而出。学生们经常利用课余时间或假期组织宣传队，采用多种文艺形式下农村、进工厂，结合形势及时宣传党的方针、政策。1952年3月18日教育部颁发试行《中学暂行规程(草案)》，明确提出了加强中学课外活动及社团活动的管理，确保活动的时间及效果，并正确处理好“课内”与“课外”的关系。其中第二十一条规定：“中学对于学生的体育、娱乐、生产劳动及社团活动的时间应由校长会同学生会、青年团作合理的分配，避免妨碍学生健康与课业学习。”②1956年，高桥中学的课外活动发展成为以学科为主的组织形式。“设有文学、测量、计算、化学、历史、气象等8组；另设艺术小组，分歌咏、舞蹈、戏剧、国乐、绘画

① 《上海市高桥中学校史资料汇编》，2001年5月，第68页。
② 何东昌：《中华人民共和国重要教育文献》，海南出版社1998年版，第140页。

等5组；体育小组设篮球、排球2个队，及兴趣小组设航模、船模2组。以上均为全校性组织。各班则在文体委员的带动下展开班级活动，尤其是高中部的同学，单独作战能力较强，经常自行开展各项活动，出墙报、编诗刊、组织文学作品讨论等。"①总之，丰富多彩的课外活动，不仅丰富了学生的课余生活，扩大了学生的视野，培养了他们的高尚情操，也发展了他们的组织能力、活动能力和创造能力，有效弥补了课堂生活的不足。随着课外素质教育活动的不断拓展和多年来学生兴趣小组的发展，学生社团目前已经发展成为当代学生身心健康发展不可或缺的重要载体。

谈学生社团，不能不提及北大。1904年，京师大学堂抗俄铁血会成立，成为有史可考的北京大学第一家学生社团组织，这也是有史可查的中国第一个真正意义上的学生社团。光绪三十年(1904)初，日俄为争夺中国，在中国境内挑起日俄战争。京师大学堂学生丁开嶂，基于对列强侵略和清政府的愤慨，与同学张榕等赴东北组织抗俄和反清活动。到东北后，丁开嶂在奉天组织抗俄铁血会，发布檄文，声讨俄国侵略中国的罪行。檄文宣称其宗旨在于"纠合海内外学生将弁及直、奉、吉、黑四省之绿林领袖"，"大败俄罗斯于东清而后止"。入会者半为学界志士半为绿林会党。同年，丁开嶂在兴京一带组成义军，与俄军交战"二十余次"。日俄和约签订后，该会遂告解散。1919年五四运动前后，北大校园内出现了进德会、新闻研究会、新潮社、社会主义研究会、马克思学说研究会、学生储蓄银行、消费公社、雄辩会、画法研究会等数以百计的学生社团。李大钊、陈独秀、高君宇等468名师生成为进德会的第一批会员。毛泽东1918年到北大以后曾积极参加新闻研究会的活动，还获得了该会"半年研究期满证书"。社会主义研究会和马克思学说研究会则培养了中国第一批马克思主义者。"五四时期的少年中国学会、新潮社和马克思学说研究会等，探研新思想，传播新文化，更对'爱国、进步、民主、科学'精神的培植有其功。"②新中国成立以来特别是改革开放之后，北大

① 《上海市高桥中学校史资料汇编》，2001年5月，第89页。

② 沈千帆主编：《社团人：来自北大的青春故事》，中国画报出版社2004年版，序。

社团蓬勃发展。截至目前，“百团大战”已成为北大校园文化的形象窗口。一百多年来，北大社团已经成为北大精神魅力的一部分，成为北大精神薪火相传的一种组织依托。在学生社团中，有追求先进思想的激情，也有探索现代学术的执着；有文艺的个性张扬，也有体育的拼搏进取。目前，北大山鹰社、爱心社、自行车协会等已经发展成为在全国非常有影响力的学生社团。

在我国台湾地区，课外活动实施多年以后改称为联课活动。1983 年公布的课程标准中规定，为整合学科教学、适应个别差异、发掘特殊才能，“联课活动”又以“分组活动”称之。同年，团体活动纲要中也明确指出，分组活动按学生志愿，采用“社团”方式分组实施。这一点类似于同时期大陆兴起的课外兴趣小组。1994 年，台湾课程标准将其统一更名为“社团活动”。①并规定，社团活动作为团体活动的内容之一，主要包括学术类、艺术类、康乐类、科技类、运动类、服务类、联谊类等七大类。

不同的社会环境使学生社团的发展呈现出缓慢与迅速相互交替的局面。五四运动时期学生社团发展势头迅猛，之后相对缓慢。时至 20 世纪 80 年代初，学生社团又迎来一个新的时代。较普遍地将加强课外活动作为教育改革的一项重要内容，并就此展开理论的研讨和实践的探索与创新。它首先在各类大专院校以及部分中学里掀起，当时的学生社团多以文学社团为主，不久即转入沉寂。至 90 年代，逐渐形成了文艺体育、学术研讨、科技创新等丰富多彩的社团格局。到了今天，学生社团活动更加紧跟时代步伐，学生们关注的热点、焦点都可以在社团生活中反映出来，其服务对象也从本社团成员、本校学生逐步扩展到社会各阶层人员，活动内容和形式日益广泛、多样。截至 2001 年 10 月统计，目前上海市“中学生社团共有 1 312 个，参加总人数达 52 539 人。中学生社团类别主要有六类，分别是理论学习类、科技活动类、文学艺术类、志愿服务类、体育健身类和综合类”②。一百年来，学生社团从无到有，从单一到丰富，从寥寥无几到蓬勃发展，始终与时代有着最

① 徐彩淑：《社团参与态度、社团凝聚力与人际关系之相关研究——以台北县参与社团国中生为例》，硕士学位论文（未发表），台北师范大学，2004 年第 8 页。

② 共青团上海市委学校部：《上海市中学生社团发展报告》，《上海教育科研》2002 年第 7 期。

强烈的呼应，它承载着青年学子的激情与梦想，记录着校园文化的进步与辉煌，是学校独特魅力中不可或缺的一部分。

随着教育体制改革的不断深化，"成才更要成人"、"全面发展"、"特长发展"等观点已逐渐成为当今社会对新时代学生的主要衡量尺度。在以信息网络为特征的21世纪，单靠读书时代所获得的知识已经远远不能满足于社会的需求。拥有完备的知识结构、健全的人格以及不断完善自己充实自己的能力，才可能在未来的人才竞争中居于不败之地。飞速发展、竞争激烈的时代要求学生不仅要有骄人的成绩，更要具有会学习的品质，以及良好的人际交往、组织协调、创新等多种能力，具备多种技能和特长。在此背景下，学生的价值追求发生了根本的变化。从注重追求好分数、追求保持一致转变为注重自身的全面发展以及追求个性和唯一。此外，作为学校中基本群体的班级已不能满足学生的交往需求，他们企图在社团活动的交往中满足其心理需求。以网络为特征的信息技术的普及，为学生社团活动提供了有利的学习条件，同时为学生在社团生活中的自主性发挥和创新能力的培养更是提供了广阔的平台和无限的资源。近些年来，随着教育的发展，寄宿制学校的产生和普及，无疑也为学生社团的发展提供了广阔的空间。可以说，学生社团日渐成为当今校园里的一道亮丽的风景线是时代发展所趋。

第三节 "革命时期"[①]学生社团的功能

在那种内忧外患、王纲解纽、军阀割据的时期，政府腐败，政治不上轨道，学生干政就是不可避免的了。1928年5月4日，胡适先生在纪念"五四"

① 胡适先生在其有关学生运动的论述中，指那种政府腐败、内忧外患，却没有代表民意机关的社会混乱状态为"变态社会"，这里以"革命时期"泛指自"五四"运动到新中国成立这一时期。

的演讲中曾声称："'五四'运动也可证明历史上的一个公式，就是在变态的社会国家里，政府腐败，没有代表民意的机关，干涉政治的责任，一定落在少年的身上。"①当然，在不同的社会历史时期，学生与社会的关系也不大相同，正如胡适先生于1922年10月22日在北京大学关于"学生与社会"的演讲中指出的，"在文明的国家，学生与社会的特殊关系，当不大显明，而学生所负的责任，也不大很重。惟有在文明程度很低的国家，如像现在的中国，学生与社会的关系特深，所负的改良的责任也特重"②。学生社团，作为学生联系社会的桥梁和纽带，尤其在国家危急的特殊时期，自然成为了学生干预政治、关心国事的重要筹码。

一、使命之一：心系国家、干预政治

革命时期，学生承担了干预政治的使命。蔡元培先生在《国民》杂志创刊时，曾作序声称："求能助此少数爱国家，唤醒无意识之大多数国民，而抵制椓丧国家之行为，非学生而谁？"③1925年，胡适先生也曾指出："在这个时候，国事糟到这步田地，外间的刺激这么强……许多中年以上的人尚且忍耐不住，许多六十老翁尚且要出来慷慨激昂地主张宣战，何况这无数的少年男女学生呢？"④于是，游行、示威、静坐、罢课等学生运动似乎成了当时学生社团的主要活动内容与形式。

19、20世纪之交，北京大学、清华大学等现代大学的诞生，为学生社团的孕育提供了肥沃的土壤。北大校长蔡元培先生深刻地认识到，社团和刊物是革命战斗的堡垒，是传播革命思想的阵地，因此主张"通过组织各种社会团体来联络革命同志，宣传反清革命，反对帝国主义侵略，提倡改良封建教育"⑤。在介绍黄炎培加入同盟会时，他也曾劝言："欲革命，须有组织。否

① 欧阳哲生：《胡适文集》(12)，北京大学出版社1998年版，第730—731页。

② 欧阳哲生：《胡适文集》(12)，北京大学出版社1998年版，第442页。

③ 周天度：《蔡元培传》，人民出版社1984年版，第112页。

④ 欧阳哲生：《胡适文集》(4)，北京大学出版社1998年版，第627页。

⑤ 石新明：《论蔡元培先生的"扶植社团"思想》，《北京科技大学学报》(社会科学版)2001年第2期。

则，力不集，事不成。今有会焉，君亦愿加盟乎？”[①] 1902 年底，上海南洋公学学生因不满学校当局的高压政策发生了退学风潮，蔡元培组织这些退学学生成立了爱国学社，带领学生进行革命演说。1904 年，为了解救民族的危亡，京师大学堂的学生成立了抗俄铁血会，这是北大学生社团历史的开端，也使我国学生社团从诞生之日起就奠定了激情与责任的基调，与国家和民族的前途命运休戚相关。协会成员以集会、演讲、办报等各种组织形式开展了轰轰烈烈的抗俄运动。“五四”前夕成立的新潮杂志社是北京大学的著名社团之一，“社员们通过自己的刊物《新潮》杂志，喊出了‘伦理革命’的口号，对中国的封建伦理道德和封建文学进行猛烈的攻击，起到了相当的进步作用”[②]。“五四”后的第二年，同样是在校长蔡元培的支持下成立的马克思学说研究会，在北大活动时间前后达七八年之久，对于传播马克思主义，引导和组织青年学生参加实际革命运动，成长起中国的最早一批共产主义者起到了非常重要的作用。进德会、国民杂志社、平民教育讲演团……一时间，北大校内社团如夜空繁星，刊物宛似雨后春笋，各种学说竞相争长。热血青年以社团的方式组织起来，研究问题，寻找出路，形成了追求真理、追求解放的热潮。以国家民族前途命运为己任的北大学生社团成为了我国学生社团史上一颗耀眼的明珠。

在中山大学，1923 年成立的“民权社”，是一个拥护国民党、反对军阀的全市性学生组织。该社在创刊《民权》的宣言中说：“要想解决中国现在的变乱，只有民众觉悟、联络起来，‘去打倒反革命——军阀官僚，来赞助革命派——国民党’。”[③]在日寇侵华背景下，中山大学无论是学生社团还是其他学生活动，在很大程度上都受到日寇入侵的影响。一些新社团的兴起，一些社团名称、组织结构、活动内容等的变动都因外敌入侵而产生。难怪有人会说：“在中山大学学生社团史上，读书会作为学生活动的一种形式……作为一种学生社团或是学生社团主体设置的一个二级组织，其宣传进步思想、培

---

① 蔡建国：《蔡元培先生纪念集》，中华书局 1984 年版，第 54—55 页。

② 沈千帆主编：《社团人：来自北大的青春故事》，中国画报出版社 2004 年版，第 12 页。

③ 梁山等：《中山大学校史》（1924—1949），上海教育出版社 1983 年版，第 26 页。

养学生政治立场的功能在多数情况下优先于学术交流和探讨的功能。”①

同样，成立于同一时期的华中大学，早期的一些学生社团也大多通过读书会等学生组织来共同研究马列主义等政治问题，心系国家和民族的前途命运。“当时(指20世纪的二三十年代)马列主义思潮无时无刻不在影响着华中大学的进步学生。……他(指当时华中大学的学运领袖霍恒德)在校内大量阅读进步书刊，组织秘密读书会，与同学研究马列主义政治问题。”②抗日战争和解放战争时期，当时迁至云南大理喜洲的华中大学，成立了文学社、读书会等多个社团组织，激扬文字、挥毫泼墨成了当时学生社团宣传抗日和进步思想、为国家和民族利益而战的主要途径。解放战争时期，华中大学的学生社团，则积极出版刊物揭露国民党反共反人民的罪行，强烈抨击反动势力迫害爱国青年学生的事实和经过。其中1947年成立的“苍海文汇社”，活动主要以壁报形式出现，是华中大学学生运动的火车头，也是华中大学社团的重要组织者。同年成立的“野火社”，也大量刊登京沪宁学运，抨击校内幕后崇洋现象。另还有“啦啦合唱团”，原以唱圣诗为主，转而受进步思想影响，而改唱革命歌曲，通过文艺形式团结群众，靠拢中共组织。

中学生社团中，成立于1919年9月的北京高师附中少年学会，同样心系祖国的前途命运。学会曾邀请当时的社会知名人士李大钊、陈独秀、钱玄同、蒋梦麟、周作人、王光祈等到附中讲演。定期召开学术讨论会，研究社会问题和新思潮。在假期组织读书会，交流学习心得。在“劳工神圣”的呼声日益高涨的影响下，会员们还组织了工友文化补习班，利用有限的时间帮他们掌握一些基础知识，提高文化水平。此外，少年学会还积极参加社会活动，如在1920年曾发起华北救灾募捐运动等。学会计划于1920年10月1日出刊《本会周年纪念号》，专题刊发当时的“华北灾荒情形和救济方法的讨论”，以此来引起社会各界对灾情的关注。专题主要内容包括华北灾荒的原因、现在的灾荒情形、灾荒的救济方法讨论、现在各团体救济灾区的情形以

① 国亚萍：《青春南方：中山大学学生社团简史》，中山大学出版社2004年版，第10页。

② 剑琴：《私立华中大学的社团活动和学运》，《武汉文史资料》1997年第1期。

及灾荒的影响等。①

二、使命之二:拓展兴趣、结社交友

早期的学生社团虽然部分承担了干政的职责,但作为以兴趣爱好为基础的学生社团组织,旨在弘扬兴趣,张扬个性,广交朋友,并不是以游行、示威、反抗当政阶级的统治为主要活动和宗旨。当时的这类社团形式广泛,但多以读书、文学、话剧、戏剧等文艺社团为主,如吟诗、作画、写作、编剧本、参加表演等。

1917年12月,北京大学学生发起成立了体育会。体育会是"以练习各种运动技术强健身体为宗旨的体育类社团"②。1919年1月,蔡元培、李大钊、胡适等38人发起成立了北京大学课余俱乐部。俱乐部以联络感情、交换学识为宗旨。1920年底,清华园内最具影响的文学社团"文学社"成立。1933年组织新的"清华文学社",其宗旨是"联络感情,交流心得"。1926年清华大学成立了弘毅学会,出版《弘毅》月刊,"它没有任何政治色彩,为一'砥砺人格、研究学说'之团体"。1927年清华大学又一个文学社团终南社成立。这是以"研究文艺为目的"的组织,聘请文学名人演讲是他们的特色。1928年12月清华大学中文系的教授和同学共同发起创办了中国文学会,其宗旨依然是"研究文学,联络感情,并谋求中文系的发展"③。

中山大学在创办初期(1924—1931),各类兴趣性社团同样发展迅速。"中大剧社整顿音乐、戏剧两部,增设舞蹈部,又组织出版委员会编撰刊物,并将曾经演出的新剧'汇编成册,以备发行'"。1927年,"地理学会出发考察三水五南地形。同年10月,体育协会成立,其后数年该会举行了许多次不同规模的体育活动"。日寇侵华时期(1931—1945)的中山大学,学生的文化生活仍然相当活跃,除各年级有级会外,还组织了许多社团,如"民风剧团、粤

① 参阅张允侯等:《五四时期的社团》(三),生活·读书·新知三联书店1979年版,第84页。

② 石新明:《论蔡元培先生的"扶植社团"思想》,《北京科技大学学报》(社会科学版)2001年第2期。

③ 张玲霞:《论清华大学早期的文艺社团及其刊物》,《清华大学学报》(哲学社会科学版)2000年第5期。

声音乐社、青年生活社、政治学会等”，大部分学生都参加了丰富多彩的社团活动。1931 年 3 月，昆虫学会成立。“1932 年 5 月，生物学会、南中国文学会等社团‘获准备案’。同年 12 月，农学院娓娓音乐社成立，女生励进会筹备成立，并陆续组织春游团、邀请教授演讲等活动”①。

可见，早期的学生社团如同今日，早已成为落实学校教育目标、实现教育思想的载体，成为了学生自我教育、自我管理、自我服务的主要阵地。学生社团在营造健康向上的校园文化、民主自由的生活氛围等方面同样发挥了重要作用。著名史学家顾颉刚曾回忆说：“谁高兴组织什么会就组织什么会，谁有什么技艺就会被拉到什么技艺的会。平时一个人表现自己能力时很有出风头的嫌疑，可是到了这个时候，虽欲不出风头而不可能了。”②丰富多彩的社团活动和民主自由的学术氛围为学生张扬个性提供了广阔的空间。由此看来，早期的社团不但关心国家的前途命运，传播革命新思想，而且在丰富和营造积极健康的校园文化方面也起到了不可磨灭的贡献。只有在政局比较动荡的年代，学生社团才担负起了干预政治、宣传新思想的重任，这集中表现在“五四”前后的一段时期以及抗日战争时期。因此可以说，“大部分社团的旨趣是与时代背景紧紧相关的，在历史背景迅速变化的特殊时期，社团成员个人所坚持的立场和对时局的态度也在不断地、甚至是反复地变化”③。

① 国亚萍：《青春南方：中山大学学生社团简史》，中山大学出版社 2004 年版，第 6、11 页。

② 石新明：《论蔡元培先生的“扶植社团”思想》，《北京科技大学学报》（社会科学版）2001 年第 2 期。

③ 国亚萍：《青春南方：中山大学学生社团简史》，中山大学出版社 2004 年版，第 12 页。

第四节 学生社团功能的历史性转变

今日和平时期的学生社团，作为学生联系社会的桥梁和纽带的角色依然没有改变。自然，在发展学生兴趣爱好、促进学生的社会化以及开展社会服务等方面发挥着独特的社会功能和作用。以兴趣爱好为基础自发结合在一起开展活动仍是今日学生社团的主要活动形式，但是，服务社会、奉献社会，既是当代学生社团发展的根本目标，又是学生社团所应承担的社会和时代赋予的历史使命。

一、使命之一：弘扬兴趣、彰显个性

学生社团是“中国中等学校和高等学校学生在自愿基础上结成的群众组织。这些社团可打破年级、系科以及学校的界限。团结兴趣爱好相近的同学，发挥他们在某方面的特长，开展有益于学生身心健康的活动”①。学生社团的对象是特殊群体的学生，有着共同的兴趣爱好是学生社团的基础。通过开展有益于身心健康的活动，培养和发展学生广泛的兴趣和爱好，丰富学生的个性。“抑或是时代的关系？抑或是年龄的缘故？当今时代的中学生社团，对主义的探索不多，而对锻炼和展示他们的才华，却起了不可估量的作用。”②今天的学生社团类型丰富多样，主要可分为兴趣爱好类、理论学习类、社会公益类、学术科技类等。调查发现，目前的学生社团中，兴趣爱好类占有较高的比例，也最受学生的欢迎和认可。它一般包括文学、外语、体育、艺术等学科，这类社团成员一般具有一定的相关专业兴趣和基础，在活

① 中国大百科全书编委会：《中国大百科全书》（教育卷），中国大百科全书出版社 1985 年版，第 439 页。

② 孙云晓：《青春社会场——当代中学生社团生活纪实》，四川少年儿童出版社 1992 年版。

动中能够得以充分发挥，锻炼自我，张扬个性。因此，学生在参与活动的过程中培养了兴趣爱好，扩大了求知领域，掌握了一技之长，发展了个性，健全了人格。社团成为了学生成长成才的摇篮。

社团活动为学生表现自我、发展个性创造了良机。“学生社团是学生凭兴趣自发组织的，它鼓励出怪才、出奇才。”①处于青春期的学生，思维活跃，精力充沛，有着广泛的兴趣和爱好，由他们自己组织的社团，从内容到形式，丰富多彩，标新立异，增添了活动内容的趣味性和活动参与的广泛性。学生社团为广大学生提供了展示个性风采，激发独特创意，培养创新能力的舞台和机遇。总之，社团为学生提供了多种选择的机会。他们既可以选择符合自己兴趣、爱好和个性发展的社团，也可以根据规定，申请组建新的社团。学生社团成为了学生弘扬兴趣爱好、彰显个性的“诺亚方舟”，丰富多彩的社团活动将会成为他们回首学生生活时最永恒的记忆。

二、使命之二：了解社会、服务社会

学生社团始终是以当时的社会背景为依托为基础的。美国在第一次世界大战发生时，“男女学生对各种活动的热情完全移注于少年红十字会儿童后备队等战时组织上面”②。而我国在20世纪70年代末80年代初，“大学生社团曾以诗歌、小说等形式积极参与了当时整个社会对历史和现实的讨论；80年代中期，大学生又纷纷成立英语、科技等方面的社团，以适应现代社会发展的需要”③。学生社团作为广大学生了解社会的窗口，为学生的成长提供了社会的一个缩影和模拟环境。通过参加社团活动，他们学到了很多平时在课堂上学不到的知识，提高了社会实践和社会交往能力，开阔了视野，增进了对社会的了解，角色意识和社会责任感得到加强。

学生积极广泛地参与社会服务类社团，在社会实践中学习直接经验，促进学生与社会的联系。一些社团组织如爱心义工联、志愿者协会等，其敏感

① 桂杰：《西安交大："百团计划"聚拢学生》，《中国青年报》2001年9月8日。

② 李相勖等：《课外活动史略》，见瞿葆奎主编，吴慧珠、蒋晓选编：《教育学文集·课外校外活动》，人民教育出版社1991年版，第453页。

③ 李健：《大学生社团社会学角度之考察》，《中国青年政治学院学报》2003年第2期。

的触角已伸向社会的各个角落，开始了一些涉足社会的社团活动，产生了良好的社会效益。同时，社会服务类的社团活动使学生认识到自己是社会的主人，社会的发展和进步需要他们贡献出一份力量，有利于学生超越狭隘的自我意识，改变处处以自我为中心、只求索取不讲回报的思维模式，从而把自己的思想灵魂逐渐融汇于国家和人民的利益中，在有意识的适应和改变中逐步调控自己的生活方式和行为方式，以适应社会发展对个人的需要。提高学生对社会和社区事务的关心和参与，增强社会责任感和使命感，增强个人的社会功能。如“志愿者行动队”组织学生赴农村进行义务收割、扫盲、支教，为贫困学生募捐钱财、衣物等公益活动。“绿色环保协会”则组织广大学生走进社区清理卫生死角、绿化社区环境、进行环保知识宣传等，提高了学生和社区居民的环保意识。一些文艺类的学生社团也经常走进社区、走进边远山区进行义演，宣传新时期的先进文化，例如进行话剧公演、送戏下乡等活动。这一次次的社团活动无不在激发和点燃着学生报效祖国、回馈社会的热情和雄心。

大学生可以有大块儿的时间走出去开展活动，再加上身心发展的逐渐成熟，自主意识已比较突出，整体看来，高校的学生社团服务社会的做法要相对成熟于中学，在实践中也取得了较中学显著的成绩。因此，中学社团在服务社会方面还需加大力度。当然，重要的不是走进社区做了多少件好事，而是从中培养和增加服务社会的责任意识，增强作为一个中国公民所应具备的起码的社会责任感和自豪感，而不仅仅是“两耳不闻天下事，一心只读圣贤书”或只关注发展自身的兴趣爱好就万事大吉了。因此，学生社团无论立足于何种宗旨、针对哪一专业，都不能成为孤芳自赏的墙角梅花，而始终是胸满天下、关怀大众的，天然的具有了一种积极进取的“先天下之忧而忧”的参与精神和悲天悯人的情怀。立足校园，服务社会，依然是时代背景下学生社团的成立宗旨与使命。无论是义务宣传、文艺表演，还是社区服务等各类活动，一方面既有利于学生深入社会，了解社会，体验社会生活，增强学生的社会化发展，提高实践能力。另一方面，学生社团活动又活跃了校园文化，服务了社会发展，充分体现出了学生社团的服务性特点，以及学校连接社会的桥梁和纽带作用。以共同的兴趣爱好为基础开展丰富多彩的活动，以社团为纽带，了解社会、服务社会，仍是现代意义上学生社团的时代使命和追求。

由以上分析可以看出，不同的社会历史时期，面临着不同具有时代需求的历史任务，学生与社会的关系不尽相同，学生社团的使命也不尽相同，形成了具有时代特征的学生社团。因此，国难当头的危急时刻，学生社团的重要使命在于树立和推广救国救民的理念，研究问题，寻找出路，为国家和民族的前途命运而不懈努力。在中国社会从传统社会向现代社会转变的过程中，当国家进入了和平稳定的全力进行社会主义现代化建设的背景下，学生社团的重要使命则在于努力培养和练就服务社会的各种本领。当代学生社团在引导学生自觉关注当代中国的变化与发展，传播先进思想，弘扬先进文化中依然发挥着不可替代的重要作用。

第三章 社团生活对课堂生活的超越

学校是学生生活最重要的空间。从活动空间上，对学生发展直接起教育作用的学校空间可分为课堂空间与课外空间。教学活动、教室空间交织在一起，构成了师生极为复杂、具体细微的课堂生活。学生在课堂中的存在，即为课堂生活。课堂生活是学生生活的主体空间，学校制度化生活基本上是在班级和课堂空间中实现的。而学生社团是课外空间中的重要组织形式，学生社团生活是学生学校生活的重要组成部分。社团为学生提供了实践和活动的空间、途径和形式，对于扩展学生生活的空间，具有课堂教学不可比拟的教育价值。"'学校的功课'并不是青少年上学的全部内容。许多中学生可能会感到自己学习不太好，但是却可以从自己的运动技能和与同伴的相处中获得极大满足。很多学生认为只要自己在别人眼中受欢迎，又是某一学生团体的成员就行了。"①

早在 1963 年，美国学者 Kimball Wiles 在《美国高中课程变革》(*The Changing Curriculum of the American High School*)一书中，已明确将学生活动纳入到学校课程中，并作为其中不可或缺的重要组成部分。作者认为，一所综合评价较高的高中，学生活动必定在学校课程中占有非常重要的

---

① [美]约翰·I.古得莱得著，苏智欣等译：《一个称作学校的地方》，华东师范大学出版社 2006 年版，第 83 页。

比重。学校为不断满足学生的需要应为学生活动的开展提供较为充分的安排和设施。“学生课外活动与课堂教学活动在整体育人目标上是一致的。如果有所区别的话，那就是两者的着重点各有侧重罢了。”①因此，课堂生活和社团生活在不同方面对人的发展的积极影响和教育作用，协同把学生培养成为一个“完整”的人。

第一节　课堂生活的限度

作为学校中最普遍的社会活动，课堂教学成了应试教育的基地；课堂教学的结果（功能）就是分数和升学率；重视文化知识的储备，忽视为人素质的训练；以牺牲个性与特长为代价来培养考试合格的标准件；课业负担沉重，妨碍学生身心健康；师生教学行为就是追求分数；课堂教学围绕考试制度运作；培养出高分低能的人，家长不满意，学生不满意，教师和学校不满意，社会（用人单位）也不满意……②因此，传统意义上的课堂生活作为“教师传道、学生求知的过程”③，对于今天的学生而言，已经不足以满足他们的需求。信息社会的到来，学生对新事物的接受能力，使得他们通过各种媒体如电影、电视、报刊杂志、网络、参观旅游等获取的信息量绝不亚于教师。课堂生活之于学生的全面发展方面主要表现为以下问题：

一、着重关注知识教学，相对忽视学生的情意发展

课堂教学的实施以教学大纲为依据，以班级授课制为主要形式，有严

① Nellie Zetta Thompson (1953), ***Your School Clubs: A Complete Guide to 500 Activities for Group Leaders and Members***, New York: E. P. Dutton & Co., Inc., pp. 15—16.

② 参见《师范教育》1997年第9期“素质教育探讨”栏目。转引自吴康宁等著：《课堂教学社会学》，南京师范大学出版社1999年版，第319—320页。

③ 陈振中：《符号与互动：教学与课堂生活的社会学》，学苑出版社2003年版，第1页。

格、统一的教学内容和教学要求，以系统学习和掌握书本理论知识为主要目的。相比较而言，课堂教学“只重视认知活动，不注重体验、感受、领悟、想象活动”①。“无论是教师、学生、还是家长，都把知识的传授（掌握）及其效绩作为评价课堂教学效果的主要标准。”②同课堂教学不同的是，学生社团活动中的教育内容具有广泛性和多样化的特点，它不像课堂教学那样是明显的、有形的。“课堂上，教师比较关注和强调的是学生的学术生活和精神生活的丰富；然而，社团生活中，教师关注更多的则是学生生活中的社会、心理、职业、伦理、娱乐休闲、情感、艺术等诸多方面的发展。”③课堂教学所忽视的内容往往也是人生所必不可少的内容，正如日本学者佐藤学所批评的那样：诸如即使不谙欧几里得几何学证明的人生也不至于陷入困境，而现代学校教育中被排除、被忽略的诸多事项却是对儿童的人生和人类的未来起着决定性意义的重要问题。诸如生与死的内涵、解体的家族、性爱、差别、劳动、暴力、环境、战争责任、和平、人口、难民、老人福利、住宅、生育与教育、宗教、大众媒体、大众文化、信息化社会、国际化等等，尽管所有这些问题是任何一个人都会直面的生存方式选择的问题，但在以往的学校教育中并没有被充分地涉猎。倘若学生社团能围绕这些传统学校教育和课堂教学中被忽略、被排除的问题来组织，其作为一个学习共同体的意义和作用将是巨大的。

20世纪初期的美国，单调乏味的学科课程已经不能引起学生对学校的任何兴趣，高辍学率已严重到成为一种社会问题。在这种背景下，美国教育部关怀生命大会（the Conference on Life Adjustment of the United States Office of Education）果断采取措施，建立试点中学，广泛组织和开展各种学生活动（informal activities），旨在加强和巩固学校的教育功能。之后的美国中学教育，学生社团活动及其他学生活动已成为现代课程理念中不可分割的一部分，而且在学生适应社会、融入社会的过程中扮演着越来越重要的角

① 郭元祥：《生活与教育——回归生活世界的基础教育论纲》，华中师范大学出版社2002年版，第25页。

② 吴康宁等：《课堂教学社会学》，南京师范大学出版社1999年版，第317页。

③ Robert V. Lone (1947), ***A Comparative Study of Member and Non-member of Extra-curricular Clubs of Western State High School***, Unpublished Master's thesis, University of Michigan, p. 4.

色。相对于课堂教学而言,“活动不仅是能力的综合反映,也是知、情、意的综合体现”①。总而言之,学习,不能仅仅是脖子以上的事情。社团生活作为一种学习的方式,在某些方面恰恰符合了现代儿童学习的价值追求:“从单纯量的追求——如何掌握更多的知识与技能,更多地转向注重质的追求——如何丰富而深刻地获得真情实感的体验。”②

二、着重关注大多数学生,相对忽视学生的个性差异

理论上讲,促进学生的个性发展应成为课堂教学的主要功能之一,但在基于主要对主文化获取而对亚文化关注较少的背景下,实践中的课堂学习,已变得比较程序化和系统化。在传统的课堂教学中,对个性差异的关注更多地体现在作业难易程度的区别上。而个体在有关兴趣、爱好、特长等诸多方面的差异,在课堂实践中却无法得到体现和张扬。学生社团是由一群年龄相仿、习性相似、兴趣与爱好相近的富有朝气、充满活力的学生所组成的学生群体组织。具有灵活性、开放性、综合性、自主性等特征的社团活动,往往渗透着学生丰富的生活体验,充分地满足他们个性化生活的需要。“在以学生社团为主体的学生活动中,学生能够展现的是真正的自我(accepted as they are)。在这个轻松愉快的环境中,没有严格、死板的课程学习,同学们可以充分培养和展示自己的兴趣爱好,以致可以在该方面达到一个较高的水平。”③

如果说课堂学习所进行的基本规范社会化是程序化、单一化、受动式的,那么通过学生社团所实施的规范社会化则更突显灵活化、多样化、自主化,学生的主体性充分彰显。学生们可以自由选择他们感兴趣的社团参加活动,在其中发展个人爱好,共同探索问题,从事他们自己喜爱的活动。这

---

① 杭州市天长小学等:《学校活动体系的探索》,见瞿葆奎主编,吴慧珠、蒋晓选编:《教育学文集·课外校外活动》,人民教育出版社 1991 年版,第 202 页。

② 佐藤学著,钟启泉译:《学校的挑战:创建学习共同体》,华东师范大学出版社 2010 年版,第 201 页。

③ Nellie Zetta Thompson (1953), ***Your School Clubs: A Complete Guide to 500 Activities for Group Leaders and Members***, New York: E. P. Dutton & Co., Inc., pp. 16—17.

一空间较课堂生活而言更有效、更自由，对学生的影响也更深刻。在社团活动中对个性差异的尊重和照顾真正实现了对人的理性的尊重，这种理性就是学习。“社会进化的基本机制就是不能不学习这样一种能动机制。在社会文化发展层面上，需要解释的现象不是学习，而是不学习。可以说，人的理性就在于此。只有在这种背景下，人类历史上突出的非理性现象才能表现出来。”①传统的课堂教学中对个性差异的忽视实际上直接导致了一部分学生“不学习”，这正是哈贝马斯所批评的非理性现象。

三、以师生单向沟通为主，相对忽视课堂多元沟通

在学校教育中，学生的交往活动主要表现为师生交往和生生交往。从我国课堂教学现状来看，师生之间的交往是目前课堂教学中的主要交往形式，虽然小组学习也逐渐成为了课堂教学中重要的手段之一，但究其根本，不少也停留在“摆花架子”的水平上。“课堂教学的大部分时间和大部分内容都表现为教师与学生之间的互动，课堂教学的各项任务也是主要通过教师与学生之间的互动完成的。”②这样的师生互动也更多地表现为由“师”向“生”的单向交往，并算不上真正的互动。因此，学生的课堂角色比教师的角色被动得多。在课堂上，学生的大部分时间用在听、看、读、写上。实践中一些不成文的制度和规范往往限制了师生之间的平等交往和对话，更无所谓生生之间的交往。而且，在我国的课堂中，“其一是与师生交往相比，学生之间的交往极少；其二是在本已极少的学生交往中，主要的也只是学生个体与全班学生之间的交往，学生个体相互之间的交往很少，学生个体与小群体之间以及小群体与小群体之间的交往则几乎可忽略不计”③。统一的班级授课把学生的交往圈子仅仅限于狭小的教室生活，造成了学生之间交往的封闭性。很多人不要说同校、同年级的不认识，就连同班同学也有许多都没讲过话的，交往面极窄。

---

① 哈贝马斯著，刘北成、曹卫东译：《合法化危机》，上海人民出版社 2000 年版，第 19 页。

② 吴康宁等著：《课堂教学社会学》，南京师范大学出版社 1999 年版，第 195—196 页。

③ 吴康宁等著：《课堂教学社会学》，南京师范大学出版社 1999 年版，第 84—85 页。

哈贝马斯提出了“话语型学习过程”的概念，并认为“话语型学习过程”的出现是衡量一个社会学习能力的重要指标。“我们在两个层面上学习（理论层面和实践层面），学习过程和有效性要求是联系在一起的，而有效性要求可以用话语来兑现。非反思性学习发生在这样一种行为语境中：含蓄提出的理论性和实践性的有效性要求被天真地视为理所当然，而没有通过话语来考虑是否予以接受还是加以拒绝。反思性学习则是发生在话语当中，我们用话语把有问题或由于受到怀疑而有问题的有效性要求列举出来，通过论证来决定是加以兑现还是予以拒绝。”①用这样的标准看课堂教学，我们可以把是否通过话语来考虑是接受或者拒绝教师传授的知识区分为两种学习类型，一是反思性学习，一是非反思性学习。很显然，反思性学习才是我们想要的学习发生。哈贝马斯所主张的话语型学习也就是保罗·弗莱雷的通过对话产生的思考，“他们必须放弃储存信息的教育目标，代之以把人类与世界的关系问题提出来的教育目标。提问式教育，与意识的本质，即目的性相呼应，它摒弃公报，体现交流”②。这种提问式的对话教学，不仅仅是对学生，对教师也具有教育意义。“提问式的教育，打破了灌输式教育的纵向模式特征……通过对话，教师的学生及学生的教师等字眼不复存在，新的术语随之出现：教师学生及学生教师。教师不再仅仅是授业者，在与学生的对话中，教师本身也得到教益，学生在被教的同时反过来也在教育教师，他们合作起来共同成长。”③

与课堂教学的单向传递不同，社团活动则可以天然地避免这些弊端，在社团活动中，每一个成员的话语权都可以得到充分保障，任何人都可以提出自己的质疑，可以充分进行多元的、对话的、提问式的教育，可以充分地进行反思性学习。因为社团生活提供了课堂生活完全不同的环境，具有浓厚的平等、和谐的生活气氛。它“是以学生为主的，教师提供各种必要的条件，让

① 哈贝马斯著，刘北成、曹卫东译：《合法化危机》，上海人民出版社2000年版，第19—20页。

② 保罗·弗莱雷著，顾建新等译：《被压迫者教育学》，华东师范大学出版社2001年版，第31页。

③ 保罗·弗莱雷著，顾建新等译：《被压迫者教育学》，华东师范大学出版社2001年版，第31页。

学生自己去组织，去学习，去实践，去探索，自己去观察事物的现象，寻找事物的联系和发展规律，从中发展各种能力”①。同时，学生在社团活动中的创造性以及他们对知识的再创造和再发明，足以使他们成为保罗·弗莱雷意义上的“学生教师”。因此，许多学生试图在寻求，而且越来越重视传统班级环境之外的生生之间的交往活动。

四、以约束、控制为主，相对忽视课堂民主与学生参与

在课堂教学的师生互动中，“由于教师是社会的代表者，因而通常由他制订课堂教学中的规则（尽管有时也是由师生共同制订），然后要求学生遵守”②。学生的课堂生活体现出了强烈的制度化生活的特征。班级和课堂的有关制度和规则的异化，势必束缚了学生的全面发展和健康成长。即便如此，在目前的许多学校里，课堂教学的主导地位仍被绝对化，学生生活单调乏味。不论知识习得，还是能力培养、道德养成、心理品质的塑造，似乎都必须以课堂教学为“主渠道”。在这种情况下，如果所有课程都能根据教学大纲的要求，按质按量地完成教学任务，倒也无可厚非。而调查发现，不少中学进入高中阶段，尤其是高三年级后，所有的课程与教学几乎都对应于高考而设置，连基本的体育、音乐、美术课也进行了大量压缩，甚至取消，而改为其他的学科教学。在这样的教学模式中，学生求知欲的满足、兴趣的开发、综合素质的培养等都会受到不同程度的影响。

这样的教学在保罗·弗莱雷看来恰好体现了一种压迫意识，完全处于民主的对立面。“在灌输式教育中，知识是那些自以为知识渊博的人赐予在他们看来一无所知的人的一种恩赐。把他人想象成绝对的无知者，这是压迫意识的一个特征，它否认了教育与知识是探究的过程。”③保罗·弗莱雷还进一步地罗列了灌输教育中表现出的种种整体上反映了压迫社会的面貌的

---

① 杭州市天长小学等：《学校活动体系的探索》，见瞿葆奎主编，吴慧珠、蒋晓选编：《教育学文集·课外校外活动》，人民教育出版社 1991 年版，第 202 页。

② 吴康宁等：《课堂教学社会学》，南京师范大学出版社 1999 年版，第 210 页。

③ 保罗·弗莱雷著，顾建新等译：《被压迫者教育学》，华东师范大学出版社 2001 年版，第 25 页。

态度和做法：[①]

1. 教师教，学生被教；

2. 教师无所不知，学生一无所知；

3. 教师思考，学生被思考；

4. 教师讲，学生听——温顺地听；

5. 教师制订纪律，学生遵守纪律；

6. 教师做出选择并将选择强加于学生，学生唯命是从；

7. 教师作出行动，学生则幻想通过教师的行动而行动；

8. 教师选择学习内容，学生(没人征求其意见)适应学习内容；

9. 教师把自己作为学生自由的对立面而建立起来的专业权威与知识权威混为一谈；

10. 教师是学习过程的主体，而学生纯粹是客体。

相对于课堂教学这种“知晓科学的学习”，社团生活中所发生的情形更近似于“探究科学的学习”。“探究科学的学习是作为活动性、探究性学习而展开的。所以，面对的问题远比知晓科学的学习复杂得多。在探究科学的学习中介入了主体、客体、语境的问题；这里的学习，是同自我与社会关系的形成结合在一起的；是同客体的意义关联在一起的；是同社会语境的形成结合在一起的。这样，探究科学的学习从提示的内容的理解开始，转向主体的意义与关系的建构的性质，成为具有强烈的社会性格的过程。”[②]相对于课堂生活中的有限世界，在学生的社团生活世界中，教师的介入相当少，教师指导作用的发挥也较课堂上有明显弱化，学生自身兴趣和友谊上的偏好则可以更加自由地显示出来，更突显了学生自己的创造性和自主性。相对而言，社团生活较之于课堂生活，更强调“师”和“生”的共同参与，包括社团活动的组织策划、社团制度的制订、社团活动的评估等过程。“社团生活里，没有了

① 保罗·弗莱雷著，顾建新等译：《被压迫者教育学》，华东师范大学出版社 2001 年版，第 25—26 页。

② 佐藤学著，钟启泉译：《学校的挑战：创建学习共同体》，华东师范大学出版社 2010 年版，第 211 页。

课堂上的分数等级，没有了教师的学术权威，有的是学生兴趣的张扬以及师生、生生之间平等友爱的交往和相处。"[①]在社团生活中，由于他们是根据自己的兴趣爱好自愿选择参加社团活动的，因此学生总是表现出比较积极的态度，相应地他们在社团活动中也有更强的自主权，同时表现出较强的责任感和义务感。因此，一方面，我们需要变革当前的课堂生活，另一方面，我们更需要超越学生课堂生活的疆界，丰富学生的社团生活。

第二节 超越课堂生活的疆界

出于对课堂学习的局限性的认识，越来越多的人主张跨出课堂生活的边界。正如美国宾夕法尼亚大学教授拉塞尔·阿克夫指出的："要记住，大部分学习是在家里、在工作中、在户外进行的。"[②]或者，打破课堂生活和课外生活的区分，将二者融合为一。"全部的课程包括了全部的生活：一切课程都是生活，一切生活都是课程。我们不知道什么是课内活动和课外活动。"[③]美国学者索耶曾预言未来的学校和学习将发生巨大的变革，学习将更多地跨越校园围墙发生——在图书馆、博物馆、课后俱乐部、在线虚拟学校或是在家里。他说："想象一下，小区的学习俱乐部组织学生以家庭为单位进行学习，全国所有的学习者通过高速因特网软件彼此连接。这里将没有教材，授课很少，也没有我们今天所知道的课程。教师将作为独立的咨询者，大多

---

① Robert V. Lone (1947), ***A Comparative Study of Member and Non-member of Extra-curricular Clubs of Western State High School***, Unpublished Master's thesis, University of Michigan, p. 4.

② 阿克夫、格林伯格著，杨彩霞译：《21 世纪学习的革命》，中国人民大学出版社 2010 年版，第 78 页。

③ 陶行知：《中国试验乡村师范学校的报告》，见《生活教育文选》，四川教育出版社 1988 年版，第 368—369 页。

数时间在家工作，偶尔在学习俱乐部中与特定的学生小组见面。每次会面的性质可能完全迥异，这取决于学生进行的是基于项目的学习还是自我导向的学习。”[①]学生社团活动是突破传统课堂教学的限制、拓展学生学习空间的重要力量。

一、社团生活对学生价值追求的满足

现代的学生是幸福的一代，他们大多出生于 20 世纪 90 年代以后，成长在一个价值多元、物质富足的社会中。信息社会的到来，互联网的普及，让他们足不出户即能感受到地球村的概念。今天的学生是“人机交往能力强、人际交往能力弱”[②]的一代。他们中的绝大多数都是独生子女，他们是倍受娇宠的一代，家庭中他们缺乏同伴交往的机会，学校里他们缺乏人际沟通的技巧。如果说单纯的课业负担占去了他们的交往时间，本也无可厚非。但是，我们在较长时间的课堂观察中发现，课业学习带来的恶性竞争竟让他们知而不言，学习中互相保密，课堂上老师提问竟都装作不知道！这反映了传统课堂教学中存在的一个很大的问题，课堂教学为了“有效地传递大量的知识，把学习过程变成个人主义式的竞争来组织。这是许多人士业已指出的。尽管大多数的教师致力于摆脱这种单纯追求效率的、划一的教学与竞争性的、死记硬背的学习，但事态依然如故”[③]。现在的学生更需要的是健康、快乐的生活和交往。2007 年上海市高考理科状元来自上海中学的胡文琦对此有着自己一针见血的看法：“重要的不仅在于同学、学校之间的竞争，更在于与自己的竞争，每天有所进步才是最重要的。”

当代学生心理发展的主体意识的确立，为学生积极参与社团活动努力表现自我提供了心理基础。为了获得社会和成人的承认，他们积极参与各种学校活动及社会服务。年轻一代的学生们，喜欢冒险，凡事喜欢去尝试。他们喜欢唱歌，喜欢跳舞，喜欢表现自己，喜欢放纵自我，喜欢自己亲手编织

---

① 索耶主编，徐晓东等译：《剑桥学习科学手册》，教育科学出版社 2010 年版，第 647 页。

② 王宁等：《今天，我们怎样做班主任》(中学卷)，华东师范大学出版社 2006 年版，第 4 页。

③ 佐藤学著，钟启泉译：《学校的挑战：创建学习共同体》，华东师范大学出版社 2010 年版，第 214 页。

自己的梦想。他们喜欢演话剧，喜欢制作小发明，喜欢自己的小创造。“中学生特别喜欢参加一些学科领域以外的活动——运动队、特殊兴趣俱乐部、学生会、艺术表演团、荣誉社团、各种社区服务活动等。”[①]现在的学生不仅仅属于课堂、图书馆、校园，他们还喜欢来社区里帮一把忙、尽一点力，把热切的目光投向广阔的社会生活。Francisca Nikita Aponte(女)是美国密歇根州卡拉马祖中心高中的2007届优秀毕业生，现就读于北密歇根大学，获多项奖学金。Francisca回忆起她的高中生活，不无自豪地说：“我在卡拉马祖中心高中的经历是非常有趣和令人难忘的。她让我更好地学会了了解人生和社会，以及在这两方面如何做得更好。回想起高中生活，最让我引以为豪的莫过于赢得学生会主席的选举了！”[②]单纯的骄人的学习成绩已不再是今天学生追求的唯一目标，积极投入到学校生活、社会生活中正成为当代学生的价值取向。

一次在访谈中我问：“作为高中生，你们的学习压力自然很大，怎么还有时间参加社团呢？”一位社团成员不吐不快：“就是因为学习太紧张了，生活太单调了，又想显示一下自己的才华，才参加社团的。”莫非，社团的发展已成为当代中学生的重要生活？上海中学的胡文琦在高中三年里，一直担任学生干部，做过校团委副书记、班长、团委办秘书长兼校广播台台长等职，工作能力极为出色，更难得的是各门成绩都很优秀。胡文琦自己却非常谦虚：“是学校给了我很多锻炼的机会，尤其是140周年校庆时的‘八大对话’中，我参与了‘与两院院士的对话’和‘与将军的对话’，有幸代表学校赴北京，采访五位将军校友，受益匪浅。也许工作会很琐碎，却培养了我细致严谨的作风，也许对外联系会很繁忙，却促成了我果敢的态度。”熟悉她的同学谈起胡文琦，更是赞不绝口：“胡文琦在学校非常活跃，甚至高三时，在学校形形色色的活动和接待中总能看见她忙碌的身影。寒假信息科技营志愿者活动、

① [美]约翰·I.古得莱得著，苏智欣等译：《一个称作学校的地方》，华东师范大学出版社2006年版，第239页。

② “The Class of 2007 Looks Back and Ahead”, ***EXCELSIOR*** (Kalamazoo Public School), Volume 10 Issue 7, Sep., 2007, p.6.

国际名中学校长论坛的接待工作、德国汉堡克里斯蒂安内文中学合唱团学生交流活动都能看到她。甚至健美操大赛、舞蹈大赛她都没落下，还拿了二等奖和三等奖呢。”①

提早的社会化、高度的创造力、强烈的平等观念和自主性已成为今日学生的几大特点。学生这些要平等、要民主、要自由的特性促使了他们积极活跃于各类丰富多彩的社团活动中。当代学生具有较强的独立意识，极力要摆脱成人的束缚。他们喜欢在竞争中展示自己，拓展自己的优势。谁也不想成为别人眼里一个只会读书的书呆子形象，人人都想参与社会生活，渴望社会承认自己的价值。他们有着强烈的冲破自己“空壳”的愿望。社团为他们营造竞争环境、施展才华、张扬个性提供了肥沃的土壤。但另一方面，追求安逸和享乐、不够吃苦、受挫能力低也是当今独生子女一代学生的显著特点。他们习惯了一切有所依赖的生活，志向高远而缺乏行动是当今学生的一大悖论性的典型特征。一旦真给他们自由了，他们又会显得无所适从，社团活动中的玩玩闹闹，做事仅凭一时的兴趣和激情，导致社团活动常常虎头蛇尾，也是今天学生社团活动常见的见怪不怪的普遍现象。正如一位社长的感言：“成员们口口声声喊着要自由，不要灌输，于是，社团活动计划根据大家的建议起草完毕，可在实际开展活动中需要他们的积极参与时，个个却都是一副懒洋洋的模样，他们只是习惯了老老实实坐在那里听，决不去尝试和参与。”因此，一方面，保证学生社团足够的独立自主的发展空间；另一方面，给予学生社团适时、必要的引导也是必不可少的。

大中学生由于其主体意识的觉醒，在社团活动中，其指导教师的作用较小学生相比明显减弱。单初中生相对于小学生而言，刚步入青春期的他们，兴趣日益广泛，学校一般每周会安排出固定的时间由指导教师带领学生一起开展活动。而高中生则相对发展到了较为成熟的阶段。“他们在学校里能够自行领导各类活动。确实，在许多团体中，成人起到的纯粹是顾问的作

① http://edu.sina.com.cn/gaokao/2007-06-28/100390961.shtml.

用，而绝大部分制定决策的责任是由学生领袖们承担的。”[①]再加上目前绝大多数高级中学采用寄宿制管理，因此，一定程度上保证了高中生有足够的社团活动的时间和空间。在美国任何一所规模不大的中学里，其学生活动的项目和范围都足以令人震惊。浏览一下美国任何一所中学的年鉴，就会发现全书出现最多的是他们自己学生参加各种团体活动的照片。由此可见，社团生活已经成为学生生活中重要的组成部分。我们在调查中发现，学生学校生活对于中国的学生和美国的学生有着相对不同的地位和影响。课堂(学习)生活对一个中国的学生来说，可能会占其整体生活的90%的比重。家里有一个学生，全家都要围着他转，成为全家生活的焦点。直到孩子读了大学，情况才会有所改观。但是在美国就不一样，课堂生活在学生的生活中所占的比重要低很多，他们不会过分的看重自己在学校里的表现和成绩，而且也没有人会告诉他们。学生不知道，家长们也无法知道。但明确的是，在老师眼里，他们个个都是好学生，他们各有所长。每一位学生都强调自己的特长和与众不同，他们都有着自己的兴趣爱好，有着他们重要的家庭生活和社区生活。相对而言，在美国孩子眼里，拥有自己的个性和特长才是最重要的。随着我国教育改革和课程改革的不断深入，学生的主体地位逐渐得到彰显，相对于课堂生活而言的课外生活，作为学生班级和课堂生活之外的主要形式，也应该成为学生成长和发展的重要生活空间。

二、社团生活带动学生全方位的发展

雅斯贝尔斯指出，教育是一种人之为人的活动。“教育的过程是让受教育者在实践中自我练习、自我学习和成长，而实践的特性是自由游戏和不断尝试。”[②]教育活动关注的是，如何最大限度地挖掘人的潜力。因此，教育应根据社会对人才的需求规格来塑造人。社会需要有创新精神、敢于开拓的公民，教育就要培养出能够自治的学生，就要给学生一定的自治的空间。

---

① [美]阿姆斯特朗著，戴玉芳等译：《美国中小学的课外活动计划》，见瞿葆奎主编，吴慧珠、蒋晓选编：《教育学文集·课外校外活动》，人民教育出版社1991年版，第407页。

② [德]雅斯贝尔斯著，邹进译：《什么是教育》，生活·读书·新知三联书店1991年版，第3—4页。

在日本，当以“最难忘的一段学校生活”为题，由大学生进行学校生活回忆，结果发现，在这个大标题下，“几乎所有的同学都写了自己在小学、初中和高中时代的课外活动时的一段经历。”①这本身就值得我们关注。当我们回忆我们的中学生活，留在我们记忆中的，或许不是课堂上聚精会神地听课，不是考场上沙沙的答题声，而是第一次面对观众登台演讲时那种紧张的心情，或者与同学们一起参与话剧表演的爆笑花絮。勒温指出：“所属的团体，在一个人的生活中具有至关重要的意义。团体生活将影响到一个人的社会态度和社会地位，影响到一个人的安全感和自信心；团体将能够塑造一个人的生活期望和目标，影响到一个人的是非观念或价值观等等。”②因此，社团活动可以丰富学生的生活体验和经验，成为学生生活中不可或缺的重要组成部分。丰富多彩的社团生活对人的影响可能会是一生的，我们不妨一起来看看美国密歇根州 2007 届的一些学生代表是怎么回忆他们刚逝去的高中生活的。Laure Sullivan(女)毕业于卡拉马祖中心高中，获得了两项奖学金。高中毕业的她，并不急于直接读大学，而是赴墨西哥里昂做一年交流学生，然后再回国攻读大学，潜心钻研她感兴趣的图案设计和国际研究专业。回忆起她的高中生活，Laure 说：“在卡拉马祖高中四年，我最深的记忆要算是足球队的生活了。我非常喜欢和想念我的队友。其次，在 EFE 社团的艺术与设计活动也是我高中生活中非常重要的一部分。最让我自豪的成就就是连续两年参加艺术展演活动和成为足球队的队长了。”Skylar Hinton(女)，一名来自美国密歇根州卡拉马祖市 Loy Norrix 高中 2007 届优秀毕业生，现就读于西密歇根大学，获多项奖学金。在访谈中，Skylar 坦言：“几年在 Loy Norrix 的高中生活，给了我许多宝贵的经历。正是这些经历，才使我成为了‘现在的我’，才使我成为了一名具有完善人格的中学生。回忆起四年的高中生活，印象最深、最美好的记忆莫过于参加 South Pacific 音乐剧协会，以及在其中担任组织领导的重任了。高中几年我最骄傲的成就就是连

---

① [日]片冈德雄著，贺晓星译：《班级社会学》，北京教育出版社 1993 年版，第 85 页。

② 申荷永：《充满张力的生活空间：勒温的动力心理学》，湖北教育出版社 1999 年版，第 59—60 页。

续两届担任 Loy Norrix 高中音乐剧协会的负责人。”[①]在美国的大学里，学校的电台往往由学生管理主持，有的电台由于出色报道当地新闻事件而受到全国的瞩目。绝大多数院校都鼓励学生出版各种刊物，如日报或周报、年刊、文学期刊或幽默杂志，这些刊物的编辑和出版经理有相当大的责任，亦受到广泛尊敬，因此这些职务成为许多学生奋斗的目标。设有新闻系的院校，通常由新闻系负责校刊的出版，但许多著名的大学校刊，如耶鲁大学的《每日新闻》和威斯康星大学的《每日要闻》，却是由非新闻专业的本科生负责出版的。各种学生刊物层出不穷，自生自灭，它们造就了难以计数的作家和新闻工作者。诺曼·梅勒、约翰·阿什贝利、约翰·厄普代克等就是在哈佛大学校刊《绯红色》上撰文而开始写作生涯的。[②] 法国文化教育学家斯普朗格曾指出：“教育的最终目的不是传授已有的东西，而是要把人的创造力量诱导出来，将生命感、价值感‘唤醒’，一直到精神生活运动的根。”[③]社团生活可以开阔他们原本狭小的生活天地，这才是社团生活带给这些充满童心童趣的学生们最大的财富。

目前，我国的学生社团越来越表现出一种生活化的趋势，已经出现了很多在内容和形式上都有别于传统社团的“新面孔”，越来越贴近学生的生活。例如跑酷社、魔方社、街舞社、微博协会、面试协会、防艾协会、IT 社团联盟、太空俱乐部、素食文化协会、性医学会、酒文化协会等等。这些新出现的社团种类不仅在类型上超越了原有社团的模式，而且更贴近社会发展趋势、社会潮流和社会热点，更加生活化，更加贴近学生的需求。这些新型的学生社团也体现出了社团的另外一项重要功能，即休闲功能。社团的休闲功能是一项非常重要的、但是又往往被忽视的功能，这些社团的出现是对学校教育中休闲教育缺位的一个很好补充，极大地增强了学生在学校生活中休闲活动的选择性。

---

① “The Class of 2007 Looks Back and Ahead”, ***EXCELSIOR*** (Kalamazoo Public School), Volume 10 Issue 7, Sep., 2007, p. 6.

② http://www.globeedu.com/expertblog/BlogShow.aspx? id=5133.

③ 邹进：《现代德国文化教育学》，山西教育出版社 1992 年版，第 73 页。

深圳中学的何恺从2007年10月起练习跑酷，2009年在深中拉起大旗“招兵买马”，成立了跑酷社，达到了20多名成员。化名“土豆”的高二男生已是深圳中学跑酷社的资深成员。他之前报过话剧社，听说深中成立跑酷社，“有找到组织的感觉，之前在网上看视频，觉得跑酷的动作很帅，但是看教材发现自学很难”。何恺认为，跑酷是项宽泛自由、发自本能的运动。“我喜欢跑酷的感觉，让运动来挑战自己。我第一个酷跑玩伴是住在同一小区的男生，他现在是深圳自由跑酷队的队长。”在枯燥的训练中，何恺和“土豆”都曾经受过手腕或脚踝的小伤。除了身体变得强壮、反应很敏捷之外，何恺认为，更多的收获并不仅限于此，“有另一种眼光看世界，在精神上变得更加坚强，没有什么困难不能战胜”。跑酷运动起源于法国，2002年开始在英国兴盛，随后，这项极限运动在世界范围内流行。“网络上深圳跑酷的交流群里有300人左右，但平时真正训练的只有10多人。”“土豆”认为，跑酷不是拿来表演的，属于自娱自乐，跑酷的人并不在乎外人的看法。

很多学生都有上课无聊时，把玩手中的笔，看能转几个圈这样的生活经历，深圳红岭中学高二学生陈翀2010年创办了笔舞社，把转笔玩成了一项手部极限运动。“社团招新竞争很激烈，主要靠宣传片来吸引同学，相对比较新颖。”为了制作宣传片，陈翀还从其他学校拉来笔舞的“徒弟”做外援，帮忙宣传。作为刚成立的新社团，目前红岭中学笔舞社共有成员40人，约有10名女生。“有的女生又练钢琴，又转笔。想学点不一样的东西，笔舞比较新颖。”“转笔要拿专门改过的笔，自己改笔的话通常是把两只笔盖放在笔的两端，加再点重量，平衡性是关键。”陈翀从初三开始接触转笔，拥有大大小小数十只专业的转笔，或高价购买，或者自行改装，价格从1.6元至数百元不等，这是他引以为豪的个人收藏。他的博客上写着这么一些话：“在重量、外形和手感会有不同的差异，做不同的造型用不同的笔。”“最贵的一支笔是在淘宝上淘的，花了200多元，是之前流行过的一款绝版的dr.np笔，日本人发明的。这款手感比较好，现在不舍得用。”上课转笔会不会分心？“笔舞社第一次活动就要求成员原则上上课时不能转笔。”初学时，陈翀父母很有意见，怕影响他学习。“后来看到我考进红岭中学，这就是最好的证明。现在又创建了社团，就比较支持。”右撇子的陈翀专门用左手转笔，现在在学萨克斯的他说：“左手会比右手灵活很多，手指特别灵活。”

——改编自罗莎：《学生社团：在玩乐中发现潜能》，
《南方日报》2010 年 9 月 22 日。

作为以学生自我服务、自我管理、自我教育为基本特点的组织形式，目前的学生社团发展总体上数量不多，规模有限，但学生社团建设已成为校园文化的重要组成部分，是校园生机、活力和魅力的重要体现。丰富多彩的社团生活为学生表现自我、展现才华、张扬个性提供了空间。社团生活所创设的宽松和谐的环境和氛围以及有着共同兴趣爱好的同辈群体间的交流和沟通，扩大了学生的交际圈，锻炼了他们的组织协调能力，有助于弥补课堂生活的不足，有助于形成良好宽松的人际关系和情感归属，有助于学生的身心发展和健康成长。参加社团已经逐渐成为学生校园生活的一个不可或缺的组成部分。

第三节　社团生活促进学习方式的变革

哈贝马斯曾经说过：“一个社会的发展水平取决于制度所能容纳的学习能力，具体而言，取决于理论—技术问题和实践问题自身能否分化开来，话语型的学习过程能否出现。”①也就是说，每一种社会系统的发展水平跟学习能力密切相关，而学习能力又跟制度密切相关，特定的制度会限制也会有助于提升人的学习能力，当生活于其中的成员的学习能力的总和发展到一定的程度，就达到了一个高原期，要想再有大的突破，则非得从改变制度上着手不可。而这种改变主要是理论问题和实践问题的分化。当前我们的社会

① 哈贝马斯著，刘北成、曹卫东译：《合法化危机》，上海人民出版社 2000 年版，第 13 页。

正在进入信息时代，在这个时代，知识的储存方式、呈现方式以及发挥作用的方式都在发生一种巨变，这种变化也在日益要求一种学习方式（制度）的变革。同时，在工业化时代我们已经把课堂教学的学习制度发挥到了极致，已经达到了一个高原期，人类学习能力的提升也迫切需要一种制度的变革。这种变革只能发生在学校内部，也只能发生在学生的学习生活中。学生社团以及学生社团学习的方式正是这种意义上的学习制度的变革之一。因为社团学习本质上是实践性的，而传统的课堂教学主要是理论性的。社团学习本质上还是反思性的，传统的课堂教学更多的是非反思性的。“一种社会形态所能容纳的学习水平可能取决于社会组织原则是否允许理论问题和实践问题分化开来，以及是否允许非反思性学习向反思性学习的过渡。”①从哈贝马斯的意义上讲，社团制度正是学校制度中符合这两个条件的组织原则：首先它作为一种实践活动体现了与理论问题的分化，其次它的运作方式体现了反思性的特点。所以说，我们可以把社团学习从学校的学习生活中分化出来看作学校学习制度的一个进步。

学生社团首先是一个“兴趣共同体”，正因为如此，它才是最好的“学习共同体”。“学生社团”将一群具有共同兴趣的学生聚积在一起，使他们能够经常性地围绕共同感兴趣的话题或事物进行对话、交流和探究。而且也只有在这样的学习共同体当中，学生才更有可能产生真正的、独立的思考。正如保罗·弗莱雷所说的那样：“只有通过交流，人的生活才具有意义。只有通过学生思考的真实性，才能证实教师思考的真实性。教师不能替学生思考，也不能把自己的思考强加给学生。真正的思考，即是对现实的思考，不是发生在孤立的象牙塔中，而只能通过交流才能产生。如果思想果真只有当作用于世界之时才产生意义，那么学生便不可能屈从于教师。”②一般说来，社团内的人际互动不但具有明确的方向性，而且具有生产性，因为这种互动总是围绕着解决或了解某个具体的问题（即不确定性）而组织的。在这

① 哈贝马斯著，刘北成、曹卫东译：《合法化危机》，上海人民出版社2000年版，第20页。

② 保罗·弗莱雷著，顾建新等译：《被压迫者教育学》，华东师范大学出版社2001年版，第28页。

方面，社团内发生的学习，类似于“基于问题的学习”或“基于项目的学习”，社团成员是带着解决问题的或者完成项目的目标去学习，而且这个目标又是一个个具体的、现实的、与学生生活密切相关的目标，而不是一种教科书上的编造。社团成员在解决问题或完成项目的过程中进行的多元学习，需要他们同时融会贯通很多门学科的知识，也就是说，解决问题和完成项目的现实需要他们把各个学科的知识串在一起，而不是像在课堂上那样东一榔头西一棒槌地零散的学习。与传统的独白式的、知识导向的、单向传递的课堂生活相比，社团生活却是活动导向、问题导向、能力导向的，它或打破或超越了学科间、班级间、学校与社会之间的传统界限。

中学生办刊物在深圳并不算是什么新鲜事，深圳外国语学校的《MUSE》等学生刊物已发行多年，并受到各校学生的关注。然而，除了关注校园内的新闻之外，学生们还把视野拓宽至校外的时事热点。有的学生书刊甚至引入了广告，采用市场化的运作模式。

彩印、厚厚的纸张，“《紫曰》这本杂志每本印刷成本 6 块钱，每次印刷 1 000份，赞助机构自留 200 份”。说起这本刊物的运作，深圳高级中学《紫曰》社长张涵宇侃侃而谈。

为了挑合适、“有手感”的纸张，张涵宇曾买了十几本杂志仔细甄选。运营主要靠自筹经费的《紫曰》，为了达到办成彩印刊物、贴近社会主流媒体的目标，确定从社会上拉赞助。

作为《紫曰》的公关总监，涂韵虽然认为“公关总监”的名字很怪，仍花了一周的时间准备与教育培训机构合作的计划书。“修改得很头疼，从企业的利益方面出发，和对方谈了两个小时。”《紫曰》与该机构签订一年多的协议，保证刊物封面是彩页，《紫曰》不再接受其他赞助，赞助商可以随意选择广告位置。

与一些学校的办刊环境相比，《紫曰》的办刊环境还比较艰苦。由于没有固定的办公场地，稿件的组成、版面的编辑与美化多是由同学们在家完成，目前《紫曰》正在向学校申请工作室。黄昏后夕阳下，围成一圈在操场上探讨，是《紫曰》平常运作的方式，苦中作乐的社友们认为这样“可以激发文学灵感”。

同样，深圳高级中学的《新视野》也同样拉到了某教育培训机构的广告。与关注校内生活的《紫曰》不同，《新视野》更关注象牙塔之外的社会热点话题。“教育改革之路”、“民办教师之痛”等文章，体现出学生的公民意识。高三文科学生米博涵发表的一篇文章曾广受校内师生的肯定，她从身边的故事作为切入口，描写了学校周边的一名小摊贩的人生故事。

——摘自罗莎：《学生社团：在玩乐中发现潜能》，

《南方日报》2010 年 9 月 22 日。

社团学习方式的价值还体现在“学生社团”对差异性的尊重。每位学生的天赋、特长、兴趣、爱好等等都是不同的，但在需要获得成就感这一点上，每位学生都是相同的。传统的学校或课堂组织形式无法有效满足学生在各个不同方面获得成就感的需求，独白式教学和记忆式考试往往以牺牲学生的特长、压抑学生的个性为代价。“学生社团”作为一种灵活的分组形式，完全根据学生个人的兴趣和特长进行无限制的自然分组，使学习状态、路径、内容能够最大化地处理学生间的差异，而不造成排斥与隔离。与在传统课堂教学模式下针对学生个性差异所进行的分层教学、分组学习不同，社团的分组更加没有局限性。课堂教学内的分组是在同一内容、路径之下进行的，根据学生的学习状态、学习进度做的区分，这种区分如同戴着镣铐跳舞，始终受着教学内容的局限，表面上是照顾不同学生的学习差异，本质上则是对一部分学习进度慢的学生的歧视与放弃。而社团学习的分组方式则完全没有内容的限制，学生在社团学习内可以任意地、自主地设置学习任务，这样不仅可以照顾学生水平和学习进度的差异，甚至从根本上忽略了水平的差异，而且可以照顾学生对内容的偏好。直接把差异转化成了爱好，完全可以实现脱下镣铐尽情舞蹈。也就是说，在社团学习中，才真正实现了绝对意义上的分组学习。也只有在社团学习中才可以真正照顾到学生的差异，才可以真正实现学生成就的最大化。社团本身的人员构成是跨年级的，这种跨年级的人员构成类似于复式班，在这样的团队中，多样能力的成员之间通过合作可以更好地进行集约式的学习。这样的学习方式更适应目前知识的高度化、复杂化和流动化。学生在社团中的平等的位置也改变了他们获取知识的方法，低年级的、社团内的新人可以向高年级的、社团“老人”咨询和提问，借助高端的引领提升学力。学生可以采用自己擅长的方式学习自己喜欢的内容，它可以顺利地实现学生最近发展区的生长，促进学生创新精神和实践能力的发展，实现学生学习方式的转变，从被动的、纯粹心理的、个人的、符号运用的、一般性的学习方式，转变成主动的、有工具使用的、合作的、环境推理的、具体情境能力的学习方式。

一面有9格小方块的普通魔方，你需要花多长时间才能把各面颜色统一？深圳高级中学高二男生伍毅超的答案是25秒左右。在他的手中，魔方快速旋转，混乱的颜色方块迅速统一起来。

最简单的魔方是2阶，即一面有四个方块的正方体。3阶魔方是最常见的，但还有高阶，如5阶、7阶，目前最高的已经达到11阶。魔方还有不同的变种，不规则的镜面魔方、齿轮魔方等等异形魔方。伍毅超是深圳高级中学魔方社的“权威人士”，曾是内地7阶单次的冠军，还是魔方吧中国魔方俱乐部(www.mf8.com)高阶吧的版主，还写过系统的魔方教程。在网络上，记者查询到，7阶速拧单次的中国内地纪录是伍毅超创造的5分2秒。深圳高级中学魔方社社长杨玉婷和伍毅超是深圳玩魔方的魔友，“在一起玩了一段时间才发现是校友，把他拉进魔方社就有分量了”。从初三开始玩魔方的伍毅超认为，对魔方感兴趣的人很多，但愿意深入研究的人却很少。杨玉婷认为：“魔方考验的并不是智商，只要遵循一定的规律，就能够掌握技巧，可以激发人的思维，锻炼手和大脑的协调能力。”伍毅超对此感受比较深，喜爱数学的他通过玩魔方，对正六面体的性质有了更深的了解。

“魔方的发明者厄尔诺·鲁比克教授发明魔方的初衷就是为了帮助学生增强空间思维能力。”魔友孙若邻告诉记者。目前深圳玩魔方的圈子比较小，普及度不高。进入魔方社，孙若邻感觉找到了志同道合的朋友。

魔友们认为，与笔舞等单纯的手部极限运动相比，魔方更考验观察能力。“魔方要求最好一个手指可以把魔方转到应有的位置，对手指灵活度的要求很高。”伍毅超、朱彤两位魔友除了玩魔方，还在学吉他。

今年上半年成立的魔方协会，目前拥有约30名成员，文理科的学生均有。玩魔方“可以培养观察能力，平衡各方面的思维”。伍毅超目前正在修改相关的魔方教程，更加适合魔方社里的初学者使用。“一般的教程多是视频，我在用JAVA编成动画，这样看起来比较直观。”

——摘自罗莎：《学生社团：在玩乐中发现潜能》，《南方日报》2010年9月22日。

学生社团生活给传统学习方法带来的最有意义的启示在于学习目的与学习方法的革命。传统的课堂教学是以知识积累为目标，学习就是为了积累更多的知识，以防万一，以备不时之需，“书到用时方恨少”说的就是这种学习预期。学习的目的是把各种各样的知识储存在大脑中，以便在需要的时候能够调用，以应付可能发生的各种状况。“教育就变成了一种存储行为。”①但是，人们忽视了一个问题，那就是知识往往并不等于见识，你可以拥有关于市场经济、货币、经济规律的很多知识，你熟悉通货膨胀、通货紧缩，但是，面对当下全球性的经济危机、美债危机、欧债危机、通胀，你还是手足无措、不知如何应对。究其原因，不能不说与我们传统的专业化的知识积累式的学习方式有关。传统的课堂教学注重知识积累，忽视知识的应用，最终积累的是死知识，知识并没有形成能力，更没有转变为见识。正如保罗·弗莱雷所说的：“知识只有通过发明和再发明，通过人类在世界上、人类与世界一道以及人类相互之间的永不满足的、耐心的、不断的、充满希望的探究才能出现。”②网络时代最容易获得的是信息，现代是信息资源极为丰富的时代，这个时代稀缺的不再是信息资源，而是运用信息的能力。当我们需要的时候，我们可以轻易地从各种渠道获得海量的信息，知识比既往的任何时候都更加易于传播和复制。现代学校的学习任务已经不再是记忆、储存知识，而是要学习如何处理海量的信息，如何用获得的信息解决面对的各种复杂

① 保罗·弗莱雷著，顾建新等译：《被压迫者教育学》，华东师范大学出版社2001年版，第24页。

② 保罗·弗莱雷著，顾建新等译：《被压迫者教育学》，华东师范大学出版社2001年版，第24页。

问题，完成工作项目。正确的学习方式不应该是积累式的，而应该是应用式的。“我们现在所需要的不再是为等级森严的和机械刻板的工作车间培养的人，而是能掌握自己的人。未来的成功雇员将必须是问题解决者、做决定的人、熟练的谈判者和思想家，他们熟悉开放、易变和丰富的资源。他们必须能够处理不确定性、复杂性，信息爆炸、其他技术和许多不同的文化——也仍然能够维持一套鼓励个人稳定与完整和社会和谐的适当程度的价值体系。对已经获得不可迁移的事实性知识的人而言那还不够。他们必须已经懂得和内化所学内容，比如数学、经济和历史，并足以使这些知识能在许多不同的情境中以自发的、合适的方式加以利用。”①

毋庸讳言，社团中的学习正是我们这个时代所需要的学习方式。当社团成员们为了把他们的杂志办好而进行各种工作的时候，需要调用大量的数学、经济学、市场学、艺术学、文学等各学科知识；当社团成员为了教授魔方，研究新的魔方教程的时候，则需要调用几何学、计算机编程、多媒体制作等学科知识，在这个过程中他们需要打通多个学科，形成综合能力，这也是社团生活与课堂生活的最大差异。实际上，课堂生活很难称为真正的生活，因为它还是分科的、专业化的。试想，我们在生活中处理问题的时候，谁会在面对问题的时候首先想一想这是个数学问题，还是个物理问题，然后再调用自己的专业知识处理问题呢？生活中我们都是把学科打通，综合性地、整体性地处理问题。社团学习方式完全是生活化的，在社团学习中所需要的统合各个学科的能力，这是哪种课堂教学能够完成的任务呢？可以说，打通学科界限，实现学习与生活的真正对接，是社团学习和课堂学习最根本的不同之处，也是社团学习最富有魅力之所在。在这里，学习总是与生活融为一体。

① 凯恩等著，吕林海译：《创设联结：教学与人脑》，华东师范大学出版社 2004 年版，第 12—13 页。

第四章
学生社团生活的学习功能

一般认为，学生社团活动是课堂教学的有益延伸和补充，是学生自我教育的良好形式，是校园文化建设的重要载体，有利于学生的社会化等。学生社团具有自我服务、自我教育、自我管理、自我发展和重要的社会教化功能，其作用和影响力日益扩大，成为学校教育工作中的重要组成部分。

在我国台湾地区，社团活动作为实施群育的最佳方式，具有自我发展、公民与民主生活的训练、领导才能的培养、安定学校环境、增进学生身心健康等功能。“按照台湾‘教育部’早先规定，在德智体群美五育并重的教育目标下，学生社团活动为各级学校训导工作的重点之一，其所扮演的重要角色是：倡导正常休闲，热爱中华文化，陶冶合群德性，涵养服务情操，砥砺学术研究，培育领导才能。”①在美国，同样有人认为，学生社团的存在有着多样的功能与目的。“其中一些社团重在养育学生的社会性，培养学生的社会适应能力；还有一些社团是从学校角度出发开设的，重在优化校园环境、活跃校园文化的功能；其他还有一些就是从学生个体的角度出发，重在发展和培养学生兴趣的社团。”②另有美国学者将学生社团组织的功能概括为：“提供直接的学习经验，扩展学生个体的文化视野；有效弥补学科课程，提高知识技

---

① 唐德中、胡敏：《台湾学生社团：磨志练才的摇篮》，《中国青年研究》2003 年第 6 期。

② American Industrial Arts Association (1965), ***Student Clubs Handbook***, Washington, n. d. Introduction, p. v.

能的运用和实践能力；培养特殊才能；建设性地利用休闲时间；为职业发展提供有利机会；逐步适应社会，养育社会能力和态度；强调学生的生活化；促进教育的民主化进程。”①纵观中外学者的观点，对学生社团功能的认识和理解确有一致之处。因此，可以说“社团活动开展的有意义，无外乎它有利于学校发展，或满足了学生个人的某种需要，要么就是符合社会的需求，有利于社会或社区”②。或者可以概括为学生社团的三重功能：育人功能、优化功能（即优化校园环境、活跃校园文化）和服务功能（即服务社会）。对于学生社团活动，美国学者 McKown 认为：“第一在于促进和加强同学间的社会交往，满足其社交需求。其次是拓展学生兴趣。第三，丰富校园文化。第四在于培养学生为社会为他人服务的牺牲精神，促进学生的全面发展。第五，加强师生交流。”③可以看出，McKown 着重强调了社团之于学生本身的教育和发展价值。但总体而言，与我们所分析的社团之于学生、社会和学校三方面的功能仍然是一致的。实践过程中，不少学校都将学生社团作为实施学校思想政治工作的主阵地、主渠道而加以强调，这实际上是过分夸大了社团的工具性价值，而相对弱化了社团之于学生成长和发展的积极的育人价值。当下，社团活动已成为学生学校生活中不可或缺的一部分，学生社团在学生生活中的地位举足轻重。“所有对学生产生深远影响的、重要的具体事件，有五分之四发生在课堂外。”④学生社团的发展，在课堂之外为意气风发的学子提供了时习所学、知行合一的组织条件。在旨趣各异的社团活动中，他们的组织管理能力、知识应用能力和社会交往能力都得到了不同程度的锻炼和培养，终其一生，受用不浅。形形色色的社团为他们提供了一个学习知识、锻炼才干、增进友谊的良好渠道。“不少有识之士认为，大学除了专业能

---

① Nellie Zetta Thompson (1953), ***Your School Clubs*: *A Complete Guide to 500 Activities for Group Leaders and Members***, New York: E. P. Dutton & Co., Inc., p. 15.

② Nellie Zetta Thompson (1953), ***Your School Clubs*: *A Complete Guide to 500 Activities for Group Leaders and Members***, New York: E. P. Dutton & Co., Inc., p. 54.

③ 参见 Harry C. Mckown (1929), ***School Clubs***, New York: The MacMillan Company, pp. 4—15.

④ 张晓鹏：《美国研究型大学加强本科之路》，《上海教育》（半月刊）2005 年第 10B 期。

力的培养以外，更应重视五育均衡发展，以帮助学生建立健全完整人格的'全人教育'，而社团活动正是实践全人教育、潜在教育、通识教育目标与理想的最佳方式。学生经多种选择自由参与社团活动，不仅使大学生活丰富多彩，而且可以发展兴趣、拓宽知识、培养群育、磨练领导才能，促进大学的整体教育功能。同时，社团活动让大学生走出校门一展身手，成为远胜于花钱做广告、提升大学形象、品牌的最佳代言人。"[①]可以说，社团活动能够增长学生知识，培养和发展各种能力，特别是能够发展生活中真正需要的那些更宽泛的能力，例如，判断力、诚信、求知欲、好奇心、创造性、自我激励、首创精神、耐力、热情、交际技能等等复杂的技能。

第一节　自主性与责任感的增长

学生社团在帮助学生实现学生自治，培养学生的自主性、能动性方面具有独特的作用和价值。社团给予学生的，更多的是一个空间，一个展现才华，可以充分发挥个人想象力的空间。"培养学生自己的主观能动性是课外活动非常重视的一个教育目标。"[②]在学校里，传统的班委会、学生会等学生组织的成员位置是有限的，很难为更多的学生提供锻炼和实践的机会和平台。学生社团组织的活跃，为学生表现自我，锻炼和展示领导才能提供了更为广阔的舞台。

学生的自治与责任是统一的，"学生愿意负责，又能够负责的事体，均可列入自治范围"[③]。否则，不是"被治"，就是"治人"，都失去了自治的本意。

① 唐德中、胡敏：《台湾学生社团：磨志练才的摇篮》，《中国青年研究》2003 年第 6 期。

② [日]片冈德雄著，贺晓星译：《班级社会学》，北京教育出版社 1993 年版，第 79 页。

③ 华中师范学院教育科学研究所主编：《陶行知全集》（第一卷），湖南教育出版社 1984 年版，第 138 页。

因此，如果我们为学生自主决定留出一定的空间，他们就会相应地承担起其决策的责任，并尽力将社团活动开展得更好。

“尽管模联还存在一些问题，但是其意义和影响却是不可忽视的，这不仅仅是我们这一代人，或这一个时代受益，更多的是我们整个国家的未来，都有可能受到影响。我并不想夸大模拟联合国的作用，而是其宗旨确是如此。我以为，我们所收获的，是演讲技巧、仪态举止的完善与提高，是个人魅力的充分表现，是知识面的拓宽，是合作精神的培养，是语言能力和逻辑思维的锻炼，更重要的是责任感的形成。”

——摘自模联某社团成员日记

1972年，时任联合国教科文组织国际教育发展委员会主席的埃德加·富尔，在致联合国教科文组织总干事勒内·马厄的函中指出：“人类发展的目的在于使人日臻完善；使他的人格丰富多彩，表达方式复杂多样；使他作为一个人，作为一个家庭和社会的成员，作为一个公民和生产者、技术发明者和有创造性的理想家，来承担各种不同的责任。”[①]许多教育工作者支持课外活动或辅助课程活动，是因为“它们能促进学生责任感的形成、丰富学生的学术经验以及发展他们一种广泛的‘公民’技能。”[②]Robert V. Lone在对美国西州立高中社团成员与非成员的研究中发现：“社团成员除了积极参加学校社团活动以外，在学生会、班级管理以及学校其他学生活动也较非成员表现得积极，比非成员更愿意承担更多的责任。”[③]同时，在关于他们日常生活中的主要顾虑、不满和较为开心的事情的调查中，社团成员的着眼点更多的是有关国家、社会、他人层面的，而非成员更多地集中在自己身上。这也从一方面说明了社团成员较非成员有着更强的社会意识和社会责任感。

调查发现，不少社团非成员（没有参加过社团或原来参加过现在已退出

① 联合国教科文组织国际教育发展委员会编著：《学会生存：教育世界的今天和明天》，教育科学出版社1996年版，呈送报告，第2页。

② [美]阿姆斯特朗著，戴玉芳等译：《美国中小学的课外活动计划》，见瞿葆奎主编，吴慧珠、蒋晓选编：《教育学文集·课外校外活动》，人民教育出版社1991年版，第414页。

③ Robert V. Lone (1947), ***A Comparative Study of Member and Non-member of Extra-curricular Clubs of Western State High School***, Unpublished Master's thesis, University of Michigan, p. 151.

的)对现有的学生社团抱有这样那样的看法。其中有些非成员认为目前社团不够令人满意,需要重新组建一些新的社团。例如 Robert V. Lone 对美国西州立高中的 19 名非成员问到"你对当前的社团是否满意,是否还需要组建新的社团?"时,"他们中的大多数同学对当前的社团开展现状表示不满意,认为有必要重新组建一些社团,其中 11 名同学共提出了 7 个不同类型的社团"①。这一结果在某种程度上反映出了现有的学生社团活动的确不能满足一部分学生在某些方面的兴趣发展需要。另一方面,也说明了这些没有参加过社团活动或曾经参加过社团活动的同学还不能意识到参加社团活动以及其他课外活动给他们带来的好处,而宁愿呆在一个人的世界里自我封闭。在这一点上,社团成员则较非成员对学校现有社团状况满意。但是,问题在于,社团非成员不参加社团,其更多的理由是没时间、没兴趣。因此,值得怀疑的是,"如果真的组建起来了这些社团,他们是否就一定会积极参加"②。针对这一现象,我们需要进行认真的分析,恐怕"自身缺乏一定的个体和社会适应性才是不愿参加社团的真正原因之一"③。再说了,学生自己才是学生社团的真正的主人,想组建新的社团,这就要看你们自己的努力了,而不是等着别人去做好什么。由此可见,学生的责任心还有待于进一步加强。而参加社团活动本身就会让他们有一种主人翁意识,增强他们的责任感。但是有一点是必须明确的,那就是在社团活动开展之前进行全面详细的调查是十分必要的。社团活动要能代表大多数同学的需求和建议,这样的社团活动才比较能够得到广大同学的认可和欢迎。

身在社团外的学生羡慕社团生活的丰富多彩,羡慕社团生活为社团人笼罩的耀眼的光环。岂不知,社团人在里面承受着怎样的历练。眼见一个个社团如昙花一现般出现又消失的表演,身在其中的社团人却总是在欲罢

① Robert V. Lone (1947), ***A Comparative Study of Member and Non-member of Extra-curricular Clubs of Western State High School***, Unpublished Master's thesis, University of Michigan, p. 150.

② Robert V. Lone (1947), ***A Comparative Study of Member and Non-member of Extra-curricular Clubs of Western State High School***, Unpublished Master's thesis, University of Michigan, p. 168.

③ Robert V. Lone (1947), ***A Comparative Study of Member and Non-member of Extra-curricular Clubs of Western State High School***, Unpublished Master's thesis, University of Michigan, p. 167.

不能中前行。耐得住寂寞，经得起风雨，最终的坚持，为的是能圆心中那个不愿破碎的梦。社团在创办之初，往往是感性多于理性，而在艰难跋涉的行程中，更多的是凭借耐力和韧性，还有肩头那份义不容辞的责任。

第二节　民主、合作与领导力的提升

课外活动在美国中学的公民和社会教育以及培养学生的民主意识方面，一直发挥着举足轻重的作用。1900 年，美国的中学里就有了"荣誉会之组织，其主要目的在造成领袖、公民和学识渊博人才"①。20 世纪 50 年代美国的学生社团，即是"有着共同兴趣爱好的一组学生，在学校的支持下，有指导教师的参与和指导，定期聚在一起，旨在进行各种民主意识的培养"②。

"中国现在最缺的是什么？不是钱！不是单纯的 GDP 增长！而是政治文明。未来国家是我们的，然而有多少同学不了解国际政治，不了解政府，更不了解联合国……一个政治文明匮乏的国家是不可能真正强大的，因此，模联的意义在于，培养我们成为真正拥有政治素养的人才，让更多的人了解这个我们所生活的世界。只有这样，在未来，我们才有可能建设中国的政治文明，中国才有可能真正成为世界强国，我们的民族才能永不再受人欺侮！"

——2006 年北京大学全国中学生模拟联合国大会上的发言

社团活动培养了学生的民主、合作意识。一个学生社团运作的过程本身就是体验民主与合作的过程。调查中发现，大多数社团成员更乐意积极主动地参与酝酿本社团的章程及制度。尤其是在美国的中学里，社团活动

① 李相勖等：《课外活动史略》，见瞿葆奎主编，吴慧珠、蒋晓选编：《教育学文集 · 课外校外活动》，人民教育出版社 1991 年版，第 453 页。

② Nellie Zetta Thompson (1953), ***Your School Clubs: A Complete Guide to 500 Activities for Group Leaders and Members***, New York: E. P. Dutton & Co., Inc., p. 13.

的组织原则、规章制度和活动的内容都是其成员共同制定和实施的。一个新社团的产生，新章程的制定，在他们看来是非常认真、严肃而且重大的事情。反复的讨论、酝酿过程是他们民主参与的过程。“社团章程的酝酿、修订过程本身，就是学生丰富的、最有价值的民主参与和体验的过程。”①同时，社团活动的开展，尤其是在活动的组织、宣传、经费筹措等方面，需要社团成员间既有分工，又有合作。社团活动中，社团内成员不但可以自由地交流学习经验、无所顾忌地阐明自己的观点、平等地交换意见，他们还群策群力，共同收集信息，就共同关注的问题一起研究探讨、组织策划。因此，社团中的民主氛围是课堂教学所无法比拟的。“以学生自主为特征的社团活动有助于培养中学生的责任感，社团活动的参与有助于中学生的自主发展并体验和培养民主意识。”②

当然，在公民教育中，“民主并不单单意味着一种权利，也是责任感的体现。”③对于学生而言，通过各种机会参与社区各种有意义的活动，也是服务社区、提高公民意识的一种良好形式。因此，公民教育的着重点应该在学生的课堂生活之外。在各种实践活动的参与以及社区服务过程中，逐渐体验和养育其公民责任感。这些学生可以与社区内各种服务组织建立起长线联系，如参与助老、爱老活动，关注全球环境问题，帮助不良少年等多种形式。当然，这并不是说学生就必须一定要向成年人那样长期到社会实践生活中去体验民主，去实践公民教育。即适当地参与社区实践与课堂学习、学校生活并不是完全对立的。民主、平等的课堂生活本身，以及健全的、丰富多彩的学校生活同样都可以成为养育学生民主素质的肥沃土壤。如学生代表大会、模拟成人机构的“政治性”会议组织以及参与校委会等多种形式，学生都可以在各种会议的参与过程中得到最真实的第一手的民主的体验和感受。

---

① Nellie Zetta Thompson (1953), ***Your School Clubs: A Complete Guide to 500 Activities for Group Leaders and Members***, New York: E. P. Dutton & Co., Inc., p. 47.

② Kimball Wiles (1963), ***The Changing Curriculum of the American High School***, Englewood Cliffs: Prentice-Hall, Inc., p. 205.

③ Kerry J. Kennedy (2005), ***Changing Schools for Changing Times: New Directions for the School Curriculum in Hong Kong***, Hong Kong: The Chinese University Press, p. 43.

在这一过程中，他们既可以感受到民主给他们带来的欢乐，也同样必然会体会到民主意识下的挫败感。因此，“我们不能把民主理解为是过去已经形成了的某种固定物；也不能认为，一谈民主，就是要进行什么选举。民主的过程，就是多数人在一起所必然要碰到和体验到的活生生的经验过程。”①

Phoenix 高中是美国密歇根州卡拉马祖市的一所公立学校。该校 Chad Brady 教师指导的 government 社团有着强烈的民主意识。他们试图对所在市、州、国家的税收、经济以及燃气价格等诸多问题探求出答案。前不久，他们还组织召开了模拟市政会议(town hall meeting)和对刚满 18 周岁还未参加选民登记的同学进行了选民登记。同学们还邀请到了密歇根州政府官员代表 Robert Jones 以及市政官员 John Zull，与同学们面对面交流关于如何改善社区以及优化生活环境等议题和相关政策。如何拓展政府财政收入渠道？为什么燃气价格持续增长？就业面临的最大障碍是什么？采取什么有效措施才能改善和提高社区的生活水平以及邻里关系？州府兰辛(Lansing)的发展前景将怎样影响到我们每一个人的生活？卡拉马祖奖学金计划的重要性如何体现？它对我们的生活将产生什么影响？该如何提高密歇根州的就业机会？诸多有关国计民生的重大问题成为了 Phoenix 高中学生所关注的焦点。指导教师 Chad 对学生的民主参与意识给予了较高评价：“这些同学在全校范围内组织选民登记以及模拟市政会议，这其中花费了他们的大量精力。两项活动均取得了较大成功，这些活动的参与对他们的日常生活具有重要的教育意义，也为他们高中的学习生活平添了无限乐趣。”②

相对于美国学生社团比较强调学生民主意识和领导力的培养，我国台湾地区则更重视通过学生社团活动对学生进行的合群教育。根据台湾地区的中学课程标准的规定，中学生社团活动是团体活动的主要活动形式。团体活动的主要课程目标在于发展合群心性，培养合作意识与领导能力等。

---

① Kerry J. Kennedy (2005), ***Changing Schools for Changing Times*：*New Directions for the School Curriculum in Hong Kong***, Hong Kong: The Chinese University Press, p. 44.

② “Politicians' Visit Gives Students a Voice”, ***EXCELSIOR*** (Kalamazoo Public School), Volume 10 Issue 7, Sep. 2007, p. 7.

社团活动更多的成为了加强学生群育、培养学生合群性以及发展良好的人际关系的主渠道。“联课活动的教育功能方面，训育组长、老师、学生皆认为对‘群性培养’为一大助力。”①在德、智、体、群、美五育并重的教育目标下，学生社团活动扮演极其重要的角色。社团活动被当作群育的最佳方式，不但可使学校生活多彩多姿，同时可学到为人处世之道。社团活动是社会性活动，在活动中可养成服务人群之志节，成为社会和国家的优秀人才。社团活动性质决定了社团生活中合作比分工更重要。因此，社团中重要的问题不是分工明确，不是一人分一块任务拿回家自己做的事情，它重在社团活动过程中各成员共同参与的生成性和互动性的特点。

杨振宁教授指出，尤其是进入20世纪80年代以来，“没有人们的共同参与、相互合作，任何重大发明、创造都是不可能的”②。21世纪的学生面临的是一个更加开放的社会，他们不仅要“学知”，而且要“学做”、“学会共同生活，培养在人类活动中的参与和合作精神”③。当代社会科技的迅速发展，知识的膨胀，经济的紧密相连，要求学生善于沟通和团结协作。当然，只有当学生感到合作是一种需求，有现实问题必须通过大家合作才能完成时，他的合作意识才能逐渐养成。因此有必要给学生一片自主发展的空间，由他们自觉发现问题，在面对各种问题的困惑中，他们逐渐认识到，只有大家一起合作，群策群力，各种棘手问题才能得到顺利解决。

赛前的准备，那是第一次如此亲密无间。为了共同的兴趣和志愿而与另一个同学合作，从前是不曾有的，也第一次感受到要与另一个同学一同生活、合作的困难和必需的谦让。也只有当你最坦诚地对待别人，击破自己心中的最后一道防线时，你才能得到最真挚的情感。

——2006年北京大学全国中学生模拟联合国大会一选手日记

没有什么比社团活动更能锻炼人的团队意识和合作精神了。为了实现

① 徐彩淑：《社团参与态度、社团凝聚力与人际关系之相关研究——以台北县参与社团国中生为例》，硕士学位论文（未发表），台北师范大学，2004年第14页。

② 王宁等：《今天，我们怎样做班主任》（中学卷），华东师范大学出版社2006年版，第51页。

③ 国际21世纪教育委员会报告，联合国教科文组织总部中文科译：《教育——财富蕴藏其中》，教育科学出版社1996年版，前言第2—3页。

目标，唯一的办法就是众人划桨开大船。在合作中，你还学会了如何吸纳他人的长处，如何从他人的教训中汲取前进的力量。“我们在学校的音乐比赛上演奏了《简朴的这一生》。无论是曲子演奏的效果，还是班级的配合，可以说都是让人感到满意的。通过这次练习和比赛，使大家对自己的同学都有了新的认识，也加强了同学之间的团结，这种团结后来一直延续得很好。”① 某中学模拟联合国协会的成员参加了 2006 年北京大学全国中学生模拟联合国大会，载誉归来，感触颇深：“我们作为代表必定要懂得谨慎与团结。开会、磋商、拟草案、通决议，名片总在传递，同时也时刻提醒着我们：我们的出发点不再是以往的狭隘的自身，而是一个民族、一个国体乃至整个世界的人民的利益。”

就社团活动的教育功能而言，的确具有自我发展、公民与民主生活训练、领导才能培养、身心健康增进及安定学校环境等多项功能。社团作为培养领导才能的主要场所②，是学生领袖的摇篮，是学生展露才华的主要平台和依托。有人问耶鲁大学校长：“耶鲁为什么能为国家和世界培养那么多的领袖人物？”耶鲁大学校长回答：“所有后来成为总统的，都是在各种各样的学生社团中担任过领导职位的学生。社会工作是同样重要的学习和锻炼，是重要的‘第二课堂’！总统、领袖式的人物（包括学术领军人物）都是从这些组织中培养出来的。”③早年，克伦博尔兹、克里斯塔尔和沃德（Krumbolts, Christal & Ward, 1959）也曾断言：“无论学校规模大小如何，课外活动的参加能够用来预测未来的领导阶层。”④

同样，有关领导力的研究还表明，“后来在工作岗位上表现较为突出、具备较强领导力的人群，其在学校期间则是更多地成功参与了学生活动。这一相关度明显高于学业成绩对学生领导力的影响。意即，后来所表现出的

① ［日］片冈德雄著，贺晓星译：《班级社会学》，北京教育出版社 1993 年版，第 77 页。

② ［美］赫维茨等著，蒋晓等译：《美国课外活动的历史和现状》，见瞿葆奎主编，吴慧珠、蒋晓选编：《教育学文集·课外校外活动》，人民教育出版社 1991 年版，第 386 页。

③ 杨福家：《一流大学青睐什么样的学生》，《文汇报》2007 年 4 月 11 日，第 1 版。

④ ［美］卡西亚著，钟金生译：《课外活动社会化功能的历史回顾》，见瞿葆奎主编，吴慧珠、蒋晓选编：《教育学文集·课外校外活动》，人民教育出版社 1991 年版，第 308 页。

领导力，与在学校时的学业成绩相比，与参与学生活动之间具有更为紧密的关系。"[①]社团这样的组织，为更多的学生提供表现自我的平台及发展社会能力的机会，如深圳某中学的社联机构及各社团的成立、组织和开展活动。该中学单社联理事和干事就达三十多人，而且二十几位社长还不属于社联成员。这样"庞大"的学生干部队伍为学生展现自我提供了宝贵机会，而且梯队式的干部队伍模式为学生的"传、帮、带"奠定了基础。在社团里，高二的学生已是"老臣"，成为社团中的骨干。高一的学生恰为"新将"，他们是社团里的活跃因子。如在台湾，"请八、九年级学生做社团资料的集整或是在社团时间可带领七年级学习；七年级学生可协助整理社团用具或资料等方式，让社员能够有机会学习各项社团经验，给予社团协助社务、贡献力量的机会，不会因只有少数人能协助社务而使降低其他成员参与的兴致"[②]。

第三节　个性与社会性的发展

谈及个性，我们不可能撇开个人能力或成就，甚至这些因素都包括在个性里面，因此，对个性的界定是个比较复杂的事情。确切来讲，它指的是"整个人在面对和试图解决包括个人方面和社会方面等诸多问题时所表现出来的举止及问题解决的效果等因素"[③]。可以说，个人目前所具备的能力和所获成就总是不可避免地会影响到他解决问题的思路和方法。上海市高桥中学闵德铃校长曾对网络奇才满舟的事例发表感言："随着教育改革的深入，

① Kimball Wiles (1963), ***The Changing Curriculum of the American High School***, Englewood Cliffs: Prentice-Hall, Inc., p. 202.

② 徐彩淑：《社团参与态度、社团凝聚力与人际关系之相关研究——以台北县参与社团国中生为例》，硕士学位论文(未发表)，台北师范大学，2004 年第 110 页。

③ Robert V. Lone (1947), ***A Comparative Study of Member and Non-member of Extra-curricular Clubs of Western State High School***, Unpublished Master's thesis, University of Michigan, p. 46.

学生的个性越来越得到充分地发挥，有个性、有特长、有创造能力的学生将会越来越多，我们的学校，我们的老师，要学会正确看待和评价这些学生，支持鼓励并创造条件，促进他们的个性和特长的发展。”①《南方日报》曾经报道用人单位最不欢迎的五种就业人选中，其中之一就是缺乏个性特点的人。而“课外活动是能充分发展人的个性的这样一种教育领域，它的这个特色在学校教育的其他活动方面则表现得并没有这样突出”②。

今天的学生是崇尚个性的一代。他们千姿百态，每一朵浪花都各不相同。他们不喜欢人云亦云，渴望标新立异。而社团活动为学生提供了释放自我能量、展示自我的舞台。日本文部省颁布的学习指导要领中提出了学生课外活动的目标：“努力争取身心的全面发展和个性的发展，作为集体的一员培养共同协力建设美好生活的自主的、实践的态度。”③根据我们的跟踪调查，一些曾经活跃在学生社团的积极分子，进入高校或走向社会后，都显示出了与众不同的才华。

被《世界名人录》介绍过的著名作家刘绍棠，在当年的中学时代，就是学校里的活跃分子。在读初中时又是办壁报，又是写小说的，忙得不亦乐乎。初二那年，刘绍棠十三岁，已经开始在壁报上发表连载小说《大运河的儿女》，大约有十万字。到了高中，刘绍棠担任校学生会主席，还兼任《红楼新闻》主编。每天课后，一伙人开始凑到一起，组稿、写稿、改稿、设计版面，安排栏目，全部由他们学生自己一手搞定。20 世纪 50 年代中学语文课本上的那篇散文《青枝绿叶》，就是他当年在读中学时写的。当一位中学生记者访问他时，刘绍棠感慨万千地说：“是中学，中学给了我一切：丰富的知识，创作的灵感，构思的格局，作家的气质，一支磨得尖尖的笔和一副 400 度的近视镜……”④

纵观学生社团发展史，我们不难发现，那些叱咤风云的人物身上无论其

① 《上海市高桥中学校史资料汇编》，2001 年 5 月，第 265 页。

② [日]片冈德雄著，贺晓星译：《班级社会学》，北京教育出版社 1993 年版，第 79 页。

③ [日]片冈德雄著，贺晓星译：《班级社会学》，北京教育出版社 1993 年版，第 80 页。

④ 孙云晓：《青春社会场——当代中学生社团生活纪实》，四川少年儿童出版社 1992 年版。参阅 http://www.cycnet.com/sunyunxiao/c_literature/c_a_report/c_a_report08/183906.htm。

个性之间有着多么大的差异，多么与众不同，都具有一个共性，它们既代表了自己丰富的人生阅历，又具有昭示永恒追求的时代精神。因此，个性的发展永远建立在社会性发展的基础之上，个性是指作为一个社会人的个性。没有了人的社会性，也就无所谓人的个性。“人的存在方式本身就有着个人存在和社会存在的二重性质，人通过教育而成为人的过程，本质上也是人的二重存在方式实现统一的过程。”①另一方面，人的社会化过程并非意味着人的个性的消失，相反，它意味着人的个性的真正形成。“中学是青少年社会化的中心社区(central community)。”②通过他们自己组成的“同辈群体”完成社会化的过程。在群体交往中，它们逐渐学会了选择和摒弃，体验了成功和失败。“社会好像一片神秘的森林，升入了中学只是见到了森林，而参加社团则走进了森林。”③学生社团生活为学生提供了选择的广阔天地，是青少年社会化的一个重要途径。

学生社团作为学生参加社会实践的重要形式，其面向大自然、面向社会的实践活动为学生提供了更多的锻炼机会，在激发学生社会责任感方面作用十分明显。每年的学雷锋活动日、世界环境日、法制宣传日及日常的许多社会实践活动，都活跃着学生社团的身影。志愿者协会无数次的大型社会公益活动、爱心义工联的募捐和值勤活动、绿色环保协会的“绿色校园”创建活动……学生社团增加了学生了解社会、认识社会的机会，增强了学生的历史使命感和社会责任感。在访谈过程中，有社团成员表示：“为了社团活动，不得不跟各种各样的人主动打交道。初次拉赞助时遭到别人拒绝是常有的事儿，但是，我们仍不放弃，后来我们的真诚和执着打动了商家。另外，为确保活动成功，达到预期的效果，我们在组织活动时也必须考虑得尽可能周密，活动策划书必须能够吸引观众、打动别人。因此，在社团生活中，我们长大了，我们成熟了，社会交往能力、组织协调能力、心理素质以及责任意识等

① 项贤明：《教育与人的发展新论》，《教育研究》2005年第5期。

② [美]亨塞利等著，沈剑平等译：《课外活动在教育中的作用》，见瞿葆奎主编，吴慧珠、蒋晓选编：《教育学文集·课外校外活动》，人民教育出版社1991年版，第230页。

③ 孙云晓：《青春社会场——当代中学生社团生活纪实》，四川少年儿童出版社1992年版。参阅 http://www.cycnet.com/sunyunxiao/c_literature/c_a_report/c_a_report08/184718.htm。

都较以往有了显著提高。"调查发现，不同类别的社团，对学生社会化的影响略有不同。相对而言，如社会服务类社团，有着较多的与其他成员接触和交流的机会，其成员有着相对良好和融洽的人际关系，以及较高的社团凝聚力，更有利于学生的社会化发展和群性培养。

社团生活之于学生的个性和社会性发展的价值是不言而喻的，一组关于中学生社团成员与非成员之间的对比研究分析或许更能说明这一问题。目前国内中学社团的开展情况普遍表现为，不少中学要么是高一年级所有同学都参加社团，要么是社团活动还没有在某些中学里真正开展起来，这主要表现在中小城市或农村中学里。因此，在同一所学校里相近的背景下要想进行社团成员与非成员的对比分析似乎有些不太可能。但借鉴国外这方面的相关研究，或许可以给我们带来某些启发。1946 年 Robert V. Lone 在西州立高中就社团成员与非成员进行了一项个案对比研究。先就其中两组被试的结果借鉴如下：

被试诺玛(Norma)和玛丽(Mary)基本信息统计

	诺玛（非成员）	玛丽（成员）
年龄	14 岁 4 个月	14 岁 5 个月
年级	9	9
智商	120	120
初中平均成绩	B—	B—

作者分别采用加州个性测试量表①和问卷调查对每组被试进行测量。其中加州量表的测试结果表明："玛丽在个人、社会及总体适应水平上都表现得非常出色，整个测试项目结果都在平均及以上水平。而与之形成对比的诺玛，尽管她并没有表现出紧张感和反社会的倾向，而且在家庭关系上也相对融洽，有相对的自由来决定自己的事情，但是在许多测试项目中结果都在平均线以下。诺玛在许多事情上仍然不能自主，独立性较差。她说很多

① Ernest W. Tiegs, Willis W. Clark, Louis P. Thorpe, "Manual of Directions", ***California Test of Personality——Secondary Series***, Los Angeles: California Test bureau, pp. 1—2.

情况下她在公众场合都会有一种局外人的感觉，包括在学校和她的生活小区内。她表现出的是缺乏相应的与他人交往的技巧和能力。因此，诺玛相对显得孤独和敏感，这与她缺乏与他人交往的能力有很大关系。在她的生活世界里，她认为周围没有老师和同学可以值得信赖。她说，如果可能，她想尽早地摆脱学校这样的'桎梏'。同样，她的不合群性也让她在社区里没有伙伴可以交流。诺玛所表现出的严重的不合群性反过来又加剧了她的孤独感。当偶尔问及她有关社交方面的问题时，由于她不知道在这样的场合中她该做什么以及该怎么做，所以她总是表现得非常不乐意回答这些问题。"①而对于12年级的一组被试而言，测试结果与上一组并没有明显差异。

被试纳丁(Nadine)和迈拉(Myra)基本信息统计

	纳丁（非成员）	迈拉（成员）
年龄	17岁9个月	17岁11个月
年级	12	12
智商	116	110
高中平均成绩	2.19	2.88

同样，加州个性量表测试结果表明："迈拉无论在个体适应性还是社会适应性上均高于纳丁。尽管纳丁在社会适应性上仍高出正常值20分，但她在个体适应性方面却低于正常值15分，二者表现出了极大的反差。同时，测试结果显示，两个女生都有着较强的独立性，很少有紧张感。但是，据纳丁反映，她很少被邀请参加派对活动，似乎她的朋友们对她总是不够友好，而且人们也很少对纳丁的行为感兴趣，这一点上迈拉的反映跟她有所不同。纳丁表现得个人自由度不够，她说她总是在别人的命令下做事情，而且动不动还会受到别人的指责。而迈拉则显示出了较高的自由度。纳丁发现她很难与人交朋友，她的老师好像也不欢迎她，不希望她呆在这个班级里。她还感觉其他人在家里都比她幸福。结果，纳丁在行为中会表现出不合群和孤

① Robert V. Lone (1947), ***A Comparative Study of Member and Non-member of Extra-curricular Clubs of Western State High School***, Unpublished Master's thesis, University of Michigan, pp. 51—52.

独感，而迈拉则没有。纳丁表示，她会担心很多问题，但是对她来讲，在公众场合会见很多人的确很困难。所以即使她跟别人在一起时，她也会感到很孤独。她觉得自己很多方面都不如别人。她甚至觉得周围的很多人和事都对她不公平，她说她很想放声大哭一场。”①

Robert V. Lone 在个案对比研究的基础上，还运用加州量表对成员一组和非成员一组进行了群体对比研究。结果发现：“无论是个体适应性还是社会适应性上的多项指标中，非成员小组的测试结果均没能超过成员小组。尽管其中有个别项目两者结果持平，但大多数结果都是成员明显高于非成员。”②就社会交往而言，“社团成员一组整体上表现为具备与其他同学良好相处的能力，并在社交技巧上表现得比较成熟。也正因为如此，社团成员在家庭、学校和社区各种人际关系上都能很好地适应和应对。而非成员一组则显得相对缺乏社会交往的经验和技能。结果同样显示出，非成员一组在各种关系的处理和应对上都弱于成员一组。”③当非成员一组感觉自己的权利被侵害时，他们经常会有要与人争吵或争辩的倾向。在与人交往时，他们似乎不能也不愿摆脱处处被动的局面。当 Robert V. Lone 对被试“问及‘你生活的主要不满是什么’时，社团成员给出的答案主要是有关人类的不人道行为、新发明对社会发展带来的利与弊等社会性问题；而社团非成员的不满主要表现为没有几个好朋友、异性以及自己等话题。相对而言，社团成员对社会、对国家的前途命运显示出了较强的责任意识”④。可见，社团成员更倾向于思考和关注自己周围的人和事，而社团非成员考虑更多的则是“自己”。因此，不管怎样，非成员所反映的各种问题以及所面临的各种困难，其最终原因都在于其人际间的社会适应性比较差。他们对社团活动以及其他课外

① Robert V. Lone (1947), ***A Comparative Study of Member and Non-member of Extra-curricular Clubs of Western State High School***, Unpublished Master's thesis, University of Michigan, pp. 113—114.

② Robert V. Lone (1947), ***A Comparative Study of Member and Non-member of Extra-curricular Clubs of Western State High School***, Unpublished Master's thesis, University of Michigan, p. 128.

③ Robert V. Lone (1947), ***A Comparative Study of Member and Non-member of Extra-curricular Clubs of Western State High School***, Unpublished Master's thesis, University of Michigan, p. 131.

④ Robert V. Lone (1947), ***A Comparative Study of Member and Non-member of Extra-curricular Clubs of Western State High School***, Unpublished Master's thesis, University of Michigan, p. 155.

活动均没有兴趣,他们对班级同学、对老师表达出了较多的不满。在他们眼里,一切的错误和问题源于他人,源于外界,而不是他们自己。

调查结果告诉我们,社团活动的参与自然有其不可否认的价值,社团成员在个性和社会性发展方面都明显优于非成员也已成为不争的事实。但问题在于,我们是否可以将目前社团成员本身所具有的这些素质都归结为他们参加了社团活动的缘故?如果这样,是否有些武断?难道说正是因为这些同学本身具备乐观、活泼、社交能力强的特点,所以他们才乐于积极踊跃地参加社团活动的?而社团非成员也正是由于他们本身内向,不愿意参与到更多的社交场合,所以他们才没有加入社团的?这同时也是 Robert V. Lone 在文章最后所得出的无奈的结论:"如果说组建社团的主要目的在于为那些社会适应性相对较强的同学提供额外的锻炼机会,而对于适应性较差的学生无能为力的话,那么开展社团活动的意义和价值将会大打折扣。但是调查结果确实表明,社团活动所吸引的只是那些相对较强的社会适应性的同学,而对于在个性和社会性均表现得比较被动和缺乏安全感而且更需在这方面有所改善的那些同学而言,社团活动却不能引起他们的兴趣进而满足他们的需要。"①如真这样,对于"有"的可以"好上加好",对于"无"的却"无能为力",社团活动也不过只是"锦上添花"而已,那么这时我们该如何正确评价和看待社团之于学生的教育价值?虽然作者将研究的最初目的定位于"比较社团成员与非成员在性格、态度和兴趣方面的差异,进而试图分析为什么一定的人群没有参加社团背后的潜在原因,我们是否有必要以及怎样来通过一定的努力来激励非成员愿意并积极加入社团组织"②,但面对研究所得结果,不免有些无奈。因此如何让那些当初无意加入社团的学生开始有参加社团的想法,即如何提高学生参加社团活动的动机,或提高社团的吸引力则是关键的一环了。但就我国而言,目前不少学校采用高一年级学

---

① Robert V. Lone (1947), ***A Comparative Study of Member and Non-member of Extra-curricular Clubs of Western State High School***, Unpublished Master's thesis, University of Michigan, pp. 171—172.

② Robert V. Lone (1947), ***A Comparative Study of Member and Non-member of Extra-curricular Clubs of Western State High School***, Unpublished Master's thesis, University of Michigan, p. 48.

生全部参加社团的做法，虽然有些不符合社团活动自主自愿的最基本的原则（当然，你可以自愿选择你喜欢的社团活动，只是说“必须”参加罢了），但在一定程度上却比较理想地解决了 Robert V. Lone 所遇到的棘手问题。当然，另一方面，社团要求统一参加的做法势必在一定程度上降低了同学参与的积极性，原来只有其中一部分同学成为社团成员的那种自豪感和荣誉感已荡然无存。在这种情况下，组建社团前要充分了解学生的兴趣、爱好和想法，组建并开展尽可能丰富多样的社团活动，则是在目前状态下激励社团非成员和保持广大社团成员继续参与社团活动的比较理想的做法。

总之，学生社团生活的教育价值，绝不是社团生活所独有，更不是说社团生活之于人的发展的价值仅限于此。“课外活动和各教学科目教学的关系，除了两者有许多一致的地方以外（当然此中有比重大小的区别），还有一种促进的关系。也就是说，通过课外活动的目标和追求的达成，能够促使教学更顺利地发展。”①对于这一点，正确把握和澄清学生社团生活的教育价值固然非常重要，但如果仅仅停留在这一问题上仍是不够的。而如何在此基础上，根据当前学生社团生活现状，分析和研究其中的问题，进而有针对性地提出相应的优化策略，或许才是比较有意义的做法。

① [日]片冈德雄著，贺晓星译：《班级社会学》，北京教育出版社 1993 年版，第 82 页。

第五章
社团学习的理论基础

我们对学习的不同认识决定了我们对学生社团中所发生的一切的认识。近年来随着社会从工业社会向信息社会、知识社会的转型，许多新的知识观，诸如知识非建构性、社会性、情境性、复杂性和默会性等不断冲击和改变着我们对于学习的认识，逐渐地，关于学习的实践性质、建构性质、社会协商性质、参与性质对传统教学的课堂局限以及知识传递的方式不断地提出了质疑，刷新和丰富了我们对于学校教育中教与学的范式的改变；知识观的转变和关于学习科学的一些新发展，为我们把学生社团生活界定为社团学习提供了越来越多的理论支撑。随着“实效知识”(working knowledge)、“实效智力”(working intelligence)、“实践智力”(practical intelligence)以及“业本学习”(working learning)这些对在诸如工作场所这类日常情境下人思考和解决问题的知识与智力概念以及与此相应的学习概念的提出，我们也有必要对发生在学校以内的不同类型的学习加以区别。有的研究已经证明了在正式学习环境下学生的学习方式与在包括工作环境下的日常生活中的学习方式不一样，而且使用所学的知识的方式也不一样，这种差异也要求我们对课堂教学环境下的学习和在日常生活环境下的学习加以区分。“学生在工作当中所要做到的，不仅仅像他们在学校那样，吸收信息，然后在考试中重复这些信息，而是必须要明晰地表述问题，利用环境，以一些不可预知的、创新的方式解决这些问题，而且与处于该实践社群当中的其他成员一起分享这种思想过程。”[①]社团生活作为学生生活的一个重要的组成部分，也确实需要一种理论对发生在其中的学习进行阐释。

学生社团的非正式群体的性质以及社团学习的特征，决定了社团属于实践共同体。虽然社团被包含在学校教育体制中，但是社团学习相对于课堂上发生的学习而言，属于非正式学习，同时这种学习也体现了教学做合一的特点。有关非正式学习、实践共同体以及教学做合一这些思想和相关的实践支持和丰富了社团学习的理论和实践。我们追溯社团学习的理论基础的时候，就把非正式学习、实践共同体以及教学做合一思想作为其最重要的思想源头。这些理论，都把学习指向了必不可少的实践，以及一个实践者所依靠的实践共同体。这一切，正是社团学习的特质。

第一节　非正式学习

非正式学习是学习科学的重要领域，是近年来学习科学最重要的研究主线之一。美国学习科学“十年协作”研究有三个主要的研究主线，内隐学习与大脑、非正式学习、正式学习与非正式学习的设计，这三条主线都直接或间接与非正式学习相关。可以说，要理解和促进人类的学习，就必须关注非正式学习。这足以说明非正式学习在学习科学中的重要地位以及它的受重视程度。而关注非正式学习就必须关注各种各样的学生社团，因为从社团的环境、社团中的参与性实践以及社团中成员对社团身份的建构，都与非正式学习密切联系在一起。

---

① 托马斯·贝利等著，许竞等译：《工作实践出真知：业本学习与教育改革》，中国人民大学出版社2010年版，第23页。

一、非正式学习及其主要特征

非正式学习通常发生在学校以外的环境中，但是区分正式学习与非正式学习的主要依据并不是学习发生的物理空间，而是它与传统学校教育中的课堂教学的差异。非正式学习同样也可以在学校以内以同伴互助、社团活动的方式存在，而正式学习也可以发生在非学校的环境中。目前，西方研究者普遍关注的非正式学习的发生环境包括工作环境、博物馆、动物园、水族馆、社交中心、体育俱乐部、女子军团和没有学校教育的社区中心中的学习。这些环境可以分为两类，一类是具有隐性学习功能的场馆，如博物馆、水族馆、动物园；一类是各种类型的社团，如社交中心、体育俱乐部、社区中心、女子军团等。这些非正式学习的情境长久以来一直存在，并且将与正式学习的情境继续共存，只是在传统学校教育的狭窄视域中，我们还没有将它作为学习发生的情境。在非正式学习的视域下，学习的环境得到了极大拓展，由课堂拓展到了课外，由学校拓展到了校外。真正的学习必须对正式学习和非正式学习的情境加以整合，发展真正适合学习的情境。

斯克里布纳和科尔是较早对正式学习和非正式学习进行研究的学者，在他们早期发表于《科学》的一篇论文中，他们从正式学习中的思考、行动和学习方式与非正式学习中的实践生活的差异来区分正式学习和非正式学习，这种区分方式的影响至深，后来的研究者在很大程度上都是对他们这种差异研究的延续。他们的论点是："学校教育代表了一整套特殊的教育经验，这些经验是我们日常生活中所遇到的不连续的经验，它要求并促进的一些学习和思考方式也是与日常实践行为相反的。"①由美国心理学家布兰斯福特等 16 位研究人员组成的学习科学发展委员会受美国教育部教育研究与改进办公室的委托对人类学习进行的相关研究，也关注了学校教育环境与非学校教育环境的差异研究，他们发现学校与日常生活的情境主要有三个方面的差异，一个主要的反差是，学校环境相对其他环境更重视个体的表现，其他环境如驾驶轮船、医院急诊室的决策都需要深层次的合作；第二个

① 索耶主编，徐晓东等译：《剑桥学习科学手册》，教育科学出版社 2010 年版，第 28 页。

主要的反差是，相对于学校情境的脑力劳动，日常场景需要运用工具去解决问题；第三个反差是，学校常常强调抽象推理而日常场景经常应用情境化的推理。① 据此他们提出了一些围绕非学校场景中经常遇到的真实问题和项目来组织的策略。

斯克里布纳和科尔指出了非正式学习的三个特点：(1)非正式学习是个人取向的，或者说是特定的，学习目标的设定取决于个体本身；(2)非正式学习助长传统主义(因为年长者被置于最高的地位)；(3)非正式学习包括情感和智力的融合，在非正式学习中，情感参与和认知投入是紧密结合在一起的，其中部分是因为知识内容是教师个人身份不可分割的一部分。② 在学习方式上，正式学习主要通过语言获得，而非正式学习主要通过模仿、识别、协作等观察学习的方法。与非正式学习相反，正式学习的特点主要是：(1)信奉普适的行为价值、准则和标准(基于教育工作者的个人利益)；(2)教育和学习的主要媒体是语言，而不是非正式学习中常见的建模和观察、模仿的灵敏知觉；(3)教和学的发生脱离境脉，典型的例子就是数学符号运算。③

OCED 从人的资历系统的发展、构建终身学习的视角关注人的非正式学习，其关注非正式学习的最终目的是要通过对非正式学习的认可和认证来推进非正式学习的发展，并最终将其纳入学习者的资历系统中。这也说明了人们对非正式学习的重视程度在不断提升。OCED 对正式学习、非正规学习、非正式学习的界定如下：

正式学习(formal learning)通常与学校或提供正式培训的雇主的学习机构有关，在这些机构中进行的正式学习通常有一个有组织的教学计划。从学习者方面来说，正式学习是有目的的学习，当学习者决定参与学习教育机构、成人培训中心或工作场所中的一个教学计划时，即可获得正式学习。正式学习通常是通过资历或证书来得到认可的。

---

① 布兰斯福特编著，程可拉等译：《人是如何学习的：大脑、心理、经验及学校》，华东师范大学出版社 2002 年版，第 77 页。

② 索耶主编，徐晓东等译：《剑桥学习科学手册》，教育科学出版社 2010 年版，第 28 页。

③ 索耶主编，徐晓东等译：《剑桥学习科学手册》，教育科学出版社 2010 年版，第 28—29 页。

非正规学习(non-formal learning)和正式学习的学习途径一样,非正规学习也是在个体参与教育机构或工作场所中的一个有组织的学习计划时发生的。这种学习有时也植根于并不包含明确的学习目标但包括了一个重要的学习因素的有计划的活动。从学习者方面来说,非正规学习也是有目的的学习。

许多国家明确区分了非正规学习和非正式学习。一般都认为非正规学习是有目的的学习,经常发生在教育或工作环境中,但是不能获得正式资历。在瑞典,非正规学习是私人提供者组织的与正式学习并列的学习。非正规学习与正式教育系统和其他有组织的教育是紧密相连的。非正规学习通常发生在个体参与的一个通常不会被评估,也不会获得证书的学习计划的情况下。然而,从学习者方面来看,它可以由学习机构进行组织,也是有目的的学习。

非正式学习(informal learning)是在有组织的教育或培训计划外所获得的学习。它通常是被作为"经验"或终身学习者不一定意识到其已获得的知识或技能的"无意识的学习"。这种学习被认为是生活的"副产品",它通常被认为是经验学习。非正式学习来自于日常工作、家庭活动或休闲活动,它是没有组织、没有结构(在目标、时间或学习支持方面)的学习活动。从学习者方面来说,大多数情况下非正式学习都是无目的的。它通常不会获得某种证书。

有人说,我们正进入一个非正式学习的时代,在这个时代,非正式学习的地位越来越重要。斯坦福大学荣誉校长约翰·斯通出席了"2002 年北京中外大学校长论坛",他在接受媒体采访时指出,学生在大学期间 50%以上的知识与技能是从伙伴或同学那里学到的,而不是从课堂或教授那里学到的。从伙伴那里学习就是一种非正式学习,从这个意义上讲,工业化教育模式的成功在于将年龄相仿的一群人聚集在一起,为其相互充分学习与交流提供机会,而不仅仅是教师的课堂讲授。在学校教育以外,非正式教育的作用就更加突出,比如发生在工作中的学习存在一个二八法则,即占据了 80%的投入精力的正式学习只收获了 20%的知识,而投入精力 20%的非正式学习却获得了80%的知识。可以说我们一生学的绝大多数技能和知识是以非正式的形式获得的。

二、非正式学习的价值

自从学校产生以后，人们把学校当成了学习的正式场所，学校成为专门教授知识的地方，人们在学校中学习各种知识，然后在实践中运用学校所教授的知识。这样，学习就逐渐从人类的实践活动中分离出来。学习知识、传递知识就成为学校这类正式教育的任务，而对于实践的学习、做的学习、实践技能的获得就只能在学校之外的其他场所进行。在某种程度上，知识的获得成为正式学习的任务，实践技能的获得成为非正式学习的任务。虽然居于重要的位置，而且总是与生活实践联系在一起，但是非正式学习还是往往受到教育者和受教育者的忽视。

对非正式学习的关注缘于人们对学校教育这种正式学习的批评和质疑，也缘于人们对于教和学的认识，关于学习的探讨，人们总是在探讨如何"教"的问题，而不是探讨如何"学"的问题。随着知识观的变化，人们认识到，重要的是"学"，而不是"教"，于是研究的重心开始往"学"上转移，这个时候，人们发现了非正式学习，也就是在不教的时候，在正式的教之外，也有学习发生。

对于非正式学习的重视，还缘于人们对正式学习的局限性的发现。在波兰尼出版他非常有影响力的著作《个人知识》之后，隐性知识引起了研究者的重视，人们逐渐认识到隐性知识在一个人的知识构成中的重要性，甚至那些显性的知识的构成背后也是隐性知识在发挥作用，隐性知识是如此重要，但是它的学习又令人觉得束手无策，因为正式学习难以表达和传授隐性知识。与此相反，隐性知识为非正式学习提供了发挥作用的空间，"分享隐性知识要求互动和非正式学习过程，如讲故事、谈话、指导，以及实践社团提供的学徒方式"①。

① 温格等著，边婧译：《实践社团：学习型组织知识管理指南》，机械工业出版社2003年版，第8页。

学习不是一个知识传递的过程，学习者学到了什么不能单单按照教了什么来衡量，而是要按照他们学了什么来衡量。而学习者学了什么，又往往不是教育者所想教的内容。在学习中常常发生这种“失之东隅，收之桑榆”的事情。印度诗人、哲学家泰戈尔曾在他的自传中描述过一段家庭教师教他学习音乐的经历：“一位伟大的音乐家来了，他就住在我家。他犯了一个大错……决定要教我音乐，而最终，学习并没有发生。不过，我倒是确实从他那里不经意地随手拈来了一些偷来的知识。”泰戈尔对给他指定的作为练习的单调乏味的任务丝毫不感兴趣，因为这些被要求正式学习的练习，仅仅是苍白无力的模仿。但是在那位音乐教师自我欣赏和为他人表演时，经由注视和聆听，反而学会了一些知识。只有当那一刻，当显示出的是音乐才华的实践，而不是支离破碎的教课练习的实践时，泰戈尔才得以体会并欣赏音乐的真正实践。① 只有当学习的目的隐去，正式学习退场，非正式学习发生的时候，泰戈尔才真正学到了东西。受泰戈尔的故事启发，布朗和杜吉德就用“偷来的知识”隐喻在非正式学习的过程中另外获得的知识，并提出要从需求方的观点出发，使学习资源能够被人偷窃。他们所谓的偷窃知识指的就是非正式学习，在这里，学习了什么并不重要，重要的是在何种情境之下学习的，毫无疑问，这种情境就是实践。这也启示我们，非正式学习总是发生在实践的情境中。

泰戈尔自己也多次讲过他逃避正式学习，然后所收获的非正式学习的令人惊喜的成果。“我是在祖宅里亲朋好友的音乐、文学和艺术创作的氛围中长大的。它对我人生的意义非同寻常。我从小爱逃学，我怕老师，尽量躲避他们。但大千世界那些无形的老师，在冥冥之中为我上课，我跟他们学了许多知识。我家里经常讨论英语、孟加拉语文学和歌曲，使我受到了艺术熏陶。我没有系统学习这些知识，但受到了潜移默化的影响，心中收储了大量文艺乐趣。我的大哥当时正在创作小说《梦之死》。就像大树一样开了一簇簇花，长了累累小果，却又主动让许多花果凋落，毫不后悔一样，他撕下后随

① 布朗等著，王铁生等译：《信息的社会层面》，商务印书馆 2003 年版，第 132 页。

手抛进风中。一张张纸上的文字，比在创作本上留下的文字不知多出多少倍。我家过道上到处舞动着他撕的碎纸片。那些文学作品的碎纸堆，是我的心灵之河中沉淀的肥沃的淤泥。”①可以说，非正式学习改变了人们对于学习的本质的认识。

非正式学习的实践参与价值越来越受到关注。新近的研究主要关注非正式学习中年轻人在参与各种相关活动时个体身份的建构和作为非正式学习基础与催化机制的动机和情感因素，这之后关于非正式学习的研究主要探究了用于分析非正式学习中参与结构的新的理论框架，而这种文化活动中的参与结构又催生了诸多应对策略，如脚手架、学徒制学习、实践共同体中的合法的边缘性参与以及引导性参与等。这些研究充分扩展了分析单元：它们跳出了单个个体，转向研究学习如何发生于社会群体中，如家庭和社区，同时将文化实践和活动作为基本的分析单元。② 这些研究有一个明显的趋向，就是越来越把非正式学习与实践活动，特别是与实践共同体联系起来。

已有的研究还表明，非正式学习在兴趣发展和专业知识建构方面具有重要价值，不同境脉之间的潜在协同作用对于学习专业知识具有很大的帮助，这些都启示我们对正式学习和非正式学习进行融合，通过非正式学习和正式学习的整合来促进专业知识的学习。索耶认为：“未来的学习科学将整合神经和行为层面的学习，并势必会导致内隐学习、非正式学习和正式学习活动及其成果的整合。”③

关于非正式学习的这些研究成果，为实践社团活动以及社团学习的“合法性”开拓出了无限的空间。

三、知识在非正式学习中的移动

非正式学习范式下包含了一整套全新的学习方法，包括活动学习、经验

① 泰戈尔著，白开元编译：《泰戈尔谈教育》，商务印书馆 2010 年版，第 251 页。

② 索耶主编，徐晓东等译：《剑桥学习科学手册》，教育科学出版社 2010 年版，第 29 页。

③ 索耶主编，徐晓东等译：《剑桥学习科学手册》，教育科学出版社 2010 年版，第 34 页。

学习、按需学习、沉浸式学习、社会化学习等等。如果从学习过程和成果的角度对正式学习和非正式学习加以区分，可以说，正式学习关注的是知识的传递过程，以及最后知识的获得；而非正式学习关注的是知识的移动过程，以及对知识的消化和理解。

布朗和杜盖德通过对信息和知识进行比较发现，知识本身的特点决定了知识在非正式学习中更易于移动。他们发现，知识通常存在于人身上，知识具有这种人身依附关系，它要比信息更难以与人脱离，知识不能装运、接收以及量化，它难以取走，也难以传送。知识之所以难于给予和接收的一个原因，是知识似乎需要更进一步的吸收和消化过程。知识的私人属性表明，向知识的转移可能代表一种向人的转移。这种属性迫使组织认识，知识并非存在于数据库，而是存在于其成员身上。

知识的这种特性决定了某些正式学习的情境并不能学习到知识。布朗和杜盖德举了一个例子："恰帕拉尔钢铁公司是一家富于创新精神的公司，其首席执行官曾告诉伦纳德·巴顿，正是由于上述原因，该公司并不担心其竞争者来参观工厂。他说，恰帕拉尔愿意展现一切，我们不会遭受任何损失，因为他们不能随身带走任何东西。正如我们前面所说，知识不像信息，它是不能拆卸的。"①竞争对手的参观学习，应该算是一种正规情境下的学习，但是这种正规情境下的学习并不能实现知识的转移，竞争对手从这种情境中无法获得有用的知识。

知识的转移在正式的、正规的情境下无法进行转移，并不意味着知识是不可转移的，有趣的是，知识的转移往往发生在诸如群体的互动、内部随意的交谈等非正式、非正规的学习情境下。布朗和杜盖德提供了一个技术代表的小群体因维修机器的共同实践得以分享知识的案例。"这一群体的成员既在工作上，也在一起交谈工作上花费许多时间。按照奥尔的见解，交谈与工作、交流与实践乃是不可分割的。交谈使工作变得可以理解，而工作又使交谈变得可以理解。作为这种共同工作与交谈的组成部分，创造知识、学

---

① 布朗等著，王铁生等译：《信息的社会层面》，商务印书馆 2003 年版，第 119 页。

习知识、分享知识和利用知识，看来几乎是密不可分的。反之，没有工作的交谈、没有实践的交流，即便不是不可理解的，至少是没有用的。成为群体的一名成员，参加它的实践，你才能得到并利用它的知识与信息。继续作为一名局外人，你就无法改变这一切。”按照布朗和杜盖德的分析，知识的转移就发生在作为实践共同体的成员参与实践的过程中所发生的交谈、交流之中，完全是一种非正式情境下的非正式学习。

而一些针对员工进行的培训恰恰是因为没有认识到这种非正式学习的价值，特别是没有认识到在教室中进行的非正式学习的局限性，盲目地把员工从工作场所转移到教室中进行培训，结果常常事与愿违。布朗和杜盖德提供了一个顾客服务中心对电话接听员进行培训的案例，公司开始的时候试图用一种“基于个案的专家系统”对员工进行培训，后来又设计了新的培训课程，但是这些方案均告失败。研究人员通过研究员工的工作质量，发现了两名成绩最好的电话接听员，其中一个是工作了 8 年的老手，一名是上岗才 4 个月的新手。研究人员注意到：“这名新来者的工作台正好在那名老手的对面，她能够听到那名老手接电话、向顾客提问题以及给予建议。于是她开始模仿着做。她还发现那名老手收集了各种各样的小册子与活页资料，所以她也开始建立其自己的小资料库。此外，当她听不懂那名老手的回答时，她便向他请教，后者在必要时还在服务中心自己的复印机上作出示范动作给她看。”①受此启发，研究人员建议重新安排服务中心电话接听员的位置，把接听员安排在他们可以互相学习的位置上，而不是采用培训课程。“由于有了这些变化，电话接听员只需为他们筹划培训课程的同样时间，就可以达到快速操作水平，这比实际进行脱产培训所需时间要少得多。”布朗和杜盖德由此得出结论：“学习资源不仅存在于信息中，它还存在于让人们理解并利用该信息的实践中，以及存在于知道如何利用该信息的实践者中。在其他情况下，知识是难于转移的，惟独在实践过程中，知识转移格外

① 布朗等著，王铁生等译：《信息的社会层面》，商务印书馆 2003 年版，第 128—129 页。

流畅。”①

这些研究都充分证明了非正式学习在转移知识方面强大的功能，特别是在实践共同体中，共同体成员之间的交谈、围绕工作的交流以及新手对老手的模仿，与在教室中接受信息、专门组织的正式培训、精心设计的课程相比，具有事半功倍的成效。

第二节　实践共同体

当下，审视学校教育体制下的学习问题，实践共同体是一个必须涉及的范畴，而学校中这类繁多的学生社团又构成了学校里面最庞大的实践共同体群。反过来说，我们研究学生社团的学习问题，实践共同体是一个最好的理论工具和阐释框架，因为，说到实践共同体，首先要关注的就是实践共同体中的学习，很多时候，实践共同体也就是学习共同体，它是一种基于知识的社会结构。

一、实践共同体概述

实践共同体（Comminity of Practice，也译作“实践社团”、“实践社群”等。因所引用外文资料的翻译问题，本文中“实践社团”、“实践共同体”、“实践社群”可视为同一个概念。）无处不在，每一个人都属于许多有形的无形的社团。实践共同体在近 20 年受到文化学、社会学、教育学、心理学、人类学等研究者的重视，在很大程度上与情境理论的发展有密切关系。

情境学习理论是 20 世纪 80 年代以来建构主义的一个研究路线，它强调情境认知和社会取向，对知识作为一种可以储藏和转移、传递的东西的观点

① 布朗等著，王铁生等译：《信息的社会层面》，商务印书馆 2003 年版，第 129 页。

提出了质疑，并逐渐发展出了关于知识对于实践的依赖、知识镶嵌于情境脉络中的观点，将知识观的研究从个人维度拓展到了集体维度，认为知识不是居于个人内部的，而是内含在团队或共同体中的。在这种知识观背景下审视学习，则学习就不仅仅是认知的问题，更是情境的问题，社会的实践的问题，学习就是不断地参与社会实践。“在生命的每时每刻，我们都沉浸在复杂的、整体的情境中，就好像鱼被水包围着。位置记忆系统监控着我们在空间中的行动；我们的感觉和运动系统参与着每一个生命活动；我们以投入我们的情感、思维和全身心的方式探索着每一件事的意义。从脑科学研究中引申出的一条最重要的观点是，从非常重要的意义上说，所有的学习都是经验性的。”①

最早提出实践共同体这个概念的是莱夫和温格，他们对实践共同体的界定也得到学界的普遍认可。“在运用共同体这个术语时，我们所指的并不是一些原始的文化共享的实体。我们假定，共同体成员拥有不同的兴趣，对活动作出不同的贡献，并且持有不同的观点。我们认为，多种层次的参与是实践共同体的成员关系所必需的。共同体这一术语既不意味着一定要是共同在场、定义明确、相互认同的团体，也不意味着一定具有看得见的社会性界线。它实际意味着在一个活动系统中的参与，参与者共享他们对于该活动系统的理解，这种理解与他们所进行的行动、该行动在他们生活中的意义以及对所在共同体的意义有关。……实践共同体是人、活动、世界之间的一系列关系，这些关系是跨越时间的，并与其他相切与相交的实践共同体发生联系。”②

罗斯则是从实践共同体这个概念的使用、特色、知识建构以及实践社团对学校教育的影响这样一些角度来对实践共同体进行界定。“近年，实践社群的概念成为了重要的分析工具来理解求知和学习。实践社群的特色包括有共同的实践方式、语言的约定俗成、行为习惯、道德准则、观点角色等。在

① 凯恩等著，吕林海译：《创设联结：教学与人脑》，华东师范大学出版社 2004 年版，第 94 页。

② 莱夫等著，王文静译：《情境学习：合法的边缘性参与》，华东师范大学出版社 2004 年版，第 45 页。

社群中，知识再不能当作是可以量化、评估和随便转换的个人财产。反之，知识是散布在物质、心理和社会环境里的。这样的知识是经协作而建构成的，不单意义由大家协定，行动计划也是经协商后由大多数表决决定，或由有权力者从特定环境中引用社会或物质资源来决定的。学校变成是多元化的社群，而课堂也是根据这个特点来设计。”①

巴拉布和达菲总结了共同体必备的三个特点：“共同的文化历史传统，包括共同的目标、协商的意义、实践；相互依赖的系统，在其中个体成为更大的集合的一个部分；再生产循环，通过循环，新来者能成为老手，而共同体也因此得以维持。”②

对实践共同体的界定，还涉及到它与学习型组织以及课堂教学中的合作小组等的差异，这种差异主要表现在实践共同体是一种非正式群体，它与基于正式组织改进的学习型组织有根本上的不同。如温格从实践共同体（实践社团）的形成来界定它的非正式群体的性质：“实践社团是这样一群人，他们有着共同的关注点、同样的问题或者对同一个话题的热情，通过在不断发展的基础上互相影响，加深在这一领域的知识和专业技术。……他们分享信息、交流思想、互提建议；互相帮助解决问题，讨论各自的情境、追求和需要；思考共同的事项，探求各种想法，互相回应和反馈。这样一组人可能创造出工具、标准、通用的设计、手册和其他文件，或者仅仅形成一种彼此分享、心领神会的理解。不管怎样，在积累知识、共同信息的过程中发现的价值使他们非正式地组合起来。这种价值不仅体现在工作上，它还能产生个人的满足感——认识一些能够理解彼此看法的同事和归属于一组有趣群体所带来的满足感。久而久之，他们对各自的主题分别形成独特的观点，成为具有共同知识、实践和方法的社团。此外，他们还发展个人关系，建立

---

① 罗斯：《真正的科学：知识界的传统》，见 Robert Mccormick and Carrie Paechter 著，冯施钰珩等译：《学习与知识》，香港公开大学出版社 2003 年版，第 24—25 页。

② 巴拉布，达菲：《从实习场到实践共同体》，见乔纳森等编，郑太年等译：《学习环境的理论基础》，华东师范大学出版社 2002 年版，第 34 页。

互信作用的方式，甚至形成共同的身份感。这样，他们就形成了一个实践社团。”①赵健也强调了实践共同体具有非正式性：“非正式，不是说实践是纷乱无序的，或者实践共同体没有任何正式的状态。而是说，由于实践共同体的生活是由其成员通过互相介入而产生的，它以有机的方式发展着，而回避正式的描述和控制，与物化的制度性从属关系、部门划分和边界的结构不是一回事。虽然实践共同体并不独立于这些制度结构，但是决不能简单地将它们看作是某种正式的制度结构。”②按照这样的标准审视学生社团，我们可以发现学生社团具有鲜明的实践共同体的特征，作为一个学生的非正式群体，它的成员来自不同的年级、不同的专业，但是他们有共享的文化背景和事业，并在真实的实践中获得一个成员的身份，由此成为一个实践共同体。审视学校中的其他日常生活形式，那些与社团形式接近的组织，诸如学生会、班集体、学习型学校等都未必构成一个真正的实践共同体，一方面它们没有构建出属于自己的实践，没有给新手提供合法的边缘性参与机会，最主要的，它们或多或少属于正式组织。

根据实践共同体概念中对“实践”的重视，我们还要区分真实的实践环境和仿真的实践环境，在情境学习理念之下发展出来的诸如认知学徒制、实习场、基于问题的学习等等，这些设计虽然也强调情境的以及学习者的互动和参与，但是其情境皆为营造的人工情境，还不是真实的实践情境，学习者在其中进行的互动和参与是从真实的实践活动中抽离出来的，已经剥离了一些即时性因素，学习者在参与的过程中也无法进行身份认同。“一个共同体不是简单地把许多人组合起来为一个任务而工作。拓展任务的长度和扩大小组的规模都不是形成共同体的最主要因素；形成共同体的关键是联向社会——要通过共同体的参与和共同体成员的角色，给学生一个社会中的合法地位。”③所以说，这种类型的行动仍然不是真实的实践。因此应该将实

① 温格等著，边婧译：《实践社团：学习型组织知识管理指南》，机械工业出版社 2003 年版，第 4—5 页。

② 赵健：《学习共同体：关于学习的社会文化分析》，华东师范大学出版社 2006 年版，第 84 页。

③ 巴拉布，达菲：《从实习场到实践共同体》，见乔纳森等编，郑太年等译：《学习环境的理论基础》，华东师范大学出版社 2002 年版，第 46 页。

习场、认知学徒制、进行基于问题学习的合作小组与实践共同体区分开来，这样有助于我们辨识那些真正的实践共同体。

二、实践共同体的参与式学习

莱夫等人对实践共同体的界定说明了实践共同体与情境活动的关系，这种关系是不同层次的参与，“情境学习活动已经转变成实践共同体中的合法的边缘性参与”①。莱夫甚至直接“将学习刻画为实践共同体中合法的边缘性参与”②。参与的程度决定着不同层次的成员资格，新手是一种合法的边缘性的参与，熟手则是一种充分的参与。新手把参与作为学习实践文化的一种方式。“要成为实践共同体的一名充分参与者，就需要进入正在进行着的广泛活动，接近老资格的前辈和共同体中的其他成员，以及接触信息、资源和参与机会。这一问题对获得实践共同体中的成员资格是非常核心的。”③应当注意的是，莱夫提出“合法的边缘性参与”同时也是一种理解学习的工具，一个分析框架，是为了更好地区分学习和教学而提出来的，更主要的是为了把情境活动理论和社会秩序的生产与再生产理论融合在一起，以便建立人与社会、特别是人与实践的联系，说得更清楚一点就是为了阐释为什么学习是一种实践，没有对实践的投入，学习就不会发生。“‘合法的边缘性参与’本身不是一种教育形式，更不是一种教育策略或教学技术。它是一种分析学习的观点，一种理解学习的方式。”④从参与的视角分析学生在学校教育中的地位，更容易发现学校教育所存在的问题，“学校学生处于合法的边缘性地位，但却更普遍地被抑制参与社会生活”⑤。

学习是实践共同体的主要特征。“实践共同体是知识存在的一个复杂

① 莱夫等著，王文静译：《情境学习：合法的边缘性参与》，华东师范大学出版社 2004 年版，第 61 页。

② 莱夫等著，王文静译：《情境学习：合法的边缘性参与》，华东师范大学出版社 2004 年版，第 3 页。

③ 莱夫等著，王文静译：《情境学习：合法的边缘性参与》，华东师范大学出版社 2004 年版，第 47 页。

④ 莱夫等著，王文静译：《情境学习：合法的边缘性参与》，华东师范大学出版社 2004 年版，第 9 页。

⑤ 莱夫等著，王文静译：《情境学习：合法的边缘性参与》，华东师范大学出版社 2004 年版，第 49—50 页。

条件，相当重要的原因是，它提供了为其传承的东西赋予意义所必需的阐释性支持。因此，任何知识都存在于文化实践中，参与到这种文化实践中，是学习的一个认识论原则。这种实践的社会结构、权力关系及其成为合法的条件，都界定了学习的可能性。"①在莱夫看来，"学习不是通过复制他人的作品而进行的，也不是通过获得教学中所传递的知识而进行的，学习是在周边共同体的学习型课程中通过向心性的参与而发生的"②。简单点说，学习就是对实践共同体的不断增强的参与，学习通过合法的边缘性参与而发生；或者说，参与社会实践是学习的基本形式。这种学习方式，我们不妨将其称为团体学习、社团学习或者共同体学习。社团学习与传统的学习有着根本性的区别。"传统的解释将学习视作一个过程，学习者通过这一过程内化知识，无论知识是被'发现'的，或者说在与他人的'交互中体验'到的。这种对内化的关注并没有遗忘学习者、世界以及二者之间未被揭示的关系的本性；但它只能反映与这些问题有关的意义深远的假设。该观点在内在和外在之间采用了鲜明的二分法，表明知识大部分是属于脑的并把个体看做毋庸置疑的分析单位。此外，作为内化的学习还很容易被解释为毫无疑问地吸收既定知识的过程，被看成一个传递和同化的过程。"③在这个意义上，我们可以把传统的以个体为单位的学习方式称为"个人学习"，甚至可以把社团学习作为与个人学习对举的一种学习方式。

莱夫认为，在实践共同体中发生的学习包括以下内容："对这种教育组织进行大致的描述，可能包括以下几点：谁参与；他们做什么；日常生活是什么样；师傅们是如何讲话、走路、工作，以及总体上如何管理他们的生活；那些不属于实践共同体的人如何与之打交道；其他学习者在做什么；要变成一个成熟的从业人员，学习者需要学什么。内容包括一种不断提高的理解能

① 莱夫等著，王文静译：《情境学习：合法的边缘性参与》，华东师范大学出版社 2004 年版，第 45—46 页。

② 莱夫等著，王文静译：《情境学习：合法的边缘性参与》，华东师范大学出版社 2004 年版，第 47 页。

③ 莱夫等著，王文静译：《情境学习：合法的边缘性参与》，华东师范大学出版社 2004 年版，第 12—13 页。

力:理解老资格前辈何时、如何以及在什么方面进行合作、共谋及发生冲突,理解他们的所爱、所恶、所敬以及所羡。"①这些都是在传统教育中忽略的内容,同时也是难以传授的内容,但是这些内容构成了实践共同体学习的核心内容,构成了实践共同体的潜在课程,即学习型课程,并构成学习者日常实践中学习资源的一个领域。学习型课程是由情境化的机会组成的,这种情境化的机会面向即兴发展新的实践。与此相对,教学型课程则是针对新手的教学而建构的,它提供的是学习的结构性资源,学习者的参与是受限制的参与。

从实践共同体的角度看学习,学习就是一种共同体的事情,而不是个体的事情,或者说,只存在共同体学习,不存在个体学习。正如罗斯所说的那样:"从实践社群的角度看,学习并不发生在每个人的头脑里,而是直接发生于群体共同参与的过程中。情境学习所研究的,不是认知的过程和结构,而是怎么样的群体参与才能提供最理想的学习环境。情境学习强调的,不在于那些知识应在社群中由前辈传给后辈,而在于通过真正的活动来学习。"②由此审视学校中的教与学,并不只是让学生接触信息那么简单,更重要的是让学生与特定的群体接触,并参与这些群体的实践活动。

罗伯特·麦考密克则从反面入手证实了不仅实用知识与情境密切相关,而且理论知识也不是独立于环境的。通常,我们把知识区分为理论知识和实用知识两种类型,并假定理论知识可以应用于所有的情境,所以在课堂中学习的知识可以迁移到所有的情境中,而实用知识只适用于某些特定的情境。罗伯特·麦考密克通过对比理论家的理论知识和桌球手的实用知识在桌球游戏中的差异,发现理论知识在处理桌球游戏这样的真实情况时,并不是那么有用。"即使在桌球这个颇为简单的世界里,理论知识也不足以应付所有情况;换句话说,根据这些理论所提供的复杂解决方法来应付桌球的

① 莱夫等著,王文静译:《情境学习:合法的边缘性参与》,华东师范大学出版社 2004 年版,第 43 页。

② 罗斯:《真正的科学:知识界的传统》,见 Robert Mccormick and Carrie Paechter 著,冯施钰珩等译:《学习与知识》,香港公开大学出版社 2003 年版,第 25 页。

不同情境，是不值得的。在一些较为复杂的系统中(像化工厂和发电厂等)，完全依赖理论知识去表示工厂的运作，是不切实际、不可能或者没有意义的。”①这个结论实际上是否决了理论知识可以迁移到所有情境的结论，也就是说，科学知识也不是独立于环境、与环境无涉的。“知识是受到环境所影响的，而且活动与知识也有一定联系，这两方面的证据显示，要把从这些课堂所学到的知识迁移到课堂以外的世界，将会有很大的障碍。”②理论知识不是独立于环境的，而实用知识则“不但与情境的描述有关，也关乎行动的解释。”③因此，我们必须重视实用知识的教学，让学生将学校所学的知识与自己所存在的世界加以配合。“我们一定要用来自现实世界的质的和程序的知识，来补足科学和数学的正规概念知识。我甚至认为，也许我们应该教学生怎样使用他们从日常生活所得来的意念，以及专家用以处理世界的现实情况的那些意念，来对世界进行质的推理。”④罗伯特·麦考密克的研究为情境学派关于学习就是投入实践的主张提供了有力的支持。

既然参与就是学习，那么学生无论参与什么种类的实践共同体都会导致学习的发生。“儿童也参加校外和家庭以外其他机构的活动，这些活动也促进孩子们的学习。有些这一类的机构把学习作为他们的目标之一，设置很多课外活动组织诸如男女童子军、4—H 俱乐部、博物馆、宗教团体等的活动内容。还有一些并不把学习作为主要的目标，但无论如何，学习却仍然发生。”⑤这就把实践共同体跟学习联系在了一起，无论是否以学习为目的，只要参与实践共同体就是学习，因此我们可以说，存在着一种实践共同体学

① 罗伯特·麦考密克:《实用知识:从桌球台上得到的启示》，见 Robert Mccormick and Carrie Paechter 著，冯施钰珩等译:《学习与知识》，香港公开大学出版社 2003 年版，第 180 页。

② 罗伯特·麦考密克:《实用知识:从桌球台上得到的启示》，见 Robert Mccormick and Carrie Paechter 著，冯施钰珩等译:《学习与知识》，香港公开大学出版社 2003 年版，第 190 页。

③ 罗伯特·麦考密克:《实用知识:从桌球台上得到的启示》，见 Robert Mccormick and Carrie Paechter 著，冯施钰珩等译:《学习与知识》，香港公开大学出版社 2003 年版，第 192 页。

④ 罗伯特·麦考密克:《实用知识:从桌球台上得到的启示》，见 Robert Mccormick and Carrie Paechter 著，冯施钰珩等译:《学习与知识》，香港公开大学出版社 2003 年版，第 198—199 页。

⑤ 布兰斯福特编著，程可拉等译:《人是如何学习的:大脑、心理、经验及学校》，华东师范大学出版社 2002 年版，第 162 页。

习，或者叫社团学习。

三、实践共同体的身份形成

心理学家杰罗姆·布鲁纳区分了“学得”和“学做”，强调必须联系人类身份发展来理解学习。我们在家中学得了有关马达加斯加狐猴的有关信息，并不能缩小我们与马达加斯加原始森林中从事研究的动物学家之间的差距。只有参与实践才能学会做，才能获取相关的身份认同。很显然，只是获取有关信息，并不等于学会了知识。只有获取相关专业的知识，才能获取相应的身份。身份和学习知识同时发生。不以身份为参照物，我们很难区分什么是学会了知识，什么只是获取了信息。在布鲁纳提出的关于教育的9条主张中，将身份认同作为了最重要的一条，“官方的教育事业……还扮演一个很要紧的角色，就是要协助年轻人建构和维持一个叫自我的概念”①。在学习做什么人的过程中，个人发展出一种社会身份。“当我们进入了某个行业，我们就会学到行内人的实践方式和观点；那些方式和观点是内行人的部分才能，也是我们成为该行业实践社群成员的身份象征。”②与此同时，这种发展着的身份又决定着这个人学习什么知识和如何学习这些知识。“在读书或者数学家的社群里，成员通常都会有一套典型的模式去建立意义、探究或创造成果，这些模式很容易为成员所辨识。这类活动既是个人的，也是集体的；读书会的成员会聚在一起，讨论一些个人曾经阅读的作品；学术团体成员也会在会议和学术报告会即席就着大家的见解进行讨论。”③这些学习与身份密切联系在一起，身份对于学习具有至关重要的作用。

参与某个实践共同体意味着身份认同。在参与共同体的过程中，获得知识和技能的发展固然是重要的，“但是参与的价值对共同体和学习者来

① 布鲁纳著，宋文里译：《教育的文化：文化心理学的观点》，远流出版事业股份有限公司2001年版，第42页。

② 格里诺等：《成就与求知和学习的理论》，见 Robert Mccormick and Carrie Paechter 著，冯施钰珩等译：《学习与知识》，香港公开大学出版社2003年版，第207页。

③ 格里诺等：《成就与求知和学习的理论》，见 Robert Mccormick and Carrie Paechter 著，冯施钰珩等译：《学习与知识》，香港公开大学出版社2003年版，第207页。

说，更深层次的意义在于‘成为’共同体中的一员”①。在共同体中获得一种归属感是一件比获得知识和技能更重要的事情。“朝着充分参与实践的方向发展，不仅涉及到大量时间的投入、高度的努力、在共同体内承担更多更广泛的责任以及更加困难更具冒险性的任务，而且更为重要的是作为一个熟练从业者不断增强的身份感。”②这种身份认同是共同体的吸引力所在，也是共同体对成员的一种激励。“合法的边缘性参与按向心方向移动，受其在一个成熟实践中的充分参与领域内的位置所激励。同时也受不断增加的参与的效用价值以及新手想成为充分的参与者的欲望所激励。”③因为，这是实践共同体本身固有的特性，即身份认同就是激励，除此之外，不需要额外的东西。“实践共同体有一定的历史和发展周期，它按这样一种方式进行自身再生产，即新手到熟手的转变自然地被整合到实践中去。”④与传统学校教育采取的评价和激励策略不同，共同体中的身份认同就是一种激励。“由于对一个人的努力所作贡献多少的理解机会在实践中是显而易见的，所以边缘性的合法参与为自我评价提供了直接的依据。很少使用测验、表扬或批评，是学徒制的典型特征，这一切源于学徒作为参与者的合法性。”⑤

参与一个实践共同体，把自己看成是某个社团的成员，获得一种身份的认同，这就意味着学习的发生。因为他需要按照这个身份进行思考和互动。“把我们自己看成是读写社群的成员或者是懂得读写的人，这就意味着要接受一套的思考习惯和倾向。一个具备读写能力的人必定有一些习惯，例如

① 莱夫等著，王文静译：《情境学习：合法的边缘性参与》，华东师范大学出版社 2004 年版，第 55 页。

② 莱夫等著，王文静译：《情境学习：合法的边缘性参与》，华东师范大学出版社 2004 年版，第 55 页。

③ 莱夫等著，王文静译：《情境学习：合法的边缘性参与》，华东师范大学出版社 2004 年版，第 61 页。

④ 莱夫等著，王文静译：《情境学习：合法的边缘性参与》，华东师范大学出版社 2004 年版，第 61 页。

⑤ 莱夫等著，王文静译：《情境学习：合法的边缘性参与》，华东师范大学出版社 2004 年版，第 55 页。

找寻各种联系、从不同角度看事物、自我监察、坚持不懈以及承担责任。”①在学校教育体制中的社团身份认同所引发的学习就更加明显。“在学校里，学习者面对的问题都是由别人所决定的(通常是教师或课程设计者)，教师和课程设计者只不过通过这些问题指引学习者对所设计和实施的目标进行反思。假如班级社群是真正的社群，那么如何形成读写课程的目标和问题，就变得非常不同。这些目标和问题将来自社群的生活与工作，以及来自把读写活动用于达致社群里其他目的的任务。因此，如果社群要上演戏剧，那么写剧本、念剧本、研究语言的韵律特色(抑扬、重音和连音)、场刊制作(场刊会作为分派之用)、委员会的开会和决策、全体一起讨论等等，都会成为读写课程。”②

满足学习者在实践共同体中获得身份感的需要，使一个人在参与实践共同体的过程中变为另外一个人，学会做人，这是实践共同体的一项重要功能，这也是传统学校教育在课堂教学中难以完成的任务。“作为社会实践的一个方面，学习包括的是完整的人；这不仅暗示着与特定活动的关系，还暗示着与社会共同体的关系——即意味着要变成一个充分的参与者、一个成员、一种类型的人。在这种观点中，学习只是部分地、经常还是附带地，暗示变得有能力进入新的活动，有能力履行新任务和发挥新功能，有能力掌握新的理解。活动、任务、功能以及理解力是不能孤立存在的；它们是更为广泛的关系体系的一部分，在这些关系中它们有着各自的意义。这些关系体系产生于社会共同体，并在其中得到再生产和发展，这些社会共同体部分地是人们的关系体系。人受限于同时也限制着这些关系。就这些关系体系所允许的可能性而言，学习意味着成为另一个人。”③人与身份认同相比，知识反而变得不重要。“知识是身份成长与转变内在固有的，它定位于参与者、参

① 格里诺等:《成就与求知和学习的理论》，见 Robert Mccormick and Carrie Paechter 著，冯施钰珩等译:《学习与知识》，香港公开大学出版社 2003 年版，第 224 页。

② 格里诺等:《成就与求知和学习的理论》，见 Robert Mccormick and Carrie Paechter 著，冯施钰珩等译:《学习与知识》，香港公开大学出版社 2003 年版，第 225 页。

③ 莱夫等著，王文静译:《情境学习:合法的边缘性参与》，华东师范大学出版社 2004 年版，第 16—17 页。

与者的实践、该实验中的人工制品以及实践共同体的社会组织和政治经济之间的关系。对新手来说，当他们通过一种复杂的实践形式做向心运动时的位置变化时，为他们在体验中理解这个世界创造了可能性。”①实际上，知识和身份是一个东西，他们二者一体两面。

作为在学校教育体制中的学生而言，身份的认同取决于知识和身份的一体两面性，也就是说他既是一个个体的学习者，同时又是学校和生活中其他实践共同体的参与者。“我们要将学习环境和活动——包括获得基本技能、知识和概念理解的机会——加以组织，使其不只是孤立的智力活动，而是为学生发展明确的身份作出贡献，这个身份就是既作为个体学习者，又作为学校和其他地方的学习共同体中有意义社会实践的有效参与者。”②这种身份认同与我们在结语中提出的在个人学习和社团学习之间的游弋是相协调的，当学生在个人学习中和社团学习中游弋的时候，他既是一个学习者，又是一个或多个实践共同体学习的参与者，他获得的是多重身份。

第三节　教学做合一

说到学生社团中的实践、学习，在美国有一个绕不过的教育家，就是杜威，他的“做中学”是解读学生社团中发生的学习的最好的工具之一，即使情境学习理论也是某些程度上对杜威思想的延续。而在中国，也有一个我们不想绕过的人，那就是陶行知。陶行知是中国第一个提出社团学习的教育家。他关于社团学习的主张体现在他的生活教育主张、教学做合一理论以及举办工学团的教育实践中。

① 莱夫等著，王文静译：《情境学习：合法的边缘性参与》，华东师范大学出版社 2004 年版，第 61 页。

② 乔纳森主编，郑太年等译：《学习环境的理论基础》，华东师范大学出版社 2002 年版，第71 页。

一、生活即教育

“生活即教育”是陶行知的教育哲学。“‘生活即教育’怎样讲？是生活即是教育。是好生活即是好教育，是坏生活即是坏教育；有目的的生活即是有目的的教育，无目的的生活即是无目的的教育；有计划的生活即是有计划的教育，无计划的生活即是无计划的教育；合理的生活即是合理的教育，不合理的生活即是不合理的教育；日常的生活即是日常的教育；进步的生活即是进步的教育。依照生活教育的五大目标说来：康健的生活即是康健的教育；劳动的生活即是劳动的教育；科学的生活即是科学的教育；艺术的生活即是艺术的教育；改造社会的生活即是改造社会的教育。反过来说，嘴里念的是劳动教育的书，耳朵听的是劳动教育的演讲，而平日所过的是双料少爷的生活，在传统教育的看法不妨算他是受劳动教育。但在生活教育的看法则断断乎不能算他是受劳动教育。生活教育是运用生活的力量来改造生活，它要运用有目的有计划的生活改造无目的无计划的生活。”[①]陶行知“生活即教育”的理念，至少含有两层意思。第一层意思，生活含有教育的意义。过什么样的生活直接决定了会受到什么样的教育。例如，过健康的生活便受到健康的教育，过科学的生活便受到科学的教育，过劳动的生活便受到劳动的教育，过艺术的生活便受到艺术的教育。当然，过坏的生活便受到坏的教育。第二层意思，教育应以生活为中心，通过生活来进行。嘴巴念的书、耳朵听的演讲如果与过的生活不一致，就不能算是受了教育。只有在生活中获得的教育才是真正的教育。也就是说，要想受什么教育，必须过什么生活。例如，如果过的是少爷的生活，那么，虽然天天读劳动的书籍，也不能算受着劳动的教育。

陶行知这样反复说明，无非是想让我们明白生活与教育的一体两面性，强调生活与教育之不可分离。“生活与教育是一个东西，不是两个东西。在生活教育的观点看来，它们是一个现象的两个名称，好比一个人的小名与学名。先生用学名喊他，妈妈用小名喊他，毕竟他是他，不是她。生活即教育，

① 陶行知：《晓庄三岁敬告同志书》，见《生活教育文选》，四川教育出版社 1988 年版，第 390 页。

是生活便是教育；不是生活便不是教育。”①陶行知这个主张已经与当代人类学家的观点非常接近，不同的是，在当代人类学家的观念中，用的是内涵扩大了的学习取代了教育。“人类学家们认为，在日常生活实践中，没有一种特殊的学习，只有根据文化背景的差异而不断变化的参与性实践活动；或者，换一种说法，即日常生活中的参与是在实践中改变理解的过程，即学习。”②

“生活即教育”中的“教育”是大教育，而“教育即生活”中的“教育”是小教育。提出生活即教育的教育思想，一下子把教育从传统的课堂教学、校内生活扩展到了学生的全部生活，这个概念的提出，有效地突破了课堂生活、校内生活的局限性，打破了课堂生活的疆界，拓展了教育的疆域。“教育可说是书本的，与生活隔绝的，其力量极小。拿全部生活去做教育的对象，然后教育的力量才能伟大，方不致于偏狭。”③与教育即生活的理念相比，生活即教育具有无比的广阔性和拓展性。“‘生活即教育’，教育极其广阔自由，如同一个鸟放在林子里面的；‘教育即生活’，将教育和生活关在学校大门里，如同一个鸟关在笼子里的。‘生活即教育’是承认一切非正式的东西都在教育范围以内，这是极有力量的。譬如与农民做朋友，是极好的教育，平常都被摒弃在课程以外。其他有效力的东西，也是如此。当然，生活中一部分是有目的的，就是有目的的教育；一部分是合理的，就是合理的教育。‘生活即教育’，是叫教育从书本的到人生的，从狭隘的到广阔的，从字面的到手脑相长的，从耳目的到身心全顾的。”④

与此相关的，还有“社会即学校”，这个理念与“生活即教育”具有同样的逻辑、同样的拓展性。与“社会即学校”对举的是“学校即社会”，二者有根本性的不同。“学校即社会，就好象把一只活泼泼的小鸟从天空里捉来关在笼里一样。它要以一个小的学校去把社会上所有的一切东西都吸收进来，所

① 陶行知：《教学做合一下之教科书》，见《陶行知文集》，江苏教育出版社2008年版，第404页。

② 王文静：《人类学视野中的情境学习》，见莱夫等著，王文静译：《情境学习：合法的边缘性参与》，华东师范大学出版社2004年版，译者序第2页。

③ 陶行知：《答操震球三问》，见《陶行知文集》，江苏教育出版社2008年版，第367页。

④ 陶行知：《答操震球三问》，见《陶行知文集》，江苏教育出版社2008年版，第367页。

以容易弄假。社会即学校则不然，它是要把笼中的小鸟放到天空中，使它能任意翱翔，是要把学校的一切伸张到大自然里去。要先能做到'社会即学校'，然后才能讲'学校即社会'；要先能做到'生活即教育'，然后才能讲到'教育即生活'。要这样的学校才是学校，这样的教育才是教育。"①"我们主张'社会即学校'，是因为在'学校即社会'的主张下，学校里面的东西太少，不如反过来主张'社会即学校'，教育的材料，教育的方法，教育的工具，教育的环境，都可以大大增加，学生、先生也可以更多起来。因为在这样的办法下，不论校内校外的人，都可以做师生的。'学校即社会'，一切都减少，校外有经验的农夫，就没有人愿意去领教；校内有价值的活动，外人也不得受益。"②这种拓展性将教育从课堂、校园的包围圈延伸到了全部生活，为将学习从传统的课堂教学延伸到社团学习奠定了坚实的哲学基础，使突破课堂教学包围的社团学习具有了合法性。

二、教学做合一理论

教学做合一理论是从"生活即教育"的哲学思想演化而来，是陶行知在晓庄试验乡村师范学校推行的教育理论。"本校的办法，是主张在劳力上劳心。本校的全部生活，是教学做。教的法子根据学的法子，学的法子根据做的法子。我们的实际生活，就是我们全部的课程；我们的课程，就是我们的实际生活。"③既然生活是全部的课程，全部的课程就是实际的生活，那么教育中的一切都包含在生活中了，这个一切，当然就包含了学校生活中的教师的教、学生的学和实践操作。关于什么是教学做合一，陶行知有一个界定："教学做合一是生活现象之说明，即是教育现象之说明。在生活里，对事说是做，对己之长进说是学，对人之影响说是教。教学做只是一种生活之三方面，而不是三个各不相谋的过程。同时，教学做合一是生活法，也就是教育法。它的涵义是：教的方法根据学的方法；学的方法根据做的方法。事怎样

① 陶行知：《生活即教育》，见《生活教育文选》，四川教育出版社 1988 年版，第 95 页。

② 陶行知：《答操震球三问》，见《陶行知文集》，江苏教育出版社 2008 年版，第 368 页。

③ 陶行知：《晓庄试验乡村师范学校的创校概况》，见《生活教育文选》，四川教育出版社 1988 年版，第 366 页。

做便怎样学，怎样学便怎样教。教与学都以做为中心。在做上教的是先生，在做上学的是学生。”

陶行知多次撰文阐明教学做合一的理论。他特别强调教学做是一体的，而不是分离的。教学做表面上看似三件事，实际上包含在一个“生活”中，贯穿在一个“生活”流之中，是一个事件的一体三面，是从三个不同的侧面看同一个事物，从三个不同的角度说同一个学习的过程。“教学做是一件事，不是三件事。我们要在做上教，在做上学。在做上教的是先生；在做上学的是学生。从先生对学生的关系说：做便是教；从学生对先生的关系说：做便是学。先生拿做来教，乃是真教；学生拿做来学，方是实学。不在做上用工夫，教固不成为教，学也不成为学。从广义的教育观点看，先生与学生并没有严格的分别。实际上，如果破除成见，六十岁的老翁可以跟六岁的儿童学好些事情。会的教人，不会的跟人学，是我们不知不觉中天天有的现象。因此教学做是合一的。因为一个活动对事说是做，对己说是学，对人说是教。比如种田这件事是要在田里做的，便须在田里学，在田里教。游水也是如此，游水是在水里做的事，便须在水里学，在水里教。再进一步说，关于种稻的讲解，不是为讲解而讲解，乃是为种稻而讲解；关于种稻而看书，不是为看书而看书，乃是为种稻而看书；想把种稻教得好，要讲什么话就讲什么话，要看什么书就看什么书。我们不能说种稻是做，看书是学，讲解是教。为种稻而讲解，讲解也是做；为种稻而看书，看书也是做。这是种稻的教学做合一。一切生活的教学做都要如此，方为一贯。否则教自教，学自学，连做也不是真做了。所以做是学的中心，也就是教的中心。”①由陶行知对教学做合一理论的详细阐明我们可以看出，教学做实际上是生活教育中展开的一个教育过程。“在生活里，对事说是做，对己之长进说是学，对人之影响说是教。教学做只是一种生活之三方面，而不是三个各不相谋的过程。”②教学做就是一种教育过程理论。

---

① 陶行知：《教学做合一》，见《生活教育文选》，四川教育出版社 1988 年版，第 49—50 页。

② 陶行知：《教学做合一下之教科书》，见《陶行知文集》，江苏教育出版社 2008 年版，第 405 页。

虽然教、学、做是一体的，但是教、学、做三者又不是等值的。三者之中，做是核心。“不做无学；不做无教；不能引导人做之教育，是假教育；不能引导人做之学校，是假学校；不能引导人做之书本，是假书本。在假教育、假学校、假书本里自骗骗人的人，是假人——先生是假先生，学生是假学生。假先生和假学生所造成的国是假国，所造成的世界是假世界。”①

教学做合一并不是空洞的理论，而是具有很强的可操作性和可推广性。“小孩是怎样教别的小孩呢？他在做上教。他一面做，一面学，一面教。他的教育力量有时比教师大得多。所以好父母、好教师都要为儿童择友，运用小孩教小孩。不但如此，小孩也能教成人。小孩的一举一动也影响到成人。成人无论‘石化’到如何程度，除非是进了棺材，都是免不了要受儿童的影响的。最能感受儿童影响的是老年人。老年人常与小孩接近，便要成为‘老有童心’。六十岁的小孩，便是这样造成的。小孩不但教小孩，并且可以教成人。不愿拜小孩子做先生的人，不配做小孩子的先生。所以小孩子也是教学做合一。教学做合一是全人类教育历程之真相，无论男女老幼，丝毫没有例外。只有飘流荒岛的鲁滨逊可以跳出教学做合一的法掌。”②对此，陶行知还提供了一个孩子教学做合一的案例：“我曾经参观过一个学校，这个学校是小孩子办的。我问他们说：‘你们是大小孩子教小小孩子吗？’有一个小孩子回答说：‘是的，不过有许多时候小小孩子也教大小孩子呢。’我说：‘你的话是对的，是真理，比我的意见更进一层。’”③教学做合一存在广泛，无论是成人还是孩子都是教学做合一，这是生活的表现形式，也是教育的表现形式。正因为教学做合一的普遍性存在，其才可以构成社团学习的理论基础，只有孩子也是体现为教学做合一，以孩子之间互相教学做为主要形式的社团学习才可以有效实施。可以说，教学做合一的普遍性构成了社团学习的理论基础。

---

① 陶行知：《教学做合一下之教科书》，见《陶行知文集》，江苏教育出版社 2008 年版，第 406—407 页。

② 陶行知：《答操震球三问》，见《陶行知文集》，江苏教育出版社 2008 年版，第 366—367 页。

③ 陶行知：《创造的教育》，见《生活教育文选》，四川教育出版社 1988 年版，第 118 页。

按照教学做合一的原则审查学校的教科书，陶行知认为："把通行的小学常识与初中自然教科书拿来审查一番，您立刻发现它们只是科学的识字书，只是科学的论文书。这些书使您觉得读到胡子白也不能叫您得着丝毫驾驭自然的力量。这些教科书不教您在利用自然上认识自然。它们不教您试验，不教您创造。它们只能把您造成一个自然科学的书呆子。"①其中的问题在于："教育好比是蔬菜，文字好比是纤维，生活好比是各种维他命（Vitamin）。以文字为中心而忽略生活的教科书，好比是有纤维而无维他命之菜蔬，吃了不能滋养体力。中国的教科书，是没有维他命的书。它是上海上等白米，吃了叫人害脚气病，寸步难行。它是中国小孩子的手铐，害得他们双手无能。它是死的、假的、静止的；它没有生命的力量。它是创造、建设、生产的最大的障碍物。"②因此，必须对教科书进行改革，一切以生活为中心，围绕生活的需要进行变化。"我们要以生活为中心的教学做指导，不要以文字为中心的教科书。"③具体的编写办法就是，"将一个现代社会的生活或该有力量，一样一样地列举，归类组成一个整个的生活系统，即组成一个用书系统"④。在此基础上，陶行知提出了要培养的70种生活力以及与此相对应的70种要用的书：⑤

要培养的生活力	要用的书
一、防备霍乱	一、防备霍乱指导
二、防备伤寒	二、防备伤寒指导
三、防备天花	三、防备天花指导
四、防备感冒	四、防备感冒指导
五、防备肺痨	五、防备肺痨指导

① 陶行知：《教学做合一下之教科书》，见《陶行知文集》，江苏教育出版社2008年版，第408页。

② 陶行知：《教学做合一下之教科书》，见《陶行知文集》，江苏教育出版社2008年版，第410—411页。

③ 陶行知：《教学做合一下之教科书》，见《陶行知文集》，江苏教育出版社2008年版，第411—412页。

④ 陶行知：《教学做合一下之教科书》，见《陶行知文集》，江苏教育出版社2008年版，第412页。

⑤ 陶行知：《教学做合一下之教科书》，见《陶行知文集》，江苏教育出版社2008年版，第412—415页。

六、防备梅毒
七、打篮球
八、踢球
九、选择食物
一〇、选择衣料
一一、种菜
一二、种麦
一三、种树
一四、养蚕
一五、养鸡
一六、养鱼
一七、养鸟
一八、纺纱
一九、织布
二〇、扫地
二一、调换新鲜空气
二二、用水风车
二三、制造抽气唧筒
二四、制造气压表
二五、用空气压力钻钢
二六、用氮气做肥料
二七、用太阳光烧饭
二八、用太阳光杀菌
二九、用太阳光照相
三〇、用水推磨
三一、用水发电
三二、用水化铁
三三、用磁石发电

六、防备梅毒指导
七、打篮球指导
八、踢球指导
九、选择食物指导
一〇、选择衣料指导
一一、种菜指导
一二、种麦指导
一三、种树指导
一四、养蚕指导
一五、养鸡指导
一六、养鱼指导
一七、养鸟指导
一八、纺纱指导
一九、织布指导
二〇、扫地指导
二一、调换新鲜空气指导
二二、用水风车指导
二三、制造抽气唧筒指导
二四、制造气压表指导
二五、用空气压力钻钢指导
二六、用氮气做肥料指导
二七、用太阳光烧饭指导
二八、用太阳光杀菌指导
二九、用太阳光照相指导
三〇、用水推磨指导
三一、用水发电指导
三二、用水化铁指导
三三、用磁石发电指导

三四、造罗盘

三五、用电池举钢铁

三六、用煤黑油取原料

三七、造汽车

三八、造蒸汽机

三九、用电发光

四〇、用电推车

四一、用电谈话

四二、用电相见

四三、用泥造瓷器

四四、造屋

四五、造桥

四六、造船

四七、造纸

四八、造飞机

四九、用显微镜看细菌

五〇、用望远镜看天象

五一、编剧

五二、演戏

五三、布景

五四、唱歌

五五、画水彩画

五六、画油画

五七、写诗文

五八、雕刻

五九、弹琴

六〇、说话

六一、恋爱

三四、造罗盘指导

三五、用电池举钢铁指导

三六、用煤黑油取原料指导

三七、造汽车指导

三八、造蒸汽机指导

三九、用电发光指导

四〇、用电推车指导

四一、用电谈话指导

四二、用电相见指导

四三、用泥造瓷器指导

四四、造屋指导

四五、造桥指导

四六、造船指导

四七、造纸指导

四八、造飞机指导

四九、用显微镜看细菌指导

五〇、用望远镜看天象指导

五一、编剧指导

五二、演戏指导

五三、布景指导

五四、唱歌指导

五五、画水彩画指导

五六、画油画指导

五七、写诗文指导

五八、雕刻指导

五九、弹琴指导

六〇、说话指导

六一、恋爱指导

六二、治家	六二、治家指导
六二、生育	六三、生育指导
六四、限制教育	六四、限制教育指导
六五、团体自治	六五、团体自治指导
六六、掌民权	六六、掌民权指导
六七、师生创校	六七、师生创校指导
六八、创造富的社会	六八、创造富的社会指导
六九、人类互助	六九、人类互助指导
七〇、创造五生世界	七〇、创造五生世界指导

陶行知又进一步对这70种生活力和相应要用的书进行归类，“(一)至(一〇)属于康健生活；(一一)至(二〇)属于劳动生活；(二一)至(五〇)属于科学生活；(五一)至(六〇)属于艺术生活；(六一)至(七〇)属于社会改造生活。”①这基本上就是一个详尽的社团学习系统课程了。“过什么生活用什么书。做什么事用什么书。不用书，或用书而用得不够，用得不当，都非教学做合一的理论所允许的。”②社团学习只有与这些和生活密切相关的书结合起来才得以顺利推进。总之，教学做合一的理论充分体现了“生活即教育”的教育哲学。“‘教学做合一’是以生活为中心——怎样做，就怎样学；怎样学，就怎样教。所有的问题，都是从生活中发生出来的。从生活中发生出来的困难和疑问，才是实际的问题；用这种实际的问题来求解决，才是实际的学问。”③

三、三种社团学习形式

根据教学做合一理论，陶行知提出了三种社团学习形式。第一种社团学习的模式就是工学团。1932年5月至8月，陶行知在上海《申报》上发表了《古庙敲钟录》一文，提出要创办工学团的设想，并很快在上海和宝山之间

① 陶行知：《教学做合一下之教科书》，见《陶行知文集》，江苏教育出版社2008年版，第415页。
② 陶行知：《教学做合一下之教科书》，见《陶行知文集》，江苏教育出版社2008年版，第416页。
③ 陶行知：《湘湖教学做讨论会记》，见《陶行知文集》，江苏教育出版社2008年版，第313页。

的大场乡村实现，并取名为"山海工学团"。从山海工学团创办的1932年到1937年，山海地区附近十里方圆内的农村，几乎都成立工学团，视年龄不同、生产不同、性别不同，分别组织了儿童工学团、青年工学团、妇女工学团、棉花工学团和养鱼工学团等等。山海工学团的成立，在当时标志着普及教育的新趋向、新方案，也是对学校教育的根本改造。山海工学团是教学做合一理论的一种办学模式，也是一种社团学习的模式。陶行知对工学团的性质有清楚的说明："手脑相长的原则，逐步发展形成了'工学团'的概念。'工学团'似乎是个奇怪的术语，但它阐明了新教育的内容、方法及组织形式；工以养生，学以明生，团以保生，把教育的全部内容讲得清清楚楚。而且，工、学、团的方法决定了教育的方法，教育不再是纯学术性的了。最后，该术语还表明了组织的性质。它比'学校'包含更丰富的内容，因为按传统观念来说，学校传授科学知识呱呱叫，但学生几乎没有机会劳动及合作。该术语甚至比'合作社'更合适。'合作社'除了眼前的经济需要以外，不够注意人类生活的其他方面。"①从陶行知对工学团的界定以及工学团与学校、合作社（其他以经济为目的的社会社团）的区分，我们可以清楚地看出工学团作为一个学习性社团的性质，与学校相比，工学团具有丰富的实践操作机会，与合作社相比，工学团关注人的丰富的生活，更关注人的学习。可以说，工学团的运作模式就是一种社团学习。

在另外的一篇文章中，陶行知还对工学团进行了界定："什么叫做工学团？工是工作，学是科学，团是团体。说得清楚些是，工以养生，学以明生，团以保生。说得更清楚些是，以大众的工作，养活大众的生命；以大众的科学，明了大众的生命；以大众团结的力量，保护大众的生命。工学团是一个小广场，一个小学校，一个小社会。在这里面是包含着生产的意义，长进的意义，平等互助、保卫人的意义。它是将工场、学校、社会打成一片，产生一个富有生活力的新细胞。"②这个界定更加明确了工学团作为一个社团的性

① 陶行知：《工学团》，见《生活教育文选》，四川教育出版社1988年版，第463页。

② 陶行知：《普及什么教育》，见《生活教育文选》，四川教育出版社1988年版，第443页。

质，以及它与人的生命的关系。

第二种是学校内部办社团，在学校的学术内容之上增加生产活动和社会活动的内容。孙铭勋将这种学校描述为“指导学生自动地组织集团以解决生活需要的学校”：“现今的教育，要是一种指导集团的生活秩序的教育；现今的学校，要是一种指导集团的生活纪律的学校。集团的实际生活的问题消灭了教育部所颁布的教科书，集团的实际生活的议案代替了校长的命令，集团的实际生活的行动代替了教师的教授；然后在这一状况之下，才会没有先生学生之分，没有教科书的限制，没有班级与毕业的年限。所以，现今的教育，是指导学生组织集团的教育；现在的学校，是要指导学生过集团生活的学校。这样的教育，是真正的教育；这样的学校，是真正的学校。学生在学校里，能够自动地依照实际生活而组织集团，能够依照集团的生活纪律以工作；然后不必有先生的逼迫，不必有校长的督促，他就能够在集团的意志之下发展他个人的意志，依照集团的计划进行他个人的计划。个人的生命与集团的生命溶合为一，学生的生命与学校的生命打成一片，则学校与学生之间才有真正的团结。这种学校，我们称之曰：‘指导学生自动地组织集团以解决生活需要的学校。’”①

第三种社团学习的形式是对其他类型社团的改造，使其具有学习的性质。“在加强合作社生产的同时，使其具备学文化及保卫生活的特点。这样的合作社，挂的是合作社之名，行的是工学团之实。”②

陶行知还提出一种近似于社团学习的“艺友制”。“艺是艺术，也可作手艺解。友就是朋友。凡用朋友之道教人学做艺术或手艺便是艺友制。”③艺友制强调的是学习中教与学的平等关系，这种关系明显区别于师与生的关系，学习中完全是一种朋友之道。这样就将学习中的关系与传统课堂教学中的师生关系划清了界限。陶行知提出艺友制，显然来自于其他行业的启发，是从学徒制这种学习方式中获得的灵感。相比于传统课堂教学培养人

① 孙铭勋：《论生活教育》，见《生活教育文选》，四川教育出版社 1988 年版，第 173 页。

② 陶行知：《工学团》，见《生活教育文选》，四川教育出版社 1988 年版，第 464 页。

③ 陶行知：《艺友制师范教育答客问》，见《陶行知文集》，江苏教育出版社 2008 年版，第 290 页。

才方面的失败，“我们再看看木匠徒弟所做的桌椅，裁缝徒弟所做的衣服，漆匠徒弟所做的牌匾，不由人要觉得十分惭愧了。艺友制便是这种叹息惭愧的土壤里而生发出来的一根嫩苗。现在中国职业界有一个不好的趋势，这趋势便是以仿效学校为荣。所以有汽车学校、理发学校、洗衣学校，这种学校那种学校，不一而足。谁知道一染上学校气，便是失败之母。我可以断定黎锦晖、黎明晖办的中华歌舞团，比他们办得中华歌舞学校效力要大很多。三百六十行虽然不可跟学堂学，但是学堂实在应当跟着三百六十行学才好。我们这艺友制，便是要跟三百六十行学点乖，好去培植些人才。”①可以说，具有平等关系的艺友制已经不是传统意义上的学校了，它从学徒制脱胎而来，又超越了学徒制，介于传统的学校教育与学徒制之间，更加接近于一种学习的社团。从学和教的方法上，艺友制还是教学做合一。“艺友制的根本方法是教学做合一。事怎样做便怎样学，怎样学便怎样教。教的法子根据学的法子，学的法子根据做的法子。先行先知的在做上教，后行后知的在做上学。大家共教共学共做才是真正的艺友制，惟独艺友制才是彻底的教学做合一。”②由此看，做，并不是简单的一个人闷头动手操作，而是一种“共做”，也就是参与一个群体，在群体中做；做，必须与实践群体和观念群体密切结合。

这种类型的社团学习与前面提到的三种不是一种划分类型的角度。这一种学习方式是从学习中的教与学的关系而言，同时又区别于传统课堂教学的一种“类社团”学习形式。

---

① 陶行知：《艺友制师范教育答客问》，见《陶行知文集》，江苏教育出版社 2008 年版，第 290—291 页。

② 陶行知：《艺友制师范教育答客问》，见《陶行知文集》，江苏教育出版社 2008 年版，第 291—292 页。

第六章
社团活动课程化：对非正式学习的收编

社团活动一直是令学校中那些正式组织觊觎的领地。特别是在建构主义思想泛滥、学习的概念得到扩展之后，社团学习作为一种重要的学习方式，地位与日俱增，吸引了诸多的收编者，不停地试图将其招入麾下。传统的学习总是有具体的课程与之对应，人们受此启发，也试图给社团学习一个课程的规划，并以这样的形式给它一个在教育体制内正式的"名分"。这种努力还与人类学家一些最新研究成果产生的影响有关，比如莱夫和温格对教学型课程和学习型课程这两种课程的划分。温格认为社团像一个有生命的、不断调整适应的课程那样运行。[①] 这些都驱使课程设计者、教育体制的规划者做出种种努力试图实现社团学习的"课程化"。

第一节　社团活动课程化的实践探索

作为基础教育课程改革过程中新开设的必修课程，作为"我国教育界长

---

① 温格等著，边婧译：《实践社团：学习型组织知识管理指南》，机械工业出版社 2003 年版，第 31 页。

期以来经历了从'第二课堂'再到'活动课程'的改革实践之后的历史经验提升所形成的课程发展"①，综合实践活动课程的设计与实施成为了当前课改实践中的一大亮点。拓展社会实践活动，丰富校园文化活动尤其是学生社团活动，让学生在生动活泼的自主活动中，获得积极的情感体验，增强社会责任感，提高实践能力和学习能力，成为了各中小学落实新课改纲要，实施综合实践活动，加强社会实践和社区服务的集中体现。在此背景下，许多学校纷纷将社团活动课程化作为开展社团活动的重要举措，并对此进行了诸多的尝试和探索。

对社团活动进行课程化，实施学分管理早已不是什么新举措。早在1929年，在江苏省立上海中学，"一切校内的课外活动，都有给予学分的办法，可算是全国中学中最进步的学校，也许算是国内的对于课外活动给予学分以资限制参加和奖励参加的第一个实行的学校"②。在台湾地区，1983年课程标准"将过去没有制定时数的团体活动列入教学时数表中"③，目前的大多数学校都有社团活动，而且比较"偏重于社团活动课程，每位学生必须加入社团，进行每周一节或隔周两节的社团活动"④。

一、管理上的"课程化"与内容上的"活动化"并重

社团活动将不同班级甚至不同年级有着同一兴趣、爱好的同学聚集在一起。在中国的国情下，在中学尤其是高中阶段，如果没有固定时间、固定场地等的基本保障，社团活动很难有效地持续开展下去。因此，用课程化的方式来"管理"社团，是目前中学社团活动得以有效开展的基本保证。不少学校每周至少拿出一节课，一般是某一个学习日的下午第三节课（当然不同学校做法不一），这一段时间固定为社团活动时间并写进课表。在北京，人

① 钟启泉：《课程人的社会责任何在》，见《全球教育展望》2006年第9期。

② 李相勖等：《课外活动史略》，见瞿葆奎主编，吴慧珠、蒋晓选编：《教育学文集·课外校外活动》，人民教育出版社1991年版，第464页。

③ 徐彩淑：《社团参与态度、社团凝聚力与人际关系之相关研究——以台北县参与社团国中生为例》，硕士学位论文（未发表），台北师范大学，2004年第9页。

④ 徐彩淑：《社团参与态度、社团凝聚力与人际关系之相关研究——以台北县参与社团国中生为例》，硕士学位论文（未发表），台北师范大学，2004年第108页。

大附中、北京四中、北师大附属实验中学、北京 101 中学等 10 多所中学将学生社团纳入学校整体课程规划中。北京 35 中学每周有半天时间不安排文化课，专门作为学生社团教育专用时间，并将社团活动列入学习考核内容，有 2 个学分。在学生社团专用这半天时间里，学生既可以在校园内开展社团活动，也可以走出校园进行社团活动，比如摄影社团可以去胡同里、跆拳道社团可以到武馆里、电影社团既可去电影院看电影也可出外搜集电影史料等。

这就要求各学科教师不能再像过去一样，随便进教室占用这段时间进行学科测验或让学生进行某学科课业练习，社团联会做好考勤、督促和检查工作。学校希望通过固定的时间和场地这种相对固化的形式来保证和推进学生社团活动，培养和发展学生的兴趣、爱好，弘扬和彰显学生个性。但社团的活动内容和形式不受拘泥，根据社团本身的性质和特点，由社团负责人及社团骨干根据社团成员的兴趣、爱好和建议而定，而绝不是由指导教师像过去上课一样从头至尾的讲授。因此，社团课程化并不意味着束缚社团的发展，关键在于给社团一个固定的时间，固定的场地，必要时给予一定的经费支持，以保证社团活动的最有效的开展。

某种意义上讲，课程化重在强调社团活动开展的计划性和有序性。作为课程的社团活动不同于传统的学科课程，不是每个社团都配备有固定的指导教师。当然这一点在初中和高中之间情况也有所不同。一般高中较初中有更大的自主权和灵活性，大多以高中生自主开展为主，而初中生则更多是在教师的指导下开展。即使需要配备指导老师，也是要根据学生的需要，由学生自愿选择和聘请，学校在此基础上再给予相应的支持。因此，社团活动课程化，不意味着社团活动的模式化和固定化。有固定的场地不等于有固定的教室、固定的桌椅和固定的“秧苗式”的座位。课程化的社团活动管理模式不是从内容上将社团活动按传统的学科课程来进行。传统意义上的课程化的内容有一种固定化、模式化的倾向，在这方面，学生社团活动是不适合这样做的。比如即便是同一社团活动主题，当社团成员发生变化时，其活动内容和形式也会有相应的变化，这时就不适于采用课程的固定化模式。从这个意义上讲，社团活动课程化是指社团“管理”的课程化，而不是社团

“活动内容”的课程化。

二、作为“课程”的严格要求与作为“活动”的灵活机动并举

课程化后的社团活动意味着学生社团管理的逐步正规化、有序化。比如上海市复兴高级中学为确保社团活动课程长期、有效地开展，特制定了五大保证举措。“在时间上，确定每周三下午 3:30—4:30 为社团活动时间；在场地上，学校确保每个社团都有自己的活动场所，教室、实验室、专业教室、阅览室等几乎所有场所都做到了向社团开放；在人员上，每个社团都配备有一名指导教师，可以是本校的教师，也可以是社团从校外聘请而来；在经费上，学校为每个社团提供每年 2 万元左右的专项活动经费；在制度上，每个社团都制定有各自的章程、计划及有关的管理办法，以保证社团的正常运转”。①

社团课程化虽然在管理上保证了社团活动的有序开展，但一定程度上，也要根据不同社团的性质和特点灵活安排活动时间，“一刀切”的做法同样不可取。因此，也有不少学校根据学生社团性质和特点做出灵活的规定，如环保社、爱心义工联等社团，其性质决定了不适合每周固定的时间地点开展社团活动。当然，环保社在校内利用固定的时间和场地在环保社员间开展的环保知识学习交流一定程度上有助于环保社团成员环保意识的培养，但或许走出去，走进大自然、走入社会的环保行动和环保宣传更符合环保社的活动特点，这样的社团活动或许也更有意义和价值。另如爱心义工联，教室里慷慨激昂的宣传爱心奉献教育或许可以让人昏昏欲睡，还有什么比让社员走出去，走进敬老院、走进社区、走进贫困山区为所有需要帮助的人们奉献一份爱心那一幕幕动人的时刻和场景更让人难忘的呢？

因此，学校在统一要求的同时，又要做出灵活安排，对于一些特殊的社团，允许它们可以不在每周的固定时间开展社团活动，而是根据需要利用课余时间、周末或节假日举办社团活动。在这种情况下，学校的环保社社员和

---

① 赵锋：《枝繁叶茂源于强大的根系——复兴高级中学学生社团红火的背后》，《上海教育》（半月刊）2006 年第 5B 期。

义工联社员还可以同时兼报其他类型的社团参加学校的社团活动。这样根据学生需要灵活安排的社团活动又怎能会不受到同学们的热烈欢迎而积极参与呢？

三、“计划性”与“生成性”的融合

社团活动作为一门课程，同样需要有长远和具体的活动计划，而不是随心所欲地“扯”或“玩”，因此社团活动课的开展需要社团负责人或在指导教师的协助下进行活动开展的计划和安排。社团活动课上不是脚踩西瓜皮——滑到哪里算哪里，不是自由活动，不是无目标无计划的玩。但是，社团活动课程的计划性特点与社团活动作为综合实践活动课程所具有的生成性的特点并不矛盾。根据《基础教育课程改革纲要（试行）》的精神，综合实践活动的过程取向决定了综合实践活动具有生成性的特点。每一所学校、每一个单元、每一个班级都有实施综合实践活动的整体规划，而对每一个具体活动而言，又都有对该活动的翔实设计和安排，这是综合实践活动计划性的一面，同样也是社团活动课程计划性的一面。

济南市胜利大街小学的社团活动就体现了这种计划性与生成性的结合。他们组织指导教师为学生提供了一个“项目大全”，然后指导学生根据个人兴趣自主组织社团活动。例如，他们从“吃、喝、玩、乐、行”五个方面规划休闲类社团活动：

	吃	喝	玩	乐	行
科学	小小营养师、吃出来的健康、双食记——相生相克、厨房里的科学	蔬菜汁的妙用、百变豆浆、多彩饮品、饮料的利与弊	鱼类养殖、趣味拼图、宠物喂养、我爱发明、会变小魔术、花卉栽培、纸牌魔术、四驱车、自制玩具、创意DIY、我们的动物朋友	美丽心情、走进数学乐园、蝶舞童趣、美化生活、探究实验室、科学小制作、昆虫——扬着翅膀的漫游、智能机器人、魅力数学、计算机绘画与图片处理、生物钟	走进绘本花园、快乐读书、安全伴我行、我爱旅游、气象与生活、环保小卫士、我有一双慧眼

	吃	喝	玩	乐	行
艺术	美食家、缤纷果盘、造型面点、冷盘、创意水果拼盘、盘艺绘画艺术	悠悠茶韵、鸡尾果汁	扎风筝、彩泥童话、葡萄的制作与创作、珠编、玩具工厂、十字绣、创意纸塑、巧手折纸、剪贴画、编织、儿童画创作、快板说唱、小号手、音乐作品欣赏	动感地带、听曲填词、名画欣赏、影视配音、诗情画意、纸艺、欣赏与表演、电脑美术、乐器荟萃、小小朗诵家、小小合唱队	走近民族舞蹈、儿童文学影视欣赏、摄影
健康	饮食与健康、水果世界	缤纷果汁、酸奶泡泡	轮滑运动、动感跳绳、篮球、花样跳绳、柔力球、快乐排球、羽毛球、健美操	棋类、儿时游戏	国际体育赛事欣赏
民俗	元宵、粽子、八宝粥、腊八蒜、水饺		剪纸、节文化研究、国学启蒙、上下五千年之“历史长河”	古诗新唱、硬笔书法、软笔书法、国画	童眼看世界、生活礼仪
国际	西餐、寿司、国外饮食礼仪	咖啡飘香	中西方节日漫谈、英语情境活动课、多米诺骨牌、桥牌	英语儿歌、英语歌曲	影视欣赏（双语）、双语名著阅读、异国风光

同为综合实践活动的社团活动其本质特性却是生成性，这意味着每一次、每一个社团活动本身都是一个有机整体，而不是根据预定目标的机械装配过程。随着社团活动的不断展开，新的活动目标不断生成，新的活动主题不断生成，学生在这个活动的过程中，认识和体验不断加深，创造性的火花不断迸发，这是社团活动生成性特点的集中体现。因此，“对综合实践活动的整体规划和周密设计不是限制其生成性，而是为了使其生成性发挥得更具有方向感、更富有成效”①。同样，社团活动课程的计划性也是为社团活动的生成性特点所服务。

① 钟启泉等：《为了中华民族的复兴 为了每位学生的发展——〈基础教育课程改革纲要（试行）〉解读》，华东师范大学出版社 2001 年版，第 74 页。

第二节 社团活动课程化管理的问题

无论怎么样，社团活动作为一种课程，它总是具有其自身独特的情境性和问题域，虽然试图对其收编，将其纳入学校正式课程的范畴，实施课程化的管理，但是，它总是一种与传统课程完全不同的课程。在实施课程化管理的过程中，我们不能削足适履地对其进行改造，必须保持其作为社团活动的独特性和独立性。既要保持它的独特性又要进行课程化管理，这就带来了一些管理上的难题。这些难题表现为正式组织与非正式群体之间的张力。

一、管理制度紧与松的取舍

课程化后的学生社团工作，学校着重从管理上包括各种制度规定、硬件配备、安全保障和财力支持等方面进行执行和落实。学生社团归根结底是学生自己的组织，各社团本身都有自己的章程和制度，有着自己独特的管理和运行方式，学校不可能也不会过多插手和干预学生社团内部。因此，如果说课程化后的社团活动是从管理的角度保证了社团活动的时间和场地，而不是从内容上束缚了社团活动的开展，这种前提下，我们理应大力提倡社团活动的课程化。但是，我们在调研时，许多社团负责人频频反映，社团在开展活动时无合适场地、无所需音响等器材、无或缺电脑设备、上网速度过慢等等，对于这些严重影响社团开展活动的各种现象，我们又该如何解释呢？由此看来，社团活动还需要校方的大力支持和资金投入，真正从管理上确保社团活动正常、有序地开展。同时，社团活动中考勤问题也值得我们重视起来，不少社团负责人反映，很多社员签完名就溜之大吉，这一现象也严重影响和制约了社团活动的开展。看来目前学校还需要努力加强学生社团的宏观管理，如何尽快、如实地了解和把握各社团的考勤纪律、活动实施等总体运行情况是校方所应该努力做到的。完善社团信息的网络通报和交流、加强对社团以及社团负责人的宏观管理和换届等工作正是目前不少学校加强学生社团正规化、制度化建设的一个重要措施和手段。总之，社团活动的课程化，要真正实现通过课程化的方式加强学生社团的管理、促进学生社团的发展还需一定的努力。

2005年，共青团中央、教育部在《关于加强和改进大学生社团工作的意见》中曾指出："各地方和学校要依据本意见制定、修订具体的《学生社团管理办法》，在社团成立、审批、活动开展、工作考核、评优奖先、财务管理和监督、队伍建设等重点环节明确管理内容、目标和办法。要督促学生社团制定、执行《社团章程》和内部工作制度，对学生社团及其成员的行为加以规范，保证学生社团健康、持续、稳定发展。"同样，对于不少学生社团，单靠学生自身，达到严谨有效的自我管理或许还有不小难度。因此，作为学校，需要从旁加以规范管理，完善学生社团的规章制度，形成严密、有序的管理体制。

当下，学生社团普遍存在文本制度不健全的现象。一般的文本制度也无非限于学校社团管理办法和社团章程。而如社团活动的日常管理、社团负责人的产生办法、优秀社团的奖励办法，社团负责人的评价奖励制度，社团成员的考勤考核评价奖励制度，以及社团活动的计划和总结等等都非常欠缺。"仅从我们所见到的中学生社团'管理章程'来看，仅有三成左右的中学生社团有自己独立的、比较成熟的社团章程或管理条例。其余的，要么没有，即使有，也不具备可实施管理和开展活动的作用。"[①]实际中，每个社团都或多或少会有自己的章程或管理条例，除此之外，还会有些社团展示的照片以及举办一些大型活动所制作的光盘等。相对而言，实践做法要成熟于理论总结和提升，这是当前学生社团的一大特点。当然，也与学生的理论总结能力不够、学生的课业学习时间较紧张有关。学生能力本身也限制他们不

① 陈斌：《优化管理机制 发挥学生社团的育人功能》，《现代教学》2005年第5期。

能有一套套完整的文本制度，其次，学生的中考、高考的压力也决定了他们不可能像大学生那样有充裕的时间来做这些工作。如某中学墨海轻舟书法社章程没有社团开设的宗旨，没有社团活动目标，没有社团成员入社的程序和要求，没有社团的组织机构以及社长产生办法，更没有社团活动经费的筹集、使用和管理，有的只是“社员参加活动要求”和“教室使用要求”。这算是社团章程吗？充其量也只能算是社团日常开展活动的基本要求了，但这就是今天的学生社团的真实现状。该书法社章程具体文本内容如下：

××中学墨海轻舟书法社章程

一、社员参加活动要求：

1. 按时参加活动，不准迟到、早退，不允许无故缺席。
2. 参加活动时态度认真、积极。
3. 每次活动要求每位社员完成一幅较好的作品。
4. 点评名家作品时要求每位社员认真听讲、积极发言并做好笔记。
5. 每一学期末要求写一幅作品(留档)和一篇小结。
6. 积极配合学校的各项活动，主动帮助老师及负责人搞好每一次展览及其他活动。

二、教室使用要求：

1. 离开教室前关灯、关窗、门，做到节约用水、用电。
2. 教室内的器材要保护。
3. 每次使用完毛笔和砚台等物品，洗干净并放回原处。
4. 垃圾不能放在抽屉里，要扔进垃圾桶。
5. 书法字帖要小心轻放，爱护使用，不能乱涂乱画。

而××中学摄影社章程更是简单至极：

××中学摄影社章程

为了使我们社团更规范的发展，使社员们更积极的参与，更迅速的进步，特制定此章程。

1. 摄影社是摄影爱好者的天地，每一位社员都是因爱好摄影而加入，不应带有任何功利色彩。
2. 社团的建立与发展本着“自愿，自主，自觉”的原则，社员是社团的主人。
3. 任何社员在退出社团前对社团的各类活动都一定要积极参加，不得缺席、迟到、早退，有事需请假。
4. 要求的作业要及时交，不允许迟交与敷衍。
5. 定期阅读摄影期刊，在平时多培养自己的眼光。

需要注意的是，规章制度切不可面面俱到而束缚社团的发展，或者更多的限制，如“你必须如何如何”，“你不准如何如何”，而不是更多的正面的积极鼓励。难怪在学生的心目中，“学校”会成为这样一种令人尴尬的场所：“一面强调给学生充分的自由，一面制定各种框框约束他们；……学校是告诉你要有思想有创造力而又把你往一个模子里放的地方。”①同时，规章制度要根据实践落实情况及时修改和完善。因此，学生社团的各种规范和管理制度不管完善与否，其主要目的决不在于约束学生的行为，而在于为培养学生之间互助、合作、自治以及治人的精神和品质创设宽松、和谐、有序的环境和氛围。

二、社团活动统与放的取舍

当学生社团活动成为学校课程的一个组成部分，就自然而然地牵扯到

① 刘云杉：《我是一个受教育者——个人在制度化的学校中》，博士学位论文（未发表），南京师范大学1999年，第197—198页。

了评价的问题。“社团活动作为中学生与社会接触的主要渠道，其评价标准主要是看某项活动是否有利于学生社会态度的培养，是否有利于增强学生的社会交往技巧。”①这才是社团活动与过去兴趣小组的根本区别。因此，面对一个学校形形色色的社团活动，最根本的是我们应处理好以下几个主要问题：活动是否丰富足以满足所有学生的不同的兴趣、爱好？活动计划在年复一年的执行过程中是否在不断地有所创新？对社团活动评估只是为了评出优良中差划出等级还是更多的为了今后的不断改进？目前的社团活动是否比以往有了更高的参与度？有效的社团活动必须满足以下条件：“活动计划的制定要以既定社团活动目标为基本依据；社团活动计划旨在满足学生的需要和兴趣；强调民主的参与过程；必须由有能力和热情的教师进行指导；对成员的唯一要求是兴趣；‘活动’本身才是最重要的(places no activity above another on the scale of importance)；所有活动必须具有教育意义(educational values)；每年需要自评。”②

20 世纪 30 年代，美国学者 Altstetter 在深入研究和分析有关课外活动领域的 112 篇参考文献的基础上，认为对课外活动的评价可以围绕以下十点来展开：“(1)对于课外活动指导教师而言，必须对中学生、对中学生活动有一个基本的认识和了解，并乐于与中学生交流和对他们的活动感兴趣。(2)对参与成员有适当的控制和要求，教师和学生共同参与。(3)学生成员在活动计划的制定和实施过程中始终扮演最重要的角色，教师等其他人员无可替代。(4)学校行政部门对于课外活动的支持以幕后为主，一般不能走入前台对学生活动指手画脚。(5)课外活动管理部门重在对活动的引导。(6)尽可能多地提供丰富多彩的课外活动，让每一个学生都能从中找到自己感兴趣的活动。(7)课外活动计划要根据活动目标不断改进和完善，始终为目标所服务，并由目标所指引。(8)学校必须为每项活动的开展安排出合理的活动时间和地点，并提供相应的活动设施。(9)对课外活动经费的筹措、

① Kimball Wiles (1963), ***The Changing Curriculum of the American High School***, Englewood Cliffs: Prentice-Hall, Inc., p. 215.

② Nellie Zetta Thompson (1953), ***Your School Clubs: A Complete Guide to 500 Activities for Group Leaders and Members***, New York: E. P. Dutton & Co., Inc., p. 62.

使用情况有适当的监督机制的约束。(10)对学生课外活动的参与情况和效果应及时记录在案,及时归入学校档案和学生本人档案。”[①]这些评价标准自然成为了所有课外活动有效开展的主要依据。现在看来,我们依然可以根据这些标准来评价和衡量我们今天的学生社团活动。

调查发现,在学校对学生社团进行管理的规章制度中,对社团成立、活动开展等产生管制、约束效果的规定和条款多,而对社团进行科学评估,有效激励的规定和条款却很少,各校基本都有社团的评比制度,但很少起到以评促改、以评促建的效果。因此,有必要变“以管制、束缚为主”为“以评估、激励为主”,以育人功能和活动效果为主要指标,以年度考核为主要方式,综合评价学生社团的活动和建设。美国关于地方工业艺术学生社团的评估方案重在激励的做法可以给我们一些启发。

地方工业艺术学生社团奖励制度[②]

该奖励制度旨在为社团开展活动营造一个良好的、宽松的环境和氛围。下表所列说明了一个社团如何得到奖励以及该赢得多少奖励：

1. 如完全拥有手册所列的必备材料和物品,可得10分;
2. 100%的社团成员能够购买统一的有本社团标志的夹克衫、徽章以及有社团标志的饰针等,得8分;
3. 着眼于社区发展并取得良好成效的社团活动项目,可为本社团赢得5分;旨在活跃校园文化并在学校内引起较大反响的,同样可得5分;
4. 当地的社团骨干被选举成为地区的社团骨干的,可为当地社团加5分;如被选举为州社团骨干,则加10分;

---

① M. L. Altstetter (1935), “Essentials of a Program of Extra-Curriculum Activities”, ***School Review***, 43, pp. 371—373.

② American Industrial Arts Association (1965), ***Student Clubs Handbook***, Washington, n. d., pp. 2—3.

5. 地方社团如有两名代表参加每年的州级商业会议，可得5分；
6. 每一个社团向州学术基金资助10美元或以上的，即可得5分；
7. 9月1日之后向国家上缴本社团会费的，可得5分；
8. 向州一级或国家一级的学生社团干部、指导教师提出合理化建议并得以有效落实的，所在社团可得4分；
9. 每一位地方社团干部(local officer)被选举为上一级社团的负责人(area officer)，可为本社团加3分；
10. 有剪贴簿(Scrap Book)的社团，可加3分；
11. 两个或多个来自不同学区的社团同时参加某项比赛，如果该事迹通过当地或学校的报纸媒体报道，则参与的每一个社团均可获得3分；
12. 如社团成员100％的参加州集会，可得3分；
13. 如某社团的先进事迹通过广播报道10分钟或以上，或经由电视媒体报道5分钟，可得3分；
14. 社团每月按期出版小册子或新闻简报，宣传本社团活动的，至少可得2分；
15. 社团某项活动在学校集会或某市民组织得到展示的，可得2分；
16. 某社团收到来自于学校行政部门或社区官员的书面表扬的，可得2分；
17. 某社团成员被选举为该校学生会干部的，该社团可得2分；
18. 有关社团的先进事迹在当地报纸上发表的，可得2分；通过学校报纸出版的，可得1分；
19. 有关社团活动的照片公开出版于当地或学校报纸上的，可得2分。

同样，在我国台湾地区所倡导的“积极奖励重于消极限制，事先启迪重于事后辅导”的指导理念也值得我们借鉴和学习。对于学生社团活动的考察，台湾地区一般倾向于从参与态度、学习精神、爱群表现、团队精神、活动绩效等五个方面进行，对学生社团的评价有着明确的标准。例如，绩优学生社团评审标准计分七项：社团章程完备与适用5%，社团组织健全10%，年度工作计划周详并按进度执行25%，活动内容及绩效良好30%，活动记录及考核、交接等资料详备15%，财物运用、保管得当并公开征信10%，社员人数及参与活动情形理想5%。优秀学生社团的评审程序为：初选由校长聘请社团指导教师、训导人员及学生活动中心总干事或社团负责人代表等有关人员组成评审团，依照评审标准，评鉴各类型社团，遴选绩优社团，由各校颁奖鼓励。各校并就绩优社团中遴荐特优者一至三名，将绩优社团推荐表及评分表连同年度资料，于5月底前函送教育主管部门参加决选。决选由教育主管部门有关人员先行复评后，聘请学者、有关单位代表及业务主管人员担任评审委员进行决选。对于绩优学生社团的奖励方式一般为：由教育主管部门公开表扬，并各颁奖状及奖金一万元，绩优社团的指导教师及负责人也由教育主管部门公开表扬，并各颁赠奖状及纪念品一份。台湾的东吴大学对社团则是奖励与惩罚并行："学业成绩平均75分以上、操行成绩在80分以上，并热心公益或爱'国'爱校或学术研究有优良事迹者，将获得学校及以上部门奖状奖励。一年内未曾举办活动或违反相关规定者，依情节轻重予以删减经费补助、改组、停止运作、解散等处理。为丰富大学生活，鼓励学生参与社团活动，1997年底起实施免费办理群育护照，作为学生个人参加活动的参考依据和今后申请各类奖学金、就学及应征就业的推荐证明。"①

深圳中学社团联盟为充分调动全校社团成员及其他同学的参与热情和积极性，进一步发扬光大社团工作的先进经验，将社团评优工作进行制度化落实，于2007年初组织开展了"你最喜爱的社团"评比活动。评比经过广大同学的积极参与，结果如下：

① 唐德中、胡敏：《台湾学生社团：磨志练才的摇篮》，《中国青年研究》2003年第6期。

公告

经过周一、周二师生们的踊跃投票，“最受欢迎的社团”前十名已经产生，现公布如下：

社团名称	投票数目	所占比例
街舞社	98 票	13.9%
拉丁舞社	97 票	13.8%
动漫社	57 票	8.1%
魔术社	53 票	7.5%
吉他社	43 票	6.1%
话剧社	41 票	5.8%
模拟联合国协会	38 票	5.4%
棋社	33 票	4.7%
跆拳道社	33 票	4.7%
篮球社	31 票	4.4%

感谢大家的参与，并希望所有社团的建设更上一层楼！

深圳中学团委学生会

社团联盟理事会

2007 年 3 月 13 日

在他们进行社团评选活动时，恰巧我们在深圳中学进行社团调研，因此有幸目睹了整个活动过程。评选方式既简单又能充分吸引同学们的积极参与。社联将所有社团名称以表格形式做出，并在每一社团空间附上社长的照片，使单调的表格更加亲切、形象，评选一下子变得非常能吸引同学们。在中午吃饭时间，他们在饭堂门口的宣传栏处张贴出评选海报，每位有兴趣的同学可以从他们提供的不同的漂亮的卡通图案中挑选一张自己喜欢的

"即时贴",由他们自己将"即时贴"粘贴到他们认为比较优秀的社团的空间内,投票就算完成。这样最后通过数每个社团所得"即时贴"的个数来计算其所得票数。

学生社团制定出严密、系统的制度规范的初衷,绝不是对学生自由的扼杀、对个性的束缚。相反,而应该成为学生社团健康持续发展的有力保证。但是,调查发现,实践中也有不少学校制定一些规章制度,表面上看建制的目的在于规范和加强社团的领导和管理,实则是为了减少各种问题的发生,从而严重约束和限制了社团的发展。不少条款实际上是对社团进行管制,甚至把社团变成了"第二学生会",学生社团也因此失却了应有的民间性、自主性。

对学生社团的评价以"点到为止"为宜,不宜进行表彰和奖励,同时也要注意规章制度的宽松度,因为奖励和强制工作都会影响创造性的发挥。哈佛商学院心理学家特丽莎・艾曼贝尔(Teresa Amabile)对100多位儿童进行了一项研究,考察奖励对儿童创造性的影响。根据她的设计,有奖组的儿童需要先许诺进行预定活动以便首先有机会玩照相机,而无奖组的儿童却先玩照相机然后再进行预定的活动。活动都是一样的——就一本无字的图书讲个故事。这本书共三十页图画,描绘了一个故事。尽管故事的基本线索是清楚的,但这些图画十分模棱两可,为分析、描述这些事件,做出反应等等留下极大的灵活性的余地。结果,无奖组儿童讲的故事要比有奖组儿童讲的故事更有创造性。于是,艾曼贝尔得出结论:把自己限制在为得到奖赏而进行的活动中,这会有损于活动的创造性。即使这种奖赏是一种其他活动,或在创造性活动之前就给予这种奖赏,都会产生这种消极效果。在一个与此相关的实验中,艾曼贝尔要求被试用15分钟的时间画一幅印象派拼贴画。结果,有奖组的创造性要明显低于无奖组。艾曼贝尔得出结论:受内部推动的状态(以参加活动并感到有趣为标志)有助于提高创造性,但受外部推动的状态则有害于创造性。另外一个与此相关的实验则是一个选择性与内部动机关系的研究,两组儿童均被要求从10个装有印象派拼贴画的盒子里用其中的5个拼贴一个图案。不同的是一组可以自己选择10个盒子中的

5个，另外一组则是由主试替他们选择。最终的结果显示：有选择组的创造性要高于无选择组。艾曼贝尔由此提出一个观点：能够就工作的一些方面作出选择的人，创作的作品要比由别人为他作出选择的人更有创造性。[①] 艾曼贝尔的理论启示我们，在对学生社团进行管理的过程中，要注意不能把社团活动与奖励挂钩，同时也注意不能过分干涉学生选择的自由，以免损伤学生的创造性。毕竟，创造性是社团学习的核心和灵魂。

管理过程中，统而不僵，放而不乱，给社团充分自主的发展空间，让青春激昂的一代学生在海阔天空中纵横驰骋，才是社团管理的最终追求。“社团活动的多样性导致了为学生提供比课堂教学更为丰富的生活体验，而在组织结构上自然也相对松散。如果试图将社团活动像课堂教学那样组织，将某一个完整的活动分解成几个学期或一个学期中每周几个固定的课时来开展，那么社团活动的诸多价值将无从体现。”[②]学生社团毕竟是较为松散的学生团体，需要学校给予必要的引导，使它们能在一个既宽松又有章可循的范围内蓬勃发展，以促进学生的成长和成才。但是，这种规范一定要注意保护学生社团的自由度，让学生在参与社团、组织活动的过程中具有充分的可选择性，保护他们内在的兴趣和动机。

三、社团课程的展示式评价

为丰富学生的课余文化生活，展示各学生社团的活动成果，激励广大学生喜爱社团，调动其参加社团、热爱社团生活的积极性，不少学校每年在不同的时间都会有一定的社团展示活动，如社团 SHOW、社团节、社团周、社团巡礼等，其宗旨都是为了对近一年来社团活动进行一个总结性的汇总和展示。一般而言，社团展示的主要应该是学生的作品，参与展示的作品可以分为书面类作品、展示类作品、技术类作品、媒体类作品、培训类作品、计划类作品、制作类作品等几个大类。书面类作品主要有研究报告、海报、简报、项

---

① 特丽莎·艾曼贝尔著，方展画等译：《创造性社会心理学》，上海社会科学院出版社 1987 年版，第 157—169 页。

② Kimball Wiles (1963), ***The Changing Curriculum of the American High School***, Englewood Cliffs: Prentice-Hall, Inc., p. 84.

目建议书、诗歌、小说、介绍手册、调研报告、调查问卷、论文、书评、电影剧本等；展示类作品主要有演讲、报告、辩论、游戏、歌曲演唱、音乐欣赏、专题报告、专题讨论、戏剧表演、舞蹈表演、作品展览等；技术类作品主要有网站、电脑程序等；媒体类作品主要有录音带、录像带、幻灯片、照片、绘画、剪贴集等；培训类作品主要有课程、手册、工作示范等；计划类作品主要有计划书、成本预算、进度表等；制作类作品主要有实物模型、原型设计、仪器、机器等。

这种社团展示活动也成为目前对各社团评价的主要依据之一，因此，各社团无不积极踊跃准备和参与。当然，这一过程也着实提高了社团成员参与积极性，丰富了社团成员的社团阅历与感受。但是，不同的社团成员在其间的感受也不尽一致。那些有表演有节目的社团如话剧社、街舞社、跆拳道社等往往更容易得到大家的认可和欢迎，而一些不太外显类的社团如义工联、生物社在同学心目中往往得不到重视而被忽略。难道是他们平时的社团活动开展得真的不够好吗？你可知道，这些爱心义工联的社员牺牲了多少个周末和节假日，牺牲了自己多少的宝贵的学习时间。老人院里，他们热心照顾老人，为孤寡老人提供生活的便利。博物馆里，他们承担起了为来参观的中小学生和其他客人义务讲解和导览的任务。马路上十字街头，协助交警、协管维持交通秩序的，同样有着他们的身影。贫困山区里将要失学的孩子收到了来自于他们募捐来的衣物和钱财。这些是爱心的奉献。这一幕一幕，爱心义工联的社员们永远铭记在内心的最深处，但他们不会也不可能站在流光溢彩的旋转舞台上为自己的所作所为大唱赞歌。

社团展示还可以带动更多的人参与进社团中来，如一位同学所言："在上学期的话剧社公演结束后，许多同学都有参加话剧社的想法，因为演员们在舞台上对不同角色的演绎让人入迷。"2004 年某中学的社团秀的确吸引了不少眼球，其中有刊文里写道："Dance Club 的社员以优美的华尔兹向我们展示其一年来的学习成果，三对驾轻就熟的舞者在台上华丽地跳着，深深地吸引着我们的目光，尽管有一对 partner 的动作并不是太熟练，甚至有时会有脱拍的现象，但这丝毫没有影响到观众们高涨的热情，因为帅哥部长陈力与美女赵雪婷的美妙舞姿，实在是'一级棒'！台下众多 MM 的尖叫不断，不知道是不是想上台代替赵雪婷的位置，与我们的大帅哥陈力共舞一曲呢?!……跆拳道的社长带着一众身穿道服的社员，以他们凌厉的身手演示真人快打加踢板。说起那个踢板表演，可真是一点儿也不含糊，社员们聚精会神地以手刀劈砖(那可是真材实料的砖块啊)，当然也少不了连踢四板的精彩演出啦！呵！他们都没穿鞋耶，就连袜子也没穿！真不知道光着脚丫子踢木板的感觉是怎样的呢?!”

在这种情况下，如何理解和对待社团“展示”就具有了多重的意义。展示是为了单纯的评价还是另外具有其他的目的？展示是一定要拿出像样的节目等有形的成果奉献给大家，还是重在关注学生平时社团活动的体验和感受？展示是为了各社团决出个高低上下还是为了各社团间、各成员间的交流与分享？在我们看来，社团展示关注的不是那些社团吸引眼球的表演，也不是“王婆卖瓜，自卖自夸”式的宣传和自我推销，更应该关注的是学生是如何开展社团活动的，在开展社团活动中遇到了哪些困难和问题，社团成员在解决问题过程中的参与探究态度是怎样的，成员合作解决问题的情况如何，采取什么方式和方法解决了遇到的困难和问题，他们在其中的情感体验如何等等问题。因此，社团的展示应重在情感体验，重在过程评价。“展示如果不能触动学生的情感体验，不能引起学生的情感共鸣，不能反映学生的主观世界和内在素质，就不会产生意义”。①

社团活动展示的另外一种方式就是收集故事。故事是贯穿社团生活的最佳媒体。特别是当展示的实物无法明确体现社团生活的内涵的时候，故事就更有价值。社团生活故事能反映社团的软实力。一个好的社团故事包括三个主要元素：(1) 最初的知识开发活动，如创新、学习一项技巧、解决一个问题等；(2) 由这些活动产生的知识资源，如新的见解、方法或关系；(3) 这种资源怎样被用来创造价值。② 社团故事对于社团之外的人具有更大的启示意义，他们通过社团故事获得社团发展的隐性知识。这些故事延

---

① 李树培：《综合实践活动课程问题辨析——对实践现象的回应》，《全球教育展望》2007 年第 1 期。

② 温格等著，边婧译：《实践社团：学习型组织知识管理指南》，机械工业出版社 2003 年版，第 148 页。

续和流传对后来加入社团的成员是非常好的学习资源，它们构成了社团课程的一个重要部分。

第三节　社团活动向“项目型课程”的转型

日本学者佐藤学指出，21 世纪世界各国正在发生一场“宁静的革命”，“那种课桌椅面向黑板整齐地排列，以教科书为中心，教师讲、学生听的课堂风景，已经进入博物馆了”①。在这场革命中，欧美各国实施了“项目课程”，“实现了从教科书和黑板为中心的同步教学到合作学习为中心的教学模式的转型。……特别是作为 21 世纪智能社会的一种应对，需要谋求从知识与学习的量到知识与学习的质的转化，推进教育内容的深化，组织多样的语境中运用知识的项目型课程，同时，为实现多元化共存的社会，需要谋求学习中的合作的实现。”②相比于课堂革命，社团具有开展项目学习、合作学习的天然优势，项目是社团活动的主体。社团完全没有教科书的限制，学习的内容可以根据学生的兴趣所至进行选择；甚至没有教室的限制，可以在学校内外的任何场所开展活动；最为重要的，社团的活动方式，非常有利于进行项目型学习。

“目前对项目学习还没有公认的定义，美国的巴克教育研究所（Buck Institute for Education，BIE）把以课程标准为核心的项目学习（standards-focused PBL）定义为一套系统的教学方法，它是对复杂、真实问题的探究过程，也是精心设计项目作品、规划和实施项目任务的过程，在这个过程中，学

① 佐藤学著，钟启泉译：《学校的挑战：创建学习共同体》，华东师范大学出版社 2010 年版，第 42 页。

② 佐藤学著，钟启泉译：《学校的挑战：创建学习共同体》，华东师范大学出版社 2010 年版，第 43 页。

生能够掌握所需的知识和技能。”[①]学习社团进行的项目学习范围应当超出巴克教育研究所的定义范畴，学习社团所开展的项目要超出课程标准的水平，它不仅仅是一套系统的教学方法，还包含内容更多的一系列教育方法和教育过程。与一般的项目学习相比，学习社团所开展的项目范围更广泛，学生的自主性更强，教师的指导作用相对更为弱化。可以说，学习社团开展的项目学习是一种广义的项目学习和项目课程。

根据巴克教育研究所的研究，项目学习具有诸多益处。“项目学习提高了学习的质量，通过让学生参与复杂的、新的问题的解决过程，促进了学生高级认知能力的发展。项目学习还能教授学生解决问题的复杂过程，例如制定计划和沟通。”除此以外，项目学习还有以下的好处：[②]

※ 克服了知识学习与思维的割裂状况，帮助学生不仅“知”，而且体验如何“行”。

※ 支持学生学习和实践以下技能：解决问题、沟通和自我管理。

※ 鼓励学生培养与以下方面相关的思维习惯：终身学习、社会公民责任、个人发展和事业成功。

※ 整合课程领域、主题教学与社区问题等。

※ 采用和职场类似的评价标准，对学生掌握课程内容和技能情况进行绩效评价，鼓励学生做事之前先考虑评价标准，鼓励学生设定目标、不断提高成绩。

※ 在多样的学生小组中创建积极的沟通氛围和协作关系。

※ 满足不同学习风格和技能水平的学生的学习需求。

※ 吸引并激励厌学或对学习漠然的学生参与项目学习。

学习社团开展的项目型课程除了具有上述项目学习的优点之外，社团本身的特点也使其具有传统课堂教学所不具备的优势。社团学习与传统的课堂教学所具有的那些弊端，如标准化考试、教科书、黑板、讲授、竞争、甄

① 巴克教育研究所著，任伟译：《项目学习教师指南——21世纪的中学教学法》，教育科学出版社2008年版，第4页。

② 巴克教育研究所著，任伟译：《项目学习教师指南——21世纪的中学教学法》，教育科学出版社2008年版，第6—7页。

别、分化等等，具有天然的绝缘性。在社团中可以发生与传统的知识积累式的学习完全不同的学习，这种学习可能是真正现代意义上的学习。“所谓学习，是同客体（教材）的相遇与对话；是同他人（伙伴与教师）的相遇与对话，也是同自己的相遇与对话。我们通过与他人的合作，同多样的思想的碰撞，实现同客体（教材）的新的相遇与对话，从而产生并雕琢自己的思想。从这个意义上说，学习原本就是合作性的，原本就是基于同他人合作的冲刺与挑战的学习。业已懂得、理解的东西即便滚瓜烂熟，也不能称为学习。学习是从既知世界出发，探索未知世界之旅；是超越既有经验与能力，形成新的经验与能力的一种挑战。”①佐藤学甚至宣布“同步教学的时代已终结”②。按照这样的标准看社团学习，同客体、同他人、同自己的相遇与对话天然地存在着，这些是社团活动中所本来具备的。同时，与以往的教育改革所努力追求的内涵相比，以往的学校改革是把学生当做教育变革的对象，忽视了学生作为改革的主角的作用与责任，但是在社团中学生是天然的主角，所有的学校改革所着力追求的东西，在社团中均是顺理成章、水到渠成的。

项目学习还有一个最大的也是最重要的特点，就是真实性。特别是在学生社团中开展的活动、研究的项目，都是基于真实的问题，是为了解决真实的问题而进行的。在进行项目活动的过程中，从对问题的分析、策略的拟定、方法的实施到效果的检验，这一系列程序都是基于真实的生活，从项目学习中获得的经验和知识都是真实不虚的，可以马上在生活现实中迁移的。这与课堂教学有非常大的不同。课堂教学中教师所提出的问题往往是虚假的，解决问题的情境也是经过提炼、提纯的，是一种简单化的、与生活隔离的真空问题，在这种学习中获得的经验无法在真实生活中复制、迁移。生活中的问题总是作为一堆问题的一部分而存在，解决问题的过程中问题之间是互相牵连、互相影响的，课堂教学中的练习排除了解决问题所需要的其他信息，这种练习限制了学生搜集有用信息的能力，失去了解决问题的大部分意

① 佐藤学著，钟启泉译：《学校的挑战：创建学习共同体》，华东师范大学出版社 2010 年版，第 20 页。

② 佐藤学著，钟启泉译：《学校的挑战：创建学习共同体》，华东师范大学出版社 2010 年版，第 9 页。

义。同时，生活中的问题不具有学科性，无法将其简单地归于任何一个学科，需要从多个不同的视角看问题，对问题的分析需要跨学科的、综合的、创造性的洞察力，这种能力是课堂教学的虚假问题练习所无法形成的。项目学习解决问题的过程与课堂教学中解决问题的过程也存在着巨大的差异。传统的教学中，特别是考试的过程，给出的问题总是期望学生自己、独立完成，而不能接触其他资源。这种解决问题的过程与现实中人们解决问题的过程截然不同。现实中人们解决问题的时候，总是期望能够发现并找到解决这个问题的丰富的资源，在学校里称为作弊的方法，在实际生活中却是非常重要的使用外部资源的能力、与他人合作的能力。相比之下，社团学习中解决问题的过程更切合生活的实际，也只有在社团的项目学习中，学生才有机会学习如何利用外界资源、与他人合作解决实际问题。

传统的教学方式注重的是教，而不是学。实际上很多东西是不可教的，我们在上学之前、上学期间以及工作当中学到的很多东西并不是教师教会的，他人不能代替我们学习。但是不可教并不意味着不可学，学习是人的本能，从出生的时候起，“事实上，所有的学习都是自己开始、自我激励的，并没有成人在那里充当教师而对其进行帮助”①。我们更多地在自主学习或玩耍中独自学会了很多东西，也在与他人的交往中学到很多东西。这些学习发生的情境正是社团学习的情境。因此，我们可以有意识地创设情境，让这种自主学习、玩耍中的学习以及与他人交往中的学习自然地发生。在社团中发生的学习是对课堂教学非常好的弥补。课堂教学所不可教的东西往往可以在社团学习中学到，学习总是在不知不觉中发生在社团生活中。比如休闲教育就很难在课堂教学中进行，但是在社团活动中，在诸多的艺术类、体育类社团中就可以学会休闲。

针对社团活动所具有的项目学习的优点，学校可以对学生社团采用“项目型课程”管理。一个学生社团就是一个项目型课程。社团成立之初，申报过程要按照项目立项进行审查，比如审批条件要看是否有明确要探究、解决

① 阿克夫，格林伯格著，杨彩霞译：《21世纪学习的革命》，中国人民大学出版社2010年版，第152页。

的问题，人员构成是否按照项目组的构成设置。社团注册相当于一个项目型课程立项，项目结束则对社团进行注销。鼓励成员流动，一个问题解决了，一个项目完成了，社团即可解散，然后成员重新申请立项，或者加入其他社团。一批学生毕业了，社团也可随之解散，无需勉强延续。另外，社团是为了学生存在的，尤其是为了学生的学习而存在的，学生社团本身是学习共同体，是非正式群体，作为一种非正式群体的存在有其独特的价值和理由，不必对其进行收编，不要把它办成正式组织。管理的目的是促进其发展，成为与正式组织、正式课程、正式学习互相作用的一个力量，进而推动两者互相补充、动态发展。

社团活动课程化的初衷是好的，是为了使学生社团活动走向正规、有序的发展方向。课程化的初衷决不是为了束缚和限制社团的发展，而是更多地引起学校领导、教师的重视，加强社团建设和管理工作，重视社团的投入和运行，从而为广大社团成员营造一片温馨、和谐、任其自由翱翔的蓝天。但是，在收编的同时，也必然会损失掉一些其他的东西，比如自由、民主等等。同时，强调社团活动的课程化并不是要以社团学习取代其他方式的学习和教学，而是发挥社团学习的优势，使其成为其他学习方式的良好补充，为学生提供更丰富的学习机会。

第七章 学生社团生活的主体及其生活方式

人的因素始终是最关键、最重要的因素。社团活动的开展也不例外。“如果教育行政部门和校长们认为学生社团活动是学生生活中非常重要的不可或缺的一部分，那么，这一态度相应地就会反射到学校的学生社团活动中。如果社团指导教师热心指导社团并有其能力，那么他们的热情就会在学生社团成员的进步上反映出来。如果社团成员想成为有益于社会的好公民，那么他们的成长就会在与他人的交往中体现出来。”①实际上，一个学校社团发展的如何，哪些社团应重点发展，主要与该校领导的重视程度，以及对资金的投入、设施的配备和指导教师的配备等各种因素有很大关系。当然，这些都是外部条件，一个社团开展的好坏，最关键的还是看社团成员自主性发挥的如何，以及社团骨干和社长的领导力等基本因素。在这里，我们将学生社团的主体分为参与性主体和支持性主体两类。参与性主体主要是针对社团活动的参与者即社团成员和社团负责人而言；而支持性主体主要包括对社团活动有着重大影响的但不直接参与社团活动的学校校长、指导教师和家长。

① Nellie Zetta Thompson (1953), ***Your School Clubs: A Complete Guide to 500 Activities for Group Leaders and Members***, New York: E. P. Dutton & Co., Inc., p. 62.

第一节　参与性主体

一个社团意味着一组相互影响的、共同学习的、建立联系的学生，他们在交往的过程中形成归属感和相互的影响。加入社团，意味着与其他人形成了一种自愿的、非正式的结合，从此可以拥有属于班级的正式身份和属于社团的非正式身份的双重编制。一个社团的参与者，往往可以分为两个部分，一个部分是社团的核心层，这个层次是社团的领导层；一个层次是社团的成员层，成员层有社团积极分子和一部分观望者。

一、社团领导层

所有的社团都依靠社团内部的领导。一个健康的社团有一个或者几个领导者，这些领导者可能是组织者、某方面有突出特长的专家、思想领袖等等。但是，又不完全依靠一个人的领导，社团内的领导是分散的、松散的，没有绝对的权力关系，有的只是知识关系。

(一) 社团负责人的产生

一个学生社团的成功与否，社长将起非常关键的作用。“推测一校学生自治的成败，一看他的领袖就知道。所以要提高学生自治的价值，就须使最好的领袖不得不出来服务。”[①]社长是保证一个社团正常运作的基本条件，社长在社团成员或社团申请人的选举下产生，这是自由民主的体现。调查发现，目前学生社团负责人的产生大多采用民主推选，一般经过一段时间的观察和考验，由本社团成员酝酿、社团负责人自荐、校团委老师把关。新一届社长将由学校社团联盟理事会审查，审查包括社长的在校表现、有无违反校

① 华中师范学院教育科学研究所主编：《陶行知全集》(第一卷)，湖南教育出版社 1984 年版，第 140 页。

规校纪等。如审查通过后，社长就可以正式担任该社团的负责人。还有些社团，干脆由上一届社长直接指定某成员接任，增加了工作的随意性。调查发现，实际上很少有学生社团负责人是经过民主投票选举产生的。社团负责人的交接仪式也变得异常简单。一位社长非常幽默地告诉作者："当前任社长把一沓往年的活动计划、总结、成员名单，还有一些开展活动时拍的照片交给我时，我就成了这个社团的领头羊！"台湾一些学校则提出了社团负责人的入门条件，如东吴大学规定："各社团正、副负责人，在当选前学期及任期内之平均学业成绩必须及格，并未受记过以上处分。各社团正、副负责人由校长核发证书，任期为一学期或一学年。"①

当然，每一个社团成员依然都有选举其社团干部的权利。"选举之前，首先必须明确各社团干部的职责及选举程序。为保证让更多的社团成员有机会担任社团干部，社团干部的选举必须每学期举行一次。为确保社团工作的顺利交接以及社团活动的连续性，不少学校和社团更倾向于在学期末进行选举工作。"②具体到实践中，不同学校有不同的做法。

（二）社团负责人的成长与发展

在社团生活中，有足够的发挥学生创造力的空间，没有固定的模式，也没有人会指导你该怎样做，可以不受任何制约。相对而言，参加社团比当班干部及学生会、团委干部更能锻炼人。社长对来自不同班级、年级的社员的管理，其中的任何问题都是由他们自己去解决，这给了他们除班委、学生会之外又一个锻炼自己的机会。在没有老师的情况下，管理社团的任务将更具有挑战性，锻炼了学生的自主性。有调查发现："担任社团干部者，人际关系较佳；同时在学生认为社团干部所应具备的条件中，良好的人际关系是不可缺少的重要条件"。③ 社团负责人大多由高年级同学担任，他们参与社团时间相对较长，对社团生活较为熟悉，有更多的机会处理社团事务、规划社

① 唐德中、胡敏：《台湾学生社团：磨志练才的摇篮》，《中国青年研究》2003年第6期。

② Nellie Zetta Thompson (1953), ***Your School Clubs: A Complete Guide to 500 Activities for Group Leaders and Members***, New York: E. P. Dutton & Co., Inc., p. 47.

③ 徐彩淑：《社团参与态度、社团凝聚力与人际关系之相关研究——以台北县参与社团国中生为例》，硕士学位论文（未发表），台北师范大学，2004年，第18页。

团活动，与校团委负责老师、社团指导教师等接触较多，在行政事务上扮演沟通协调的重要角色，较其他人更了解社团的整体运作与活动目标，对社团人、事、物的了解较多，对社团投入的情感也较多，因此更愿意为社团事务付诸行动。在不断的磨练下，同时具备了较强的沟通与协调能力，人际关系的处理上较为圆融。

某中学的海潮文学社可称得上该校学生社团中的常青树，在过去的十多年里为学校培养了大批的文学爱好者，但是最近几年，随着街舞社、跆拳道社、涂鸦社、动漫社等一些新兴社团的产生，文学社显得非常惨淡，由于参与人数极度减少，社团一度面临着解散。在这种情况下，现任社长接起了这个重担。该社长坦言："我当初只是想把曾一度红火过的文学社重新搞起来，有着共同文学爱好的同学们可以一起聚一聚，想法很简单，心里也很平静。可是后来，当我真的组建了新社员，接过社长的担子，心里忽然多了一份沉重，就像母亲孕育了一个婴儿，呵呵，很美好的感觉。"是啊，正是内心的对社团的责任感和使命感，才会有那种既沉重又美好的感觉。

从一名普通的学生到成为社团中的一员，从社团骨干到社团负责人，他们逐渐变得成熟起来，组织协调、人际交往、自立自主等各方面能力都得到了锻炼和加强。那种可以摆在桌面上的显性的成绩对他们来说，或许不是最重要的。而他们一步步走来的感受和体验，那种无法忘却又难以名状的酸甜苦辣才是他们最宝贵的人生财富。谈起做社长的感受，一位社团负责人向我道出了他的苦衷："事情都是说着容易做着难，社团也是参与容易管理难啊。当我从一个社团的普通成员的角色转变为社团负责人的身份的时候，不可避免而且始料未及的困难和挑战摆在了我的面前。面对这么大规模的一个活动群体，你怎么能把活动组织安排得井井有条，怎么能让他们在其中学有所获，怎么能让他们在社团中感受到的是快乐，而不是无聊甚至煎熬。这一切问题你都不得不考虑和面对。你更肩负了将社团宗旨如何发扬光大、社团活动如何贯彻始终的责任。所以，从活动的策划到执行再到活动总结，从争取赞助到联系场地再到邀请嘉宾，从稳定社团骨干队伍到吸收新鲜血液再到社团决策的民主化，每一点一滴，都需要你认真全面的思考和尝试。"从这个角度看，在选好社团负责人带好社团发展的同时，在日常的社团活动组织、开展过程中，也造就了社团负责人的优秀品质。

其实，我接管这个社团的时间并不长。记得前任社长在交接那天，说其实自己很想搞好这个社团，刚开始的确付出了很多努力，但结果不怎么样。她还告诫："作为社长，你有时会感到很累，而往往还得不到别人的理解和支持，但你还是得坚持下去。"开始我还有些不明白。但不管怎么样，认真工作总是没有错的。我先结合社团成员的意见和建议作了一份计划表，包括一些表演、讨论以及对一些尴尬问题解决的现场演练，还有一些心理测试类的游戏比赛。当时觉得很自豪，因为我觉得社员们一定会很喜欢这些节目。但开展活动时，在需要有人上台表演或参与活动的情况下，台下却悄然一片。这种情况让我抓狂。于是计划一改再改，后来我再也不敢让他们上台展现自我了。唉！所有人都已经习惯那种填鸭式的方式了，坐在教室里就只有听！决不去尝试。可是这是社团啊！我不是老师，只是比他们大一岁的学姐。我想造成这种情况的另一个原因，从表面上来看也许是人太多，或课业负担太重，但寻其根源，就我个人认为，是我们这些学生，自从进入小学的第一天，就被教育着：只有老老实实学习一件事。虽然诸如"减负""素质教育"一直挂在嘴边，但仅仅是在嘴边而已。所以作为社长，我实在觉得很无奈，也会觉得很可惜，自己毕竟没有把它带好。现在我才真正理解前任社长交接时的复杂心情。可见，作为社长的那份苦涩和酸楚，只有自己去亲自体会，才能真正理解。我想，不管自己能干到什么程度，坚持下去总是没错的。

——2006 年 12 月访谈××中学心理社社长高二年级顾××

是啊，那份酸楚，那份苦涩，不亲自体会又怎能想象到其中的滋味儿？可是，那份苦涩和酸楚所换来的内心的坦然和平和，那种处事不惊、遇事不乱的老练与自如，又何尝不是一笔宝贵的财富？访谈中，一位同学坦言："做了一份校刊的主编，我才体会到实际要做点事难得要命。从索稿编辑到排版装订，事无巨细都得小心担着。现实里会碰到的困难你事先连想也想不到，这时候成长的速度也常常是惊人的。"因此，从育人的角度讲，扩大学生干部队伍，采用学生干部轮换制则是为更多的学生增加了锻炼自我和承担责任的机会，不能不说是比较可取的做法。“在一所学校里，如果只是一直有少数几个所谓的精英来担任学生干部，而剥夺了其他同学更多的锻炼机会，这样的组织无论活动开展得有多精彩，终究都是不值得提倡的。”①另一方面，对于一个规模相对庞大的社团，单靠社长一人可能在开展活动时会有些困难。这时不妨将整个社团适当分成若干小组，并由小组成员推荐产生小组长，负责本小组成员的联络、协调和社团管理工作。这样的扁平的管理模式解决了成员多以及由于所在年级、班级相对分散而带来的联系困难的问题，方便并加强了整个团队的管理以及对全局的调控。同时也加强了小组长的责任和义务，充分调动了同学们的积极性。因此，根据不同社团的情况，在内部管理上做好分工、协作，明确职责要求，既调动了更多成员参与的积极性和责任心，又大大提高了活动效果。同时，调查还发现，在社团活动以指导教师的组织、指导为主的中学里，尤其是初中学校里，社团成员包括社长、社团骨干，其对社团发展的责任意识要明显弱于以学生自主发展为主的社团。将社团让位于学生，某种程度上有利于学生责任感的形成。

因此，作为社长，与能力和才气相比，热情和责任心或许才是最重要的。这一点也可以从问卷调查结果中得知，有69.3%的学生认为“热情和责任心”是一个社团负责人应具备的最重要的素质。正如这位竞选者所说：“我认为我合适，我有热情，也有能力……”成员对社长的认可，不是竞选时多么华丽的辞藻，而是平常得不能再平常的默默地为社团的奉献。在一次访谈中，一位社团负责人对我感叹：“学生干部中尤其是社团干部，你没有任何权力对学生指手画脚。对我个人而言，我能做这个社长，全靠全体社员的支持和认可，我没有任何资格对他们吆来喝去，这样也没人会睬你。如何让其他同学理解你、接受你，这才是最关键的。所以辛苦是自然的，但从中我也悟出了很多，学到了很多。这个做社长的经历让我很充实，我感谢同学们给我这样一个宝贵的机会。”对于社团负责人的学生而言，“人当为人中人，不可

① Kimball Wiles (1963), ***The Changing Curriculum of the American High School***, Englewood Cliffs: Prentice-Hall, Inc., p. 211.

仅为人上人"[①]，能意识到并能真正做到这一点也并不是非常容易的事情。学生社团精英汇聚，要从爱好者和发动者转变为社团的组织管理者，也并非易事。因此，学校有必要为其提供相应的管理知识培训和交流平台，定期进行社团骨干培训，组织开展一些有关社团管理、活动组织策划等主题讲座和交流研讨会。这既是眼前社团发展所需，又是保证社团可持续发展的有效措施。

二、社团成员层

参加一个社团意味着获取一个身份。但是，这种成员的身份更多依靠参与，而不是制度上的从属。在社团中没有固有的约束关系，参与和退出具有充分的自由。

(一) 社团成员的产生

学生社团一般采用会员制。所谓会员即是指那些根据社团活动规定，定期参加社团活动，享有本社团所提供的某些权利，并为本社团的发展而尽相应义务的学生。在我国的学生社团中，会员制体现的不十分明显，没有相应的会员仪式，没有徽章，更多的是入会前有一个基本情况登记，仅此而已，接下来按时参加社团活动就可以了，所以平时我们更多的称其为社团成员或社员。早在 20 世纪 60 年代，美国工业艺术协会学生社团对会员制有着相对严格的规定。要想成为会员，首先要填写会员申请表。会员委员会根据会员申请者所提供的信息对其进行审核。在此基础上，委员会主席、社团负责人以及社团指导老师分别签署意见是否同意该申请人加入该社团。申请表样式如下：

① 华中师范学院教育科学研究所主编：《陶行知全集》(第一卷)，湖南教育出版社 1984 年版，第 137 页。

美国工业艺术协会学生社团会员申请表①

姓名________________ 年级________

学校________ 城市________ 州________

简要列出你现在所参与的工业艺术项目或活动：

1. ________ 2. ________

简要列出你已经参与过哪些工业艺术项目或活动：

1. ________ 2. ________

3. ________ 4. ________

简要列出你最感兴趣的几项工业艺术项目或活动：

1. ________ 2. ________

3. ________ 4. ________

我已经认真阅读、充分理解并且会严格遵从本社团的各种规章制度。在日常生活中我将会认真落实社团宗旨。

会员

□ □ ________

是 否 地方社团名称

□ □ ________ ________

是 否 州级社团名称 签名

□ □ ________

是 否 美国工业艺术协会学生社团

会员委员会意见

委员会主席________

社团负责人________

社团指导老师________

1. 能够成为会员________

2. 不能满足会员的要求和条件________

① American Industrial Arts Association (1965), ***Student Clubs Handbook***, Washington, n. d., p. 6.

成为会员后，即会拥有会员卡。会员卡有美国工业艺术协会在收到各地方社团的年费后提供给各社团。会员卡由地方社团的秘书负责签发给各会员，之前需将会员姓名、社团指导老师等基本信息填写完毕。会员卡样式如下：

工业艺术学生社团会员卡①

工业艺术学生社团

社团编号：

（姓 名）

从________年至________年属该社团会员

社团指导老师：________ 学生社团委员主席：（签名）

学校校长：________ 美国工业艺术协会执行秘书：（签名）

当然，需要指出的是，在美国，也并不是每一所中学、每一个社团都严格采用会员制。如1946年的美国西州立高中："有不到一半的社团对参与成员没有明确的要求和限制，如初、高级桥牌社，象棋社，集邮社，戏剧社和垂钓社等。而其他一些社团活动开展对人员素质和人数有一定限制和要求的社团，则需要根据报名情况从申请者中间选拔出部分同学成为社团会员，或根据社团活动开展的需求，主动邀请有着该方面特长的同学加入社团。"②这方面与台湾的学校有很大的不同，台湾的学校大多对社团的人数有一个最低标准："台湾每一个大学对至少应有多少人可以筹组社团的规定不一：台湾大学、政治大学、'清华大学'、成功大学、淡江大学、台湾师范大学等学校规定至少30人，东吴大学则为25人，静宜大学、辅仁大学、海洋大学则规定不低于20人。"③

Ms. Hentinger 是卡拉马祖教会高中的数学教师，担任该校棋牌社社团

---

① American Industrial Arts Association (1965), ***Student Clubs Handbook***, Washington, n. d., p. 5.

② Robert V. Lone (1947), ***A Comparative Study of Member and Non-member of Extra-curricular Clubs of Western State High School***, Unpublished Master's thesis, University of Michigan, p. 32.

③ 唐德中、胡敏：《台湾学生社团：磨志练才的摇篮》，《中国青年研究》2003年第6期。

(Games Club)的指导教师已有四年时间了。每周三下午放学后，3:00—4:30的一个半小时时间固定为社团活动时间。在访谈中，Hentinger认为，该社团成立以来，一直是想给学生创设一个轻松自由的参与机会，对于谁想参加，想什么时间参加或什么时间不想参加，从不做任何限制。在谈到为什么组建该社团时，Hentinger认为，主要是为了让中学生学会参与更多的游戏，学会在游戏活动中懂得如何与他人相处和交流，在娱乐的同时又锻炼了中学生的思维能力。该社团不同于其他对知识技能要求较高的社团，对学生的棋牌水平没有任何最低限制，只要学生有兴趣，都可以自由参与进来。让学生在轻松愉快的氛围中学会多项游戏活动，同时减少让中学生一个人呆在家里躺在沙发上了遥控和浏览电视节目的机会，给他们更多地自由参与学校集体活动的机会，才是Hentinger组建该社团的真正初衷。

——2007年10月24日卡拉马祖教会高中(KCHS)社团观摩日记

实践证明，“社团活动可以对所有人开放、任何时间进出自由的做法的确在一定程度上有利于营造和谐的社团活动环境，但整体而言，社团对成员还是需要有一定的要求和标准”①。当然，成员可以是通过报名筛选出来的，还可以是社团邀请来的。但是不管怎样，相对稳定的社团成员组成有利于加强社团的凝聚力，有利于增强社团成员的集体荣誉感和责任感。在我国，早期的少年学会对会员的要求依然是相当严格的。吸收会员先要经过仔细地了解，认为合格后，经两名会员介绍方可入会。如《少年》第十五期在“最近入会会员”的介绍中有述：“王述达、邹斯复二君经陆鼎蕃、汪德耀二君介绍入会；李工生君经党家斌、夏亢农二君介绍入会。”②而河南省立第二中学的青年学会则是“须会员五人以上的介绍”才能入会，主张吸收会员坚持“宁少勿滥”的原则。

需要指出的是，社团的规模并不是越大越好。社团需要一定的规模保持有规律、有影响力的活动，并在成员人数足够多的情况下保证能够提供多

① Robert V. Lone (1947), ***A Comparative Study of Member and Non-member of Extra-curricular Clubs of Western State High School***, Unpublished Master's thesis, University of Michigan, p. 170.

② 张允侯等：《五四时期的社团》(三)，生活·读书·新知三联书店1979年版，第75页。

元化的观点。但是社团人数超过一定范围，则会影响社团成员之间的直接交流。有学者研究发现："少于 15 人的社团关系非常密切；15—50 人的社团，关系变得更不确定且程度不一；50—150 人的规模时，社团趋向于根据主题或地理区域划分为不同的分组；超过 150 人时，各个分组通常形成很强的局部身份。"①因此，不宜盲目扩张社团规模，以免造成不必要的浪费，甚至于走向分裂。

（二）兴趣：对社团成员的唯一要求

"兴趣是一个社团存在和发展的主要动力（heartbeat）。"②对于任何学生社团而言，"兴趣"必须也应该是对其成员的唯一的要求。调查中，当问到"你为什么选择参加目前这个社团？"，大多数的学生（占 68.5%）认为"自己对该社团的活动很感兴趣"。在我国台湾，同样也强调了兴趣是学生选择参与社团的主要标准。"为加强学生群育教育，培养自治观念，学校行政单位以学生为主体，依据学生志愿、性向，辅以指导教师专长，规划成立社团，由对该社团具有兴趣的学生自由参加，在社团指导教师的协助下于课堂或课余时间进行学习。"③"学科教学中一贯的以学业成绩给学生贴标签的做法，在社团生活中就完全行不通了。中学生个人（或其家庭）的社会经济背景也通常被认为不民主的选拔成员的标准。"④随着时代的发展，学生的兴趣爱好在不停地转换，因此，社团发展存在着此起彼伏的势头是非常正常的。当一个社团已经充分发挥其存在价值而不再有任何吸引力时，我们也没有必要再去试图使它保持下去。另一方面，如果大多数学生都对某一社团活动很感兴趣，这时如果适时地将其纳入到学校课程中，将不失为一个明智的选择。总之，一切以学生的兴趣为先导，这是社团活动开展的一条基本理念和

① 温格等著，边婧译：《实践社团：学习型组织知识管理指南》，机械工业出版社 2003 年版，第 134 页。

② Nellie Zetta Thompson (1953), ***Your School Clubs: A Complete Guide to 500 Activities for Group Leaders and Members***, New York: E. P. Dutton & Co., Inc., p. 20.

③ 徐彩淑：《社团参与态度、社团凝聚力与人际关系之相关研究——以台北县参与社团国中生为例》，硕士学位论文（未发表），台北师范大学，2004 年，第 8 页。

④ Nellie Zetta Thompson (1953), ***Your School Clubs: A Complete Guide to 500 Activities for Group Leaders and Members***, New York: E. P. Dutton & Co., Inc., p. 20.

准则。

社团成员大都来自不同的班级，甚至不同的年级，这本身扩大了我们的交往面，跳开了传统上交往只限于本班同学的界限。在社团生活中，我们学会了与人沟通、交流和合作，学会了关注社会。在深圳中学不一定担任什么职务才可以锻炼自己，只要有兴趣、有信心，就可以策划和积极参与自己喜欢的活动，都可以得到锻炼自己能力的机会。我认为我在社团活动中不仅仅是培养和发展了我的兴趣爱好，当然兴趣爱好是我选择参加该社团的第一原因。之外，参加社团更给了我锻炼各种能力的一个宝贵机会。

——2007 年 5 月访谈深圳中学某社团成员

社团活动的设计和实施都“必须以学生为主，让学生有兴趣加入，而增强社团参与态度；活动设计活泼多元，符合学生期望，增加参与的意愿，使社团凝聚力更紧密”①。因此，要想真正吸引学生，社团活动必须丰富多样，枯燥乏味的社团活动是不可能引起学生的兴趣的，也不可能获得较好的活动效果。“‘丰富多彩’的社团活动也是社团发展的一个重要因素。”②但在实际的社团活动中，却往往受外界条件的限制，如场地设备的不足、指导教师的缺乏等而导致社团活动很难照顾到学生的兴趣。另外，我国的中学生社团更多的是由老师来组织，完全以老师的专长决定是否开设，因而势必会导致“以学生兴趣为基础”落于空谈。

总体来看，社团成员也有着各种各样的类型。一类就是那些比较有个性、喜欢标新立异的学生。他们参加社团活动，寻求的是与众不同的个性追求和满足。另一类我们也不能排除的就是那些爱表现自己和有控制他人欲望或者比较功利的学生。他们渴望在社团生活中混个所谓的一官半职，满足个人掌控的欲望，或为自己的履历表上增加担任学生干部等光荣的一笔。当然这类人在社团成员中只是少数，但我们不能因此而忽略。这类人由于其所谓的“宏伟目标”，在社团中往往还起着非常关键的作用。还有一类就

① 徐彩淑：《社团参与态度、社团凝聚力与人际关系之相关研究——以台北县参与社团国中生为例》，硕士学位论文（未发表），台北师范大学，2004 年，第 11 页。

② Nellie Zetta Thompson (1953), ***Your School Clubs: A Complete Guide to 500 Activities for Group Leaders and Members***, New York: E. P. Dutton & Co., Inc., p. 20.

是那些你问他为什么参加社团,他们除了说“喜欢”或“感兴趣”而再也没别的理由的学生。这类同学往往占社团成员的大多数。他们选择参加社团活动的动机源于他们个人对社团活动的激情。他们没有明确的理由,也从没有想过要从社团生活捞到些什么,就是喜欢丰富多彩的社团活动给他们带来的那种愉悦感和幸福感。这类人才是真正保持社团有着旺盛的生命力的原因所在。他们在社团这块校园文化的沃土上耕耘,不是为了直接的利益或目的,更多的是为了陶冶自身情操,丰富自身的感性经验。在访谈中,一位同学告诉我,她参加学校社团活动时很快乐,她参加了他们学校的漫画社,因为在这个社团里,大家都是有着共同的兴趣爱好,都是漫画迷。她说她看到外面的漫画书、动画片一样接一样,自己的手也痒起来,书上本子上到处都有自己画的美女头。在社团里,他们在一起交流动漫信息,切磋技艺,互换作品,甚至共同印制有漫画的T恤,感觉很开心,也很有成就感。

同样,正是因为兴趣是参加社团的唯一理由和要求,学生社团也因此似乎总是面临着无法摆脱的命运,那就是常常有着非常红火的开头,又有着非常冷酷的结尾。一拥而上,而又一哄而散。当问起一位学生社团成员,他一副满不在乎的表情:“为什么?凭兴趣啦!”也有成员表示:“来得快,去得也快,挺自然的,没什么不好。我们学生社团多数都是流星式的。”是啊,做个流星,也没什么不好。流星虽然只有一闪,但它已经留下了耀眼的一瞬间。

Elliot Harik 现已成为美国波音公司空间探索分部(the Space Exploration Division of Boeing Company)团队的一员。之前的2001年毕业于密歇根州卡拉马祖中心高中(Kalamazoo Central High School),2006年春季毕业于赫赫有名的密歇根大学(University of Michigan),获得了机械工程学士学位。“Harik 高中期间,课余生活非常丰富,曾是校游泳队的主力健将。在他高中生活的头两年里,还被吸纳进了高年级校足球队里,并在其中发挥了很大作用。即使在他高中生活的最后一年里,他也一度活跃于校迪斯科、高尔夫俱乐部和飞碟队(Frisbee team)。”①

社团生活有助于学生自我认同的发展，有助于养成学生的自信、健全的人格品质，有利于培养学生乐观向上的积极品格。平时，有些学生学习成绩平平，在学校里不被人重视，没什么自信可言。但是，进了社团，有了可以充分展示和发挥自身长处的平台。在那里，他可以充分表白自己的思想，发泄被压抑的情绪，释放自我。这样状况下，学习才真正可以发生。这个时候，兴趣实际上缘于自我认同。“对于学生而言，倾情于学习就是探究自我认同本身。反之，学生自我认同的危机与解体，终将归结为厌学现象。”②学生社团看似简单，当个社团成员还真不容易呢。这里，没有人哄着你、供着你。有本事就上，没本事拜拜。大部分社团成员都很努力，比如某中学话剧社，除了正常的社团活动一般还会另外增加很多时间来排练剧本，而且场地也不好，一遇下雨天，地板都是滑滑的，再加上冬天寒风凛冽，但成员们也都没什么怨言。学生之间的相互影响，实际上起了催熟的作用。有位成员感言：“记得在合唱团里面我第一个认识的人应该是焦馨怡。在那个时候，她的健谈、友好及好学给我留下了很深的印象。大概对一个组织里的一个成员有了好印象了以后，就会极为迅速地对这个组织产生良好的感觉吧，所以那时候合唱团给我的感觉就是一个轻松、融洽的环境。”

(三) 寻找社团生活与课业学习的平衡点

面对现实，我们不得不承认，在学业之外从事社团活动，对于课程相对繁重的学生来说，本身即是一种压力与挑战。在调节自己的学习和社会活动过程中，在组织社团活动克服各种困难的过程中，在经历社团工作成功与挫折的过程中，他们的心理承受能力逐渐增强，使自己能够更加从容地面对外界的各种变化与挑战。

以前就像是蚕茧里的小虫，只知道默默耕耘，却不知道自己已人为地将

① “Elliot Harik, Kalamazoo Central and KAMSC Class of 2001, Is a Team Member of the Space Exploration Division of Boeing Company”, ***EXCELSIOR*** (Kalamazoo Public School), Volume 10 Issue 7, Sep. 2007, p. 15.

② 佐藤学著，钟启泉译：《学校的挑战：创建学习共同体》，华东师范大学出版社 2010 年版，第 212 页。

自己隔绝于世外。终日想着考试、学习、睡觉、背书，生活变得极为狭隘。时常顿生忧愁，觉得很难过，却还不知道原来这是四壁的围堵造成的。我觉得自己很小气，没有容忍和风度，我也想让自己心胸开阔一些，得意淡然，失意泰然，宠辱不惊，可也只是想想而已，并没有付诸行动。我不知道原来我需要的是该出去走走，见见世面了。

——摘自2006年北京大学全国中学生模拟联合国大会某参赛选手日记

是啊，终日想着考试、学习……，“考大学”仍不得不成为这些中学生们所主要致力于的奋斗目标。虽然他们已经深恶痛绝，但他们似乎别无选择。这么说，参加社团活动与中国的高考制度就一定是冲突的吗？参加社团活动就一定是不利于高考的吗？非也。随着教育改革的不断深入，强调学生的全面发展、个性发展，张扬学生的主体地位，已成为当今教育改革的主旋律。现今的高考状元也不再是若干年前的“两耳不闻窗外事，一心只读圣贤书”的典型特征了。过去的书呆子形象也已经不可能成为今天的高考状元。没有创造性，没有宽广的兴趣爱好和知识面，没有一定的进取精神和对事物的质疑能力，也已不可能在今天的高考中夺魁。2007年上海市高考理科状元上海中学胡文琦可谓分身有术，在学校里担任学校团委副书记、团委办秘书长兼校广播台台长一职，在班级里还担任过班长和生活委员。时间再紧张，健美操大赛（三等奖）、舞蹈大赛（二等奖），她一样也没落下。2007年8月在上海中学的迎新大会上，胡文琦作为优秀学生代表发表高中生活感言：“高一会接触到形形色色的活动和社团，例如运动会、篮球赛、足球赛、艺术界、科技节等等，也会有团委和学生会的招募。……我觉得根据自己的兴趣，有选择性地参加其中的一些是很不错的机会，可以让校园生活变得丰富多彩，但是要适度，不要盲目，样样参与对一名学生而言是不现实的。同时我们要注意，活动的时候就活动，学习的时候还是应该全神贯注地学习，应该泾渭分明，而不应将两者穿插在一起，否则反而使得两者都效率低下。如果平时学习成绩不错，课业负担不太重，有志于加入团委或学生会并有幸担任一份学生管理的工作，或热衷于学校形形色色的大型活动，那么处理好学习和工作的关系将变得尤为重要。”①在老师眼中，胡文琦最难能可贵的地方就是，身兼数职的她，能在工作与学习中找到一个恰当的平衡点。

同样，美国早在1941年对1934—1940年间西州立高中毕业生的一项调查中发现，高中时期课外活动的参与大大有益于他们后来的大学生活。“其中针对当时已就读于某些大学的大学生，Whitney在关于‘你认为高中时期参加课外活动是否有利于你考大学？’的调查中发现，有70.5%的被调查者认为，高中时期参与课外活动对他们将来选择理想的大学非常有用。”②因此，中学生自己要正确处理好课业学习与参与社团活动的关系，真正明白作为一个合格乃至优秀的中学生，过去的“书呆子”已不是当今优秀中学生的形象。兴趣广泛、人际关系融洽、有较强的社交能力和处理问题能力，健康活泼，才是今天值得学习和推崇的。因此，不但要积极参与社团活动，还要主动承担社团内部的组织与管理活动，增强责任心和使命感，从而更好地锻炼自己。作为社团成员，不论是否为社团干部，只要你积极主动地参与社团活动的组织、策划和开展，为社团发展做一些自身力所能及的事情，你自然会得到同学们的认可和肯定。虽然你会觉得眼前比较忙碌甚至好像还因此损失了什么，但你却会有意想不到的更大的收获。

在这里，我还想提及的是几年前曾活跃在上海市育才中学社团界响当当的人物谈××。2002年毕业于该中学，之后考入中山大学。现在《人民日报》社担任编辑、记者。谈××在校期间，曾担任育才中学“风云文学社”社长兼任总编辑。该社团编辑出版了《风云年鉴》杂志，受到《萌芽》主编赵长天先生的充分肯定，被其誉为是“上海中学生社团中人文精神的旗帜”。在其带领下，2001年该社团被共青团上海市委评为上海市优秀社团。德国著名哲学家尤尔根·哈贝马斯2001年到华东师范大学演讲，谈同学大胆提问，和大师进行长达十几分钟的“哲学对话”。2007年6月我们有幸电话采访了谈××，对于他的高中生活，谈××不吐不快：“社团生活的确牵扯了我不少

---

① http://www.shs.sh.cn/News/modules/newsmanager/shownews.aspx? NewsID=5550.

② Edna F. Whitey (1941), ***A Study of the Graduates of Western State High School, 1934—1940***, Unpublished Master's thesis, University of Michigan, pp. 29—30.

的精力，但在社团里的几年，也是我中学时代最有意义的时光。社团是中学生锻炼能力的主要渠道，更是横向交流的唯一渠道。它对活跃学生思想大有益处。不然，每个人都只傻傻地呆在自己班里闷头看书，不成了井底之蛙了么？”

中学，最繁重的压力无疑就是中考、高考。如何能处理好参加各种活动与课业学习之间的关系，是每一位学生都必须面对和解决的问题。当将这个问题抛于不少学生的面前时，他们的回答却惊人的一致：“学习的时候注意力集中一点，提高学习效率，平时就可以少花点时间咯。高一、高二的时候难得可以放松些，应该参加些自己感兴趣的活动。”为了实现他们心头的那个渴求独立和寻找自我的梦，涌向这个竞技场的一代代学生，依然是络绎不绝。关于社团，他们有太多的话要说，有太多的情要表。社团情怀或许是学生时代最难以表明的东西了，是恨它还是爱它？我们不妨听听学生们的心声。

参加社团的 n 个理由：

- 很好玩，很有趣
- 参加社团，可以认识很多新朋友
- 可以学到东西
- 可以使生活不至于太单调
- 我不想去，但是学校规定人人都得参加
- 要拿学分呀
- 招新场面很热闹，大家都争着报名，我也报了
- 我想学吉他
- 我喜欢跳街舞，当然要参加街舞社啦！
- 因为……因为他（她）也在这个社团里……
- 不是说现在的中学生都要有个特长的吗？我就想学个特长啊
- 很简单，强身健体呗
- 我已经跳了好多年的舞蹈了，在舞蹈社可以教大家，发挥我的优势
- 听说参加环保社不会浪费太多学习时间，所以我选了这个社团

不参加社团的 n 个理由：

● 学不到东西，又耽误学习

● 听说社团也没意思，那我还进去干嘛？

● 本来想去学点东西，但我在里面是最差的一个了，感觉不好，就退出了

● 一年了，几乎没搞什么活动

● 学校规定高一必须参加，高二自愿参加。既然是自愿，那我就选择不参加了

● 暂时还不想把精力都花在这上面，等上了大学再说吧

● 搞不懂这些社团都是搞什么的

论及中国学生的社团生活，我们不能回避也无法回避的就是每一位中学生都必须面对的高考。目前高考制度的逐步改革，包括题型的变化、测试目标的完善，都更加强调了对中学生的有关知识的灵活运用以及实际操作能力的考查。一些大学率先尝试的自主招生制度，也在很大程度上向过去传统的应试教育制度发起了挑战。相信，随着教育制度的逐步完善，中学生在社会生活中所锻炼出来的组织领导、人际协调等实践层面的素养将会更好地体现到中国的高考制度中。中学生参加社团及其他活动的经历也将成为大学录取招生中衡量中学生整体发展水平的重要标准之一。

第二节　支持性主体

学生社团是学校各种组织生活中自然的一部分，不论是否得到组织承认，它们会自然地发展，可以说，社团的发展更多地是依靠学生的自愿参与以及内部核心成员的努力。但是，积极的、系统的培养对于学生社团的发展也是非常重要的。特别是小学阶段，学校的培养尤其显得必要。这里说的培养，是指为社团的发展提供支持性的条件、引导和倡导参与，而不是计划、

指导和组织社团的活动。

一、学校领导

学校领导尤其是校长对社团的支持与重视是社团存在与发展的必备条件和前提。一个学校社团活动开展的整体水平如何，很大程度上与学校行政尤其是校长本身对社团活动的重视与否有着紧密联系。如解放初期的高桥中学，据解放后的首任校长程应镠回忆："所有课程都受到重视，例如课外活动，歌咏队、话剧团和文学会都同样有教师和领导参加。"①在学校领导、老师的重视下，高桥中学课外活动自然取得了较大成绩。

我们不妨先来看看台湾大学校长对本校社团的支持程度如何。2007 年 1 月 5 日台湾大学组织召开了社团指导教师座谈会。座谈会"由校长亲自主持，会中由课外组主任业务报告并且请校长颁发本学期在校外得奖之社团，以鼓励其表现优异"②。而在我们的学校里，一年开过几次社团指导教师座谈会？又有几次是校长出席并亲自主持会议的？通过这次座谈会，我们还了解到，作为一校之长，竟还在学生社团中身兼数职。"我在当校长之前，曾担任 4 个社团的指导老师，现在也还指导了 3 个社团，包括星鉴学院、易学研究社等。"③有这样的校长，你还会担心台湾大学学生社团得不到重视吗？

2007 年 3 月 11 日(周日)，我们有幸参加了深圳中学环保社为迎接一年一度的植树节而组织的赴梧桐山植树活动。该环保社将普及环境知识、促进可持续发展作为办团宗旨，努力在校园内营造保护环境从我做起的氛围。因此，本次环保植树宣传活动虽有环保社发起，但考虑到其他同学的热情程度，以及要体现整个学校的精神风貌，最终决定参与范围面向全校所有学生，这充分体现了社团活动开放性的特点。这次环保植树活动的参与，让我真正目睹并感受了该中学王校长是如何支持他们的学生自主活动的。这样

① 《上海市高桥中学校史资料汇编》，2001 年 5 月，第 126 页。

② 来源：http://homepage.ntu.edu.tw/～activity/new/act1/teacher/teacher.html.

③ 参阅台湾大学 95 学年度社团指导老师座谈会会议记录。来源：http://homepage.ntu.edu.tw/～activity/new/act1/teacher/teacher.html.

的支持不是喊在口头上的，也不是事必躬亲式的越俎代庖。整个活动的全程参与，而且只是作为其中普通的一员，一切听命于学生的指挥，与学生一起排队，一起植树。在小组长眼里，他只是我小组中的一员。作为校长，对待学生活动更多的表现出来的是无声的支持和参与。还有什么比校长的默默关注哪怕一个关怀的眼神更让学生倍感亲切和温暖呢？对于此次活动，深圳青少年报中学周刊的记者潘若濛进行了详细报道："3 月 11 日，在深圳中学环保社团发起号召下，30 余名深中的学生热情饱满地充当了一回绿色小卫士，上午 9 点开始在梧桐山风景区进行环保宣言并用亲手植树的方式表达同学们将环保进行到底的决心。……每个人脸上的笑容和成为绿色卫士的热情让记者颇感到惊讶。更有趣的是，深中的王校长也加入了他们，不是领队，不是指导员，和学生一起排队听候指挥，一起动手植树，王校长笑着说：'活动都是学生自己组织和安排的，我也是被通知来参加的，我是他们的一员。'"

不少学校校长以及学校行政部门并没有给予学生社团足够的重视。证据之一就是，很多学校并没有将教师参与社团活动的指导计入到教师的工作量之中，多是义务指导性质的。教师课时数也只是计算其课堂教学时数。虽然也有一些中学为社团指导老师计入一定的工作量，实际报酬也不能与同时间的课堂教学所得报酬相提并论。而"明智的学校管理人员会减轻课外活动组织者的课堂教学任务"①。承担了课外活动部分组织指导任务，可以相应减少其课堂教学的部分任务。这样做既体现了公平性，又体现了对课外活动的重视。

我觉得学校对于社团工作还是不够支持，对于有些专业性较强的社团，如果学校里没有合适的人选做指导老师，学校应该从校外为社团聘请，而不是在学校里随便抓一个老师来应付，这样的话社团指导老师简直形同虚设，起不到任何指导作用。尤其对于我们中学生社团而言，一旦没有了指导老

① [美]赫维茨等著，蒋晓等译：《美国课外活动的历史和现状》，见瞿葆奎主编，吴慧珠、蒋晓选编：《教育学文集·课外校外活动》，人民教育出版社 1991 年版，第 388 页。

师，社团活动便很不正常了。虽然这样有助于学生的自治，但是，社团活动却是很难上层次的。

——2007年2月访谈××中学书法社社长高二年级顾××

常见的最显性的对学生社团的支持莫过于加大社团活动的物资配备和财政支持，如给予活动经费的支援、提供需要的场地和设施等。同时，主动关心和参与社团开展活动，对社团及其成员给予精神的支持，让社团活动的举办有着强有力的后盾，也是是否支持社团活动的主要衡量标准。作为校长，还要积极支持和鼓励成立多元、有趣的长期性社团，鼓励具有专长的教师或通过某种方式吸引社会相关专业人士及家长的热情参与。这些社团仍可以由学生自发组织成立，以学生自主开展活动为主，以校内外专业人士的指导为辅。学校对于社团的支持无非表现在物资设备、经费的支持和精神方面的支持两个方面。如果说物质的支持相对比较容易做到的话，精神的支持对许多学校校长等领导来讲，却是一件比较困难的事情。实际上，还有什么比校长亲自参与学生的社团活动，对社团成员的一个微笑更让成员们感动和难忘的呢？

一所学校社团活动开展的如何，是否真正受到重视和支持，学校相关指导部门扮演着至关重要的角色。除了校长这一角色之外，我们在这里还想简要提及学生社团活动的指导部门。对于一所学校各个社团间的协调与合作而言，设置和选拔学生社团活动的主管将成为非常关键的一步。“该主管一般要求要有长期的学生活动工作经验，有着较强的组织领导能力，以及在学生活动的理论与实践方面均有着自己专业的研究和探讨。为了充分发挥和确保全校各社团的有效运作，主管全校社团活动的负责人还要非常熟悉整个学校的社团开展的整体状况。包括社团活动的计划、组织以及活动经费等多方面情况。”[①]校社团活动主管必须非常清楚学校社团活动的目标以及如何协调各社团确保社团的平稳运行和开展，还要了解学生的真实需要，

① Nellie Zetta Thompson (1953), ***Your School Clubs*: *A Complete Guide to 500 Activities for Group Leaders and Members***, New York: E. P. Dutton & Co., Inc., p. 32.

并具备处理学生与员工关系的各种技能。对于规模较大的学校，一个专职的学生社团活动协调员或主管的岗位设置就显得非常有必要。在各种技能的背后，管理和指导学生社团活动的一个关键问题却是哲学观和价值观的问题。学生社团活动的设置和出发点并不是基于学生娱乐消遣的考虑。那种将课堂教学与学生社团的关系直接对等于学习和娱乐区别的观点，反而不利于社团活动的开展。一个成功的社团活动一般被认为是学校整体课程中的一部分，是学生生活的一部分。在管理上首先要保证这种生活的整体性，而不是做管理和教学上的分割。正如陶行知所说的那样："在现代中国学校里教、训分家是普遍的现象。教育好像是教人读书，训育好像是训练人做人或是做事；教育好像是培养知识，训育好像是训练品行；教育又好像是指所谓之课内活动，训育则好像是指所谓之课外活动。所以普通学校里，有一位教务主任专管教育，又有一位训育主任专管训育。某行政机关拟以智仁勇为训育方针，那末，教育方针又是什么呢？生活教育的要求是：整个的生活要有整个的教育。每个活动都要有目标，有计划，有方法，有工具，有指导，有考核。智识与品行分不开，思想与行为分不开，课内与课外分不开，做人做事与读书分不开，即教育与训育分不开。生活教育之下只有纵的分任，决无横的割裂。某人指导团体自治，某人指导康健是可以的。这是纵的分任。若是团体自治的智识是功课以内归教务主任管，团体自治的行为是功课以外归训育主任管，这就是生活的横的割裂，决说不过去。"①管理的分工表面上是个无关紧要的问题，实际体现了关于学校生活的教育哲学。

二、指导教师

教师对于社团活动的支持与否，主要在于教师如何看待社团活动与其所任教学科的时间安排上是否有冲突，其社团活动是促进还是阻碍了该学科的课程学习。对于各学科教师而言，很少有人能将学生活动与课堂教学同等对待。可以说，不同职位的人员对社团活动的褒贬不一，但其出发点都

① 陶行知：《晓庄三岁敬告同志书》，见《生活教育文选》，四川教育出版社 1988 年版，第 391 页。

往往是基于自身考虑，而不是学生本身。

(一) 指导教师的选拔与配备

台湾地区的大学院校的学生社团均配备有指导教师，有些社团如“国父思想研究社”、“中国工程师学会学生分会”等社团还配备有两名教授级别的指导教师。台湾地区大学院校学生社团的指导教师的职称或头衔非常丰富，如教授、副教授、讲师、主任、副主任、医师、总教官、教官、先生、老师等等，可谓是全员齐上阵，其对社团活动的支持和重视可见一斑。台湾大学一直倡导每个社团均配备指导老师。他们认为：“社团是学生的社团，是学生自由经营的，但是每个社团都还需要有指导老师，就校方来讲，是希望透过导师来了解这个社团所有活动的现况，防止学生社团活动有偏差，所以是学校拜托老师们协助带领社团。”①由此可见，指导老师所要做的，不仅仅只是挂个名儿而已。

指导教师在学生社团中的角色定位，更多的是一个协调员的角色，而不是教师的角色，因为他的任务只是联系成员，而不是给出答案，更不能干预、干涉社团活动，甚至越位以社团领导自居，他更多的是社团后面的隐形的力量。一个好的指导教师要具有渊博的知识，对社团的主题充满热情，与社团的成员具有广泛的联系。根据温格的研究，社团协调员要执行许多重要的功能：②

识别领域中的重要问题；

计划和推动社团的活动，这是协调员的任务中最明显的方面；

非正式地联系社团成员，跨越组织中单元的边界，做知识资产的经纪人；

培养社团成员的发展；

控制社团与正式组织——如团队和组织中的其他单元——之间的边界；

帮助社团建立实践活动——包括知识库、经验教训、最佳实践、工具和

---

① 参阅台湾大学95学年度社团指导老师座谈会会议记录。来源：http://homepage.ntu.edu.tw/～activity/new/act1/teacher/teacher.html.

② 温格等著，边婧译：《实践社团：学习型组织知识管理指南》，机械工业出版社2003年版，第68页。

方法、学习活动等；

评价社团的健康程度以及对成员和组织的贡献。

教师参与社团指导有助于教学工作的开展，有助于与学生建立良好、亲密的师生关系。“在进行初任教师社团经验对教学工作助益的质性研究发现，多位具有社团经验的教师皆难忘与社团同侪间的情感交流与共患难的感觉，甚至社团伙伴至今仍是教学资源支援的后盾。”①

另有证据表明：“学生参加课外活动或辅助课程活动计划的程度与教师组织者的热情和他们对活动的兴趣密切相关。”②当起组织者作用的教师对活动满腔热忱时，那么学生对参加活动也将满腔热忱。教师如果仅仅是完成工作或对学生表露出他们自己的兴趣在别的地方的话，学生的热情就会荡然无存。因此，课外活动需要教师投入热情和积极参与，这有助于调动学生参与的积极性。从这个角度上讲，对指导教师的选择配备如果由学校自上而下的指派，效果总是不理想的，这会使教师觉得自己是不自愿的，工作积极性将会大大降低。学生的自愿选择和聘请指导教师的做法要明显好于校方指派。指导教师首先可以帮助社团明确和树立社团活动的目标与宗旨，明确、一致的社团目标才能激发和调动社团成员的参与积极性，才能激发社团成员的向心力。而明确社团目标的方法之一是在社团纳新时通过一些迎新活动对社团活动主旨进行宣传，加强社团成员对社团目标的了解，培养对社团的共识感。在这方面，指导教师对社团理想和目标的确立，以及让社团成员明确努力的方向是非常重要的。此外，社团指导教师还“必须了解学生社团活动的功能，了解社团成员的个性和兴趣特点。更重要的，还要具有培养年轻一代领导才能的智慧。社团指导教师需要总揽全局，始终能够为社团成员创造出一个轻松、有趣的学习环境。他们还必须有充足的时间

① 徐彩淑：《社团参与态度、社团凝聚力与人际关系之相关研究——以台北县参与社团国中生为例》，硕士学位论文（未发表），台北师范大学，2004 年，第 26 页。

② ［美］阿姆斯特朗著，戴玉芳等译：《美国中小学的课外活动计划》，见瞿葆奎主编，吴慧珠、蒋晓选编：《教育学文集·课外校外活动》，人民教育出版社 1991 年版，第 416 页。

与社团成员一起计划和组织社团活动。"[①]实际上，具备这些素质对任何一位教师而言都不是很难的事情，指导教师参与学生社团工作的那种敬业精神才是最最重要的。

我们在多次的社团观摩中发现，卡拉马祖教会高中(Kalamazoo Christian High School)棋牌社社团(Games Club)的指导教师 Ms. Hentinger 的敬业精神的确值得赞叹。美国中学与我国不同的是，中学老师的办公室就设在教室里，老师是在自己教室里授课，而同学们则是流动的。该社团活动就是在 Hentinger 自己的教室里组织。无论何时，她都是始终在场，并直接参与到社团活动中来。一次天气非常不好，不少同学担心太晚回家不方便，因此那次参加该社团的学生只有四五个同学。但 Ms. Hentinger 依然一如既往，并耐心指导其中一位技能稍弱的学生。那种与学生交流的平等、友好的氛围，至今令我难以忘怀。在这种情况下，没有严格的规章制度的约束，又有什么不好的呢？还有什么比教师的敬业精神和爱心更有利于学生的健康成长呢？

——2007 年 10 月 31 日卡拉马祖教会高中社团观察日记

在国内学生社团活动的观摩中，我们确实很少看到社团指导老师在场，即使在，也俨然是一副老师的架子，在教室里踱来踱去，若有所思的样子，却很难看到老师与社团成员沟通交流时的那份默契和融洽。另一方面，对于学生社团，指导教师也不要处处牵着，而是要更多地让位于学生，努力做到"到位"而不"越位"、"介入"而不"深入"。"如果由指导教师来决定学生该做什么以及怎么做，那么学生就失去了自主发展和自主决策的机会和权利。他们将会继续处处依赖教师。"[②]如果教师处处寻求为学生自主发展的机会和空间，那么学校就为学生提供了各种自主发展，以及自主处理各种事情的空间。换句话说，如果他们没有自主决策的机会，他们也就不可能通过努力来改变他们周围的环境。更重要的，没有了改变周围环境的动力。"教

① Nellie Zetta Thompson (1953), ***Your School Clubs: A Complete Guide to 500 Activities for Group Leaders and Members***, New York: E. P. Dutton & Co., Inc., p. 33.

② Kimball Wiles (1963), ***The Changing Curriculum of the American High School***, Englewood Cliffs: Prentice-Hall, Inc., p. 205.

师活动的使命正在于将学生置于主体立场。"[①]尤其是社团活动中更需这样。与社团成员一起面对问题，而不是替他们解决问题。身为指导教师，要深信挫折与成长是成正比的。因此，我们不要阻碍社团成员成长的机会，而要积极引导他们养成负责的态度和接受挑战的精神。

（二）教师指导与学生自主的平衡点

今天的学生是渴望独立又依赖性强的一代。多元文化的价值背景，加之更加民主、自由的家庭教养方式，使得现在的学生有着较强的独立意识，他们不喜欢被管束、被要求、被安排。但是优越的条件、过度保护的教养方式，又使得今天的学生在心理上、经济上、生活上对成人有很强的依赖性。当代学生这一矛盾的心理特点成为了处理教师指导和学生自主关系的关键所在。"学生还在求学时代，就有一种练习自治的意思。"[②]学生身心特点决定了完全意义的自治是不可能的，既是练习自治，理所应当，就离不开教师的指导。所以重要的不在于允不允许自治，而在于其具不具备自治的能力。学生的身心特点决定了他们有自治的欲望，但还不完全具备自治的能力，还不足以约束自己自由的欲望，所以有必要由教师做好指导。从另一角度来讲，能够自治的学生社团会开展得很好，学生在其中受益也很大；不能自治的学生，其社团发展则是个问题，这就要求教师有必要做好社团的指导工作。但是，"有的时候，我们为学生做的事体越多，越是害学生。因为为人，随便怎样精细周到，总不如人之自为。"[③]把握好教师指导和学生自主的"度"的问题则是十分重要的，两者任何一方均不可偏废。完全由教师的代劳不可取，而完全没有了教师的适当介入也同样是不可取的。

自发性是学生社团活动的基本特征，但是，如果社团成员的素质和身心特征等因素还不足以促使社团活动的良性发展，这时，教师的介入和适当指

① [苏]休金娜著，高文译：《活动——教育过程的基础》，见瞿葆奎主编，吴慧珠、蒋晓选编：《教育学文集·课外校外活动》，人民教育出版社 1991 年版，第 11 页。

② 华中师范学院教育科学研究所主编：《陶行知全集》（第一卷），湖南教育出版社 1984 年版，第 132 页。

③ 华中师范学院教育科学研究所主编：《陶行知全集》（第一卷），湖南教育出版社 1984 年版，第 135 页。

导就显得尤为必要。台湾地区的中学生社团的开设方式大致有两种，一为每年固定设立的长期性社团，多为艺术类、运动类、服务类、康乐类等四类；另一为每学期随教师开设意愿而变更的短期性社团。从这一点可以看出，台湾地区的中学生社团更多的还是由教师主导，根据教师的意愿和学科特长来开设。1983 年，台湾团体活动纲要针对分组活动指出，活动的指导应遴选适当专长的教师担任，如无适当教师，得聘请家长、校友或社会热心具专长人士担任之。如东吴大学就规定："各社团应洽聘本校教职员 1 至 2 名为辅导老师(协助社团组织之运作，辅导社团财务、经费及改选交接等)，并视实际需要聘请若干学有专长者为指导老师。教师参加每次活动补助 300 元，一学期以十次为限。"①配备有指导教师成为了是否开设学生社团的重要条件之一，学生本身也希望得到教师的帮助。调查中，有 72.4%的高中生认为"应根据不同社团的性质和需要，有选择地配备指导教师"。

谈教师指导与学生自主的关系，未看美国中学生社团活动之前，一直认为对于高中生是可以完全给予他们自主权的，毕竟如果教师的介入和指导不当则会在某种程度上束缚学生的个性和创造性发展。今天下午在卡拉马祖中心高中观摩了他们的辩论社(Debate Team)活动，指导教师 Mr. Bullmer 却是始终在场，并且一直与学生一起参加活动。教师无疑是指导者，但 Mr. Bullmer 的介入似乎并没有影响和阻碍同学们的欢笑和放松，也看不出同学们有什么压抑的感觉。在活动中，Mr. Bullmer 始终与社团成员一起活动，或许这种民主、和谐的氛围本身就是养育学生民主素养的最好土壤。看到这种场面，我开始怀疑自己以前的想法了，教师指导与学生自主是丝毫不冲突的。

——2007 年 11 月 7 日下午于卡拉马祖中心高中

对于目前课程化后的社团活动，如何处理教师指导与学生自主的关系显得尤其重要。这时还需不需要配备指导教师？怎么配备指导教师？是由学生自主选择、聘请还是由校方统一安排、配备？是每个社团分别配备一个

① 唐德中、胡敏：《台湾学生社团：磨志练才的摇篮》，《中国青年研究》2003 年第 6 期。

指导教师，还是根据社团的性质和特点有选择性地配备指导教师？是一个指导教师自始至终地跟踪一个社团，还是根据社团活动的需要和安排，适时聘请某学科教师作为指导教师？解决了“需不需要”的问题之后，随之而来的又是“能不能”的问题。面对各类新兴的时髦的社团，诸如模拟联合国协会、街舞社、涂鸦社等等，各学科教师却束手无策怎么办？当指导教师不能发挥其真正的指导作用甚至只是退位到做做日常的考勤和管理工作时，这时的指导教师是否还有存在的必要？而对于聘请不到令社员满意的指导教师的社团，我们该怎么办？是充分发挥社团成员的自主而保持社团的不断发展壮大，还是干脆解散重组？如此等等，成为了许多学校在社团活动课程化后无法逃避并且也在一直思考和探索的问题。

对于不同的学校，做法也不尽一致，大致有三种。第一种情况是，学校根据学生社团的类型，每个社团均配备一名相关学科的指导教师。具体的做法不同学校也有细微的差别，有些学校先根据各社团成员的意见、建议，联系和配备学生需要的指导教师；而有些学校干脆由教务处负责“自上而下”地直接为各社团指定一名指导教师。第二种情况是，学校根据社团的特点和类型，有选择地配备指导教师。如针对一些专业性要求较高的社团，学校会鼓励并支持为其配备一名指导教师。而对于一些如爱心义工联、羽毛球社、篮球社等类型的社团，学校在尊重学生意愿的前提下，一般不主动也不提倡为其指定和配备指导教师。第三种情况则是，每一个社团是否需要指导教师完全依从学生的需要和愿望，由社团成员依据每次社团活动的内容和安排，适时选择和聘请指导教师，其余的社团活动时间更多地鼓励由社员自主安排。

现在关键问题不是要不要给社团配备指导教师的问题，而是指导教师的作用发挥如何以及是否有利于指导社团发展的问题，即配备的教师是帮助和提升了社团的发展，还是限制和阻碍了社团的发展。面对一些新兴的前卫的社团，教师学科知识结构的优势已经体现不出，比如一些学校里存在的模拟联合国协会，它需要教师不仅具有国际关系方面的知识，辩论和谈判方面的技巧，还要具备较强的外语表达和思维能力，这可能是任何某一个学科的教师都无法胜任的。如果这时配备的指导老师只是做一些日常考勤和管理工作，或只是在一旁看看、听听、站站、转转，完全成为"旁观者"和"局外人"，这反而弱化了教师指导的功能，是教师指导作用的迷失。而且这些工作完全由学生做或许效果会更好，这样的话还不如不配指导教师而充分发挥学生在社团活动中的自主性。另如文学社、话剧社等社团，由学生适时聘请教师或专家进行指导或讲座，学校可以根据情况为其提供资金方面的支持，但决不是从一而终地配备一个教师，更多地是充分发挥作为社团主人的学生自己在社团活动中的主动性和创造性。"自学，尤其是在帮助下的自学，在任何教育体系中，都具有无可替代的价值。"①因此，在这个意义上，社团活动成功与否，重要的不在于社团是否持续地发展、壮大，而是学生在其过程中的体会和感悟。即使社团消亡了，也会引起其中每一个成员更多的思考和体会，其中的真实感受才是最重要的。

关于如何加强对学生社团的指导和管理，也有人提出"学生社团的专业归属化发展"②的思路。专业归属化发展，要求每个学生社团至少有一名指导老师的同时，还要有各自相对应的专业指导部门。这一做法理论上有助于提升社团发展的层次，有助于社团的科学化、正规化发展，但在实际执行中有难度是不容置疑的。其次，投入如此多的人力、物力于社团管理上，也未必就能取得多大的活动成效。毕竟，学生社团是学生自己的活动天地，学生才是社团管理和活动的真正主人。我们所做的，就是还更多的自由给学生。

三、家长

家长作为学生社团生活中的支持性主体之一，其对社团活动的影响力是不可忽视的。调查发现，参加社团活动有助于孩子的健康全面发展，对每一位家长而言也都是不争的事实。但在实际中，他们依然会对子女参加社团活动持保守态度。在他们看来，多参加些课余活动有助于子女的全面发

① 联合国教科文组织国际教育发展委员会编著：《学会生存：教育世界的今天和明天》，教育科学出版社 1996 年版，第 251 页。

② 参见何雅主编：《打开一扇窗 自己往外看——解码社团情结、学生干部、社会兼职》，复旦大学出版社 2004 年版，第 14 页。

展，但这些事情完全可以放到大学里去做。对于高中生，眼前重要的目标就是考上大学。考虑到子女的兴趣爱好，不少家长的做法就是在不影响到学习成绩的同时，可以适当地参加一些社团活动。如果由于参加社团活动导致学习成绩排名有所下降，家长则会立刻跳出来干涉或制止子女参加社团的活动。在台湾地区，家长对于子女参与社团的态度与大陆家长如出一辙，“多数家长赞同在不影响课业的情况下，鼓励学生参加社团。”①尤其是许多家长早年在自己的求学过程中，没有参加社团活动的经历，无法体会到社团活动对一个人成长的重要性。他们正是以他们自身的所谓的丰富阅历和社会经验，才对子女迷恋形形色色的社团不屑一顾的。在他们看来，这一切都是虚的甚至是陷阱，唯有一心读书考上大学才是真正的幸福之桥。但是，怎样算是不影响课业？在社团活动上不能花费过多的时间和精力，如每周一节课的社团活动，或许是家长可以接受的。“虽然社团活动的价值被肯定，但由于国中生面临升学压力，依然对社团活动造成影响，例如社团活动时间被用来加强课业辅导，而年级越高，受影响越大。”②学生社团活动与课业学习的矛盾成为了当今学生社团发展中的瓶颈。如果解决了学生参加社团活动与课业学习之间的矛盾，家长对于子女参加社团的态度也就不成问题了。

早在1941年，Tepper在研究中就已发现：“学术上的成功与积极参与课外活动之间存在着高度的相关。而另一方面，对于参加课外活动缺少兴趣的同学，在学业上也同样没有兴趣。”③同年，Short 和 Drake 在布法罗市(Buffalo, NY)的研究也同样表明：“适度地参加课外活动并不会影响到学生的学业成绩，而且那些在课外活动中表现积极的同学反而更易在学业上取得更好的成绩。”④丰富多彩的社团生活有助于弥补课堂生活的不足，有利于

① 徐彩淑：《社团参与态度、社团凝聚力与人际关系之相关研究——以台北县参与社团国中生为例》，硕士学位论文（未发表），台北师范大学，2004年，第17页。

② 徐彩淑：《社团参与态度、社团凝聚力与人际关系之相关研究——以台北县参与社团国中生为例》，硕士学位论文（未发表），台北师范大学，2004年，第17页。

③ Edith H. Tepper (1941), “Scholarship and Extra-Curricular Participation”, ***School Activities***, 13, pp. 51—52.

④ Ruth M. Short & R. M. Drake (1941), “A Study of Participation in Extra-Curricular Activities”, ***School Activities***, 13, pp. 3—4.

学生的学业进步，早在解放初期上海市高桥中学的一些老校友那里也得到了不同程度的证实。据黄忠义、何咏梅两位校友回忆："在那样的环境中，我们丰富了生活，陶冶了身心，思路开阔了，思想丰富了，头脑也灵活了，我们的学习成绩也有了普遍的提高。"①八〇届校友程伟菁回忆说："我因参加课外兴趣小组活动，而使学习生活变得丰富充实。"

参与学生社团能极大地促进高中学生的进步吗？

	参与程度高/%	参与程度中等/%	参与程度偏下/%	不参加/%
优秀"A"	100.0	64.7	38.6	18.0
良好"B"	——	35.3	26.5	39.2
中等"C"	——	——	33.7	39.9
差"D"	——	——	1.2	2.9

资料来源：[美]梅雷迪斯·D. 高尔等著，许庆豫等译：《教育研究方法导论》，江苏教育出版社 2002 年版，第 69 页。

趋势分析：

● 学生社团参与程度最高的所有高中学生(100%)的成绩均为优秀。

● 学生社团参与程度中等的所有高中学生((64.7＋35.3)%或 100%)学习成绩优秀或良好。

● 学生社团参与程度偏下的大部分高中学生((38.6＋26.5)%或65.1%)成绩优秀或良好。

● 不参加学生社团的高中学生最没有希望取得优秀或良好的学习成绩。

另有研究显示："凡认为学校生活快乐的孩子一般都积极参与课外集体活动。"②在日本中学里，学生"俱乐部活动(包括部活动)的盛衰，是一个学校整个教学情况的晴雨表。访问学校，从在操场和在教室的学生看，如果活动很活跃，这个学校的授课水平就高，升学率也高。反之，如果在操场上看到

① 《上海市高桥中学校史资料汇编》，2001 年 5 月，第 91 页。

② 董小苹：《不同世界的中学生——中日美三国中学生价值观比较研究》，上海社会科学院出版社 1996 年版，第 20 页。

的只是穿着衬衣的教工人员，这个学校学生的学习肯定不会好，升学率也低。"[①]学生社团活动的意义，不单单限于娱乐消遣，对于促进学生的全面发展和健康成长，对于提高学生学业成就都具有较高的正相关。我们在访谈华东师大二附中足球社的一位成员时也得到了证实。该同学表示："参加社团活动与提高学习成绩一点儿也不矛盾。学习不是靠拼时间而取胜的，关键是提高效率。足球社的活动使我身心得到了舒展，缓解了学习时高度紧张的压力，因此在活动后上课时更加能够高度集中精力，头脑也超常的灵活了。而且足球社活动也消除了我临考的紧张和焦躁情绪，使我能以非常轻松、愉快的心情投入到学习中。"更有甚者，"高分的学生要比低分的学生更经常地参加活动"[②]。越是成绩优秀的学生在课外活动中就越活跃，那些相对"好学"的学生也更"好玩"。看来想在社团活动中花些精力的人也正是那些学业上学有余力的人。同样，"那些参加了课外活动的学生自我感的打分都高于那些没有参加这些活动的学生。人们可以猜测，在课堂上学习好的学生会更多地参加学校提供的学术课以外的活动，并且通常对他们在学校的所有经历都感觉良好。"[③]关键问题在于，"尽管学习成绩和参加活动之间存在一致的中等程度的正相关，但是，不能认为参加更多的活动会带来更高的分数。"[④]而这，也正是家长所担心的主要问题所在。

作为家长，应更多地问自己，课业学习本身是否对子女的健康成长就足够了？博耶(Boyer, 1984)在《阐明美国中学的使命：一份报告》(Clarifying the Mission of the American High School: A Report)中强调："在我们这个相互依赖、相互联系、错综复杂的社会中，为了对生活作好准备，学生必须信息灵通。他们还必须具有把各门学科的知识汇总起来、组织他们自己的思

① [日]麦岛文夫等编，刘平译：《中学生与生活》，中国青年出版社1988年版，第111页。

② [美]阿姆斯特朗著，戴玉芳等译：《美国中小学的课外活动计划》，见瞿葆奎主编，吴慧珠、蒋晓选编：《教育学文集·课外校外活动》，人民教育出版社1991年版，第414页。

③ [美]约翰·I.古得莱得著，苏智欣等译：《一个称作学校的地方》，华东师范大学出版社2006年版，第240页。

④ [美]亨塞利等著，沈剑平等译：《课外活动在教育中的作用》，见瞿葆奎主编，吴慧珠、蒋晓选编：《教育学文集·课外校外活动》，人民教育出版社1991年版，第242页。

想、得出结论、最后灵活运用知识的能力。”①在这种情况下，我们要让家长明白：参加社团活动是有利于学生的身心健康、快乐成长的，有利于学生人际关系的发展，有利于学生顺利走上社会和适应社会。一位家长面对新新世界，也曾表示：“在现代社会中，书本不再是唯一的知识来源，学习如何人际互动，拥有应变的能力才是最重要的。”因此，建议家长对子女的参与社团活动给予支持，让他们在社团活动中学习成长与人际适应。事实上，工作、事务的繁忙虽然表面上会占去原本可以用来学习的时间，但结果却不一定会影响到课业学习。表面上无所事事，一心本可以埋头苦读的人，学习却并不怎样理想。原因就在于“人没忙，心却在忙”，所以，心事重重、烦恼缠身对一个学生来说，比活动多更可怕。访谈时一位社团成员倾吐了她的心声：“一个人忙得愉快，并不会影响到学习，可烦恼缠身，却是什么也干不下去，倒真会影响学习了。”

对于那些学业成绩不太令人满意的学生来说，在社团生活中找回的那份自信则是他前进中的最宝贵的财富。许多成功，都源于找到了自身的优点和长处，并努力将其放大，放大成最后超越自己和他人的明显优势。“每个平淡无奇的生命中，都蕴藏着一座丰富金矿，只要肯挖掘，哪怕仅仅是微乎其微的一丝优点的暗示，沿着它也会挖出令自己都惊讶不已的宝藏。”②正是各种形形色色的社团，为学生提供了发现自己优点和长处的平台。这一点，作为家长更应该明白。

如果大家一致认为，中考、高考的压力成了学生社团发展的瓶颈，那么，明确了社团活动与学生学业成绩之间的关系之后，你还认为学生社团的瓶颈问题无法解决吗？在当今教育改革逐步推进的背景下，强调学生的综合素质和能力的取向已成为衡量人才质量的主要依据之一。高考制度的日趋完善让我们逐渐认识到，“书呆子”类型的学生已经不可能在今天以强调综合素质和能力为导向的高考制度中夺魁。或许我们家长本身对于学生社团

---

① [美]亨塞利等著，沈剑平等译：《课外活动在教育中的作用》，见瞿葆奎主编，吴慧珠、蒋晓选编：《教育学文集·课外校外活动》，人民教育出版社 1991 年版，第 242 页。

② 何雅主编：《打开一扇窗 自己往外看——解码社团情结、学生干部、社会兼职》，复旦大学出版社 2004 年版，第 28 页。

活动的观念上的制约才是当今学生社团发展的瓶颈所在。作为家长，不但要支持子女参加社团，还要尊重子女的意愿和兴趣。让子女选择和参加自己感兴趣的社团，不要只是一味地想让子女发展一种特长，强迫子女加入如舞蹈社、话剧社等，不允许其加入爱心社等服务类社团。认为加入这样的社团学不到东西，只是浪费时间等，这是家长比较功利的想法，不利于子女的健康成长。只要子女选择的是健康的、积极向上的社团，家长都应该予以支持，让子女以轻松愉快的心情去参加社团活动，发展人际关系。有关研究表明："学生若不是有意愿地参与社团，并不会增进其人际关系。"①因此，建议家长尊重子女选择社团的意愿，在自己选择的喜爱的社团中快乐生活。一位高中生如是说："我已经十七岁了，不是小孩子了，也懂得什么好什么坏了，只要家长给我稍做指点，我就能自己走了。我希望家长不要把我的行动限制在他们画的框框中。如果一位家长害怕孩子走路时摔跤而要一直牵着他，那孩子永远也学不会走路。"社团生活作为当代学生学校生活中不可或缺的一部分，只要他们合理做好时间的协调管理，课业学习与社团生活是鱼和熊掌可以兼得的。

第三节　社团生活中的主体互动

学生参与社团生活过程的喜怒哀乐是一个相对动态的过程。没有社团生活的交往与互动，就谈不上真正的社团生活。正是在社团日常活动过程中成员之间的交往与互动，社团生活之于学生的教育价值才得以体现。

① 徐彩淑：《社团参与态度、社团凝聚力与人际关系之相关研究——以台北县参与社团国中生为例》，硕士学位论文（未发表），台北师范大学，2004年，第111页。

一、学生参与社团的动机

由于初中生和高中生以及大学生心理发展上的差异，大学、高中和初中之间的管理方式有着很大的不同。就社团活动而言，初中生社团基本是以教师主导，开设哪些社团，怎样组织和安排这些社团活动，更多的还是由教师来解决这些问题。而高中就不同了，由于高中生身心发展的逐渐成熟，不少高中开始把社团活动空间让位于高中生本身，他们会根据自己的兴趣爱好组建新的社团。怎么策划活动，怎么开展活动，想聘请谁来做指导老师，开展活动需要哪些设施，如何向学校来申请场地和设施，如何走向社会来获得赞助，等等，所有这些都是由高中生独立完成。管理模式的改变，让不少初入高中的高一年级学生一下子有了可以大显身手的机会和空间。他们恨不得同时参加好几个社团，或亲手组建自己喜欢的社团，可以说新鲜劲儿十足。但是，到了高二，热情一下子下降许多，再加上学习任务的日渐繁重，他们中不少同学会选择退出社团活动或只选择参与其中自己最感兴趣的一个社团。只有一小部分同学由于社团经验相对丰富，会选择继续留在社团里担任社团负责人或社团骨干。到了高三，用他们的话说，就是“退出江湖”成为了他们唯一的选择。可是美国现就读于 Kendall College of Art 的 Mario Cooper(男)又是怎样对待他的高中最后一年呢？Mario 毕业于卡拉马祖市的 Loy Norrix 高中，获得了两项奖学金。Mario 说：“高中最后一年让我过得最充实、最有意义。在这一年里，最让我引以为豪的就是我有幸代表全州参加全国性的节目演出。”①

1950 年在美国康涅狄格州各中学的一项调查中发现：“90％的中学有校内运动队；75％的中学里有校际运动队；90％的学校有乐队或管乐队；95％的学校里有合唱团；90％的学校有自己的报社、学生会组织和俱乐部。并不是所有的学生都参与到这些活动中来。”②但足以可见，近 60 年前的美国中

① “The Class of 2007 Looks Back and Ahead”, ***EXCELSIOR*** (Kalamazoo Public School), Volume 10 Issue 9, Oct. 2007, p. 12.

② Kimball Wiles (1963), ***The Changing Curriculum of the American High School***, Englewood Cliffs: Prentice-Hall, Inc., p. 203.

学里，各种课余活动已经是非常活跃了。就大陆目前的中学来讲，社团活动已成为学生生活中不可或缺的一部分。但相对而言，年级越低，参与社团活动的积极性相对越高。这一点与台湾地区的情况很相似。

在对某中学话剧社成员的访谈中，当问到他们为什么要选话剧社时，成员们七嘴八舌，其中一位说："从小就喜欢演戏啊，而且别人说我表情那么丰富，不去话剧社真是浪费了。"还有同学坦言："我们班很多人去，想去试试！"在台湾地区关于学生参与社团的调查中发现，台湾中学生参与社团的动机同样是"以个人兴趣与广交朋友为首位"①。而早在1975年，布瑟(Buser)、朗(Long)和特威迪(Tweedy)对几千名美国中学生参加学校活动的状况做了调查。在被调查的学生中，有"55%以上的人把'有趣、个人享乐'作为参加活动的'极其重要'的理由，仅有19%的人把'为就业作准备'作为'极其重要'的理由"②。因此，无论过去还是现在，无论国内还是国外，对于学生而言，兴趣依然是他们选择参加社团活动的最重要原因。

在美国的中学里，往往有许多因素限制学生参加社团活动。其中之一便是个人进出的交通工具。"即使在高中，仍有大量学生乘坐校车往返于学校。虽然有些学生偶尔使用父母的汽车或搭朋友的车，但很多人还是感到难以参加放学以后举行的活动。虽然在正规的上学期间，也提供了一些学生活动。但有交通问题的学生相对于没有交通问题的学生而言，在选择参加活动方面自然会受到更多的限制。"③在中国的中学里，情况虽不一样，但也有比较类似之处。总体看来，目前中学社团开展得比较好的往往是那些寄宿制学校。与普通学校相比，它们在活动时间上有充足的保证。

调查发现，一些学生参加社团是为了丰富自己的课余生活，一些是为了展现自己的特长，还有一些是想体味平凡的学习生活之外更丰富的人生阅

① 徐彩淑：《社团参与态度、社团凝聚力与人际关系之相关研究——以台北县参与社团国中生为例》，硕士学位论文(未发表)，台北师范大学，2004年，第26页。

② [美]阿姆斯特朗著，戴玉芳等译：《美国中小学的课外活动计划》，见瞿葆奎主编，吴慧珠、蒋晓选编：《教育学文集·课外校外活动》，人民教育出版社1991年版，第413页。

③ [美]阿姆斯特朗著，戴玉芳等译：《美国中小学的课外活动计划》，见瞿葆奎主编，吴慧珠、蒋晓选编：《教育学文集·课外校外活动》，人民教育出版社1991年版，第415页。

历。学生参加校园社团,既有心理方面的原因,也有学习方面的实际需要。社团生活既能带来快乐,又能对自己的能力提出挑战。除了学习、快乐、艰辛、痛苦、彷徨,恐怕没有什么比在社团里能获得更多的人生营养。没有真实、深入的体验,就没有成长。人只有通过舔尝自己的伤口和眼泪,才真正知道痛苦的滋味。因此准备生活的唯一途径就是“进行生活,离开了任何直接的社会需要和动机,离开了任何现存的社会情景,要培养对社会有益和有用的习惯,是不折不扣地在岸上通过动作教儿童游泳”①。

学生参与社团活动一定是建立在自觉自愿的基础上,“任何强迫或命令的行为都足以使社团活动所本应具有的教育价值荡然无存,这种情况下也谈不上学生在社团生活中的自主发展。”②学生有参与或不参与社团的自由,也有参与这个社团不参与那个社团的自由。社团活动的参与需要自觉自愿,但这并不是说我们对于学生参与社团没有了任何的调节机制。毕竟每个社团由于性质或实际条件所限,对参与人数有一定的限制,过多或过少的人员参与都或多或少会影响到社团活动的质量或效果。那么如何确定社团成员的参与程度?一般而言,对于那些兴趣广泛、较为热衷社团活动的同学,我们可以建议他们只参与其中一个自己最感兴趣的社团活动;而对于哪些不是太积极的同学,我们则需要给予更多的鼓励。对于那些比较受同学欢迎的社团而言,我们依然可以采取一些措施来调节参与人数,以确保成员在社团活动中达到最佳状态和效果。眼下不少中学在高一年级“一刀切”,要求每位高一年级学生都统一参加社团组织依然是值得我们认真反思的。

美国的中学生,两耳不闻窗外事只顾一心死读书的不多,他们大都是校内某社团的成员,而且非常热衷于这些活动。他们参加这些活动没有任何的规定。在我们观摩的学校里,就发现有少数同学没有参加社团活动,学校也没有什么硬性规定。他们说这一学期不想参加,想做点别的事,之前已经参加过一个社团活动,可能下学期还会选择参加其他的社团活动。也有不

① [美]约翰·杜威著,赵祥麟等译:《学校与社会·明日之学校》,人民教育出版社 1994 年版,第 147 页。

② Kimball Wiles (1963), ***The Changing Curriculum of the American High School***, Englewood Cliffs: Prentice-Hall, Inc., p. 211.

少同学同时参加两个或两个以上。美国的社团活动不少是安排在下午放学后，但从周一到周四基本都能穿插开。所以，有些同学根据时间安排以及自己的兴趣，选择参加两个或两个以上的社团活动，卡拉马祖教会高中的Mike同学就是这样。Mike是高二年级学生，他每周一下午3:00参加学校的知识抢答赛(Quiz Bowl)，每周三下午3:00参加学校的棋牌社(Games Club)。

有一点可以肯定，学生参加社团活动，无一例外地是根据其自身的需要。“与其说是出自他们的公民和社会的责任，还不如说多半是由于他们自身的缘故。”①即便是这样，两者也不是截然对立的关系。在满足自身正当需要的过程中，也增强了他们的社会责任感。也有人认为，社团具有很强的“功利性”，学生总是以某种兴趣得到满足或者是自身的能力得到锻炼为目的。近十几年来中国的经济、社会较过去有了根本的变化，物质商品相对富足，互联网的普及拉近了全球每个人之间的距离。在物欲横流的社会里，人们对物质的追求超过以往任何一个时代，在商业世界鼓吹和向世人灌输的以享乐为主导的生活模式和价值观念的影响之下，当代青少年一代的价值观发生了很大的变化。难怪有人说，当今的一代是消费一代，是自我膨胀的一代。他们考虑的是眼下的生活，重娱乐、重消费，重视个人的眼前利益，期望短期内见成果成了当代学生的典型特征。

或许也正是在这种导向下，他们参加社团总是会带有一定的目的性。要么是兴趣的发挥和满足，要么是组织协调等能力的锻炼和提高，要么是为了满足自身能“指挥别人”的欲望(主要是某些社团干部)，要么是为了在自己的履历表上记上光荣的一笔，还有是为了将来读个好大学(这种情况在国外可能比较常见)。但无论怎样，只要社团有一定的导向作用，沿着其导向去努力，就自然会被扣上“功利”的高帽子。“个体在他们的社会交往中追求社会报酬，这是一条原则。”②功利性本身并不可怕，但我们不能因其功利性而取消社团或让其变得无导向，任其自由发展。尤其是对于中学生而言，虎

① [美]卡西亚著，钟金生译：《课外活动社会化功能的历史回顾》，见瞿葆奎主编，吴慧珠、蒋晓选编：《教育学文集·课外校外活动》，人民教育出版社1991年版，第307页。

② [美]彼德·布劳著，孙非等译：《社会生活中的交换与权力》，华夏出版社1987年版，第20页。

头蛇尾、浅尝辄止，一会儿兴趣高涨，一会儿兴趣全无，都是非常常见的现象。这些都是没有明确的社团活动目标的结果。成立社团、开展社团活动，意味着要有一个明确的社团活动目标和导向，盲目地成立一个社团或开展社团活动终究是不被我们所认同的。而当学生感到背负一种责任时，他才能产生巨大的学习积极性，这也是社团活动本身要有一定目的和导向性的原因。有了目标，就有了导向，就易于导致为着目标而努力的功利心理。尤其是中学生由于高考指挥棒的作用，做任何事目标总是很明确。其标准就是"是否有利于高考"，而参加社团活动也是"是否能学到东西"。社团活动在一定程度上能满足和进一步激发学生的成就需要，表现自我的欲望和动机也使得学生在社团活动中积极展示自己的个性和特长。一定程度上的功利并非是坏事而且是不可避免的，但有了目标和导向就免不了一些人急功近利而直奔目标。国外学生社团之所以能够得到普遍发展，也与他们的导向有很大关系。社会对于人才的评判标准让他们认识到，积极参与和组织各种活动将会更好地得到社会的认可和承认。"青少年参加社团活动，不但能得到锻炼，而且还有可能被免试保送上大学。"①无形中这也成为了美国中学生积极参与社团活动的主要动机之一。在台湾地区，"社团活动在培养台湾大学生多样化兴趣，增加休闲活动选择性；提升领导能力，建立良好的人际关系；训练自治、自律能力，及奠定未来择业就业的优势(社团经历成为用人单位录用加分参考)，并节省用人单位未来训练成本等方面，已收到一定实效。学生社团正成为磨志向、练肚量，修心灵、养气质，学知识、习方法，实现自我的摇篮。"②但你能就此认为他们都太功利而大加批评吗?

作为未成年人的学生，他们本身怎么做并没有对错之分，社团生活中成员间交往的功利性行为是无法避免的，关键是学校如何引导、激励和评价，这才是最重要的。该怎样树立社团活动的导向，以及该怎样引导和发挥社团活动的导向功能，才是我们需要关注和思考的。所以，在这个问题上，学

① 王万民：《国外学生社团发展的特征及启示》，《青少年研究—山东省团校学报》2004 年第 4 期。

② 唐德中、胡敏：《台湾学生社团：磨志练才的摇篮》，《中国青年研究》2003 年第 6 期。

校的衡量和评价问题才是真正可能引发功利性的根源所在。一个只注重学生实际能力，而非一张证书或一份看似不凡的简历的评价系统，则会让“功利”的学生变得更加重视参与社团的实际过程而非结果。调查中还发现，单就社团活动而言，学校重视的更多的往往是社团活动的参赛的结果，而不是社团活动开展的过程本身。“赢得比赛在人们看来是社团活动开展的最好结果了，而忽略了参加社团活动本身的喜怒哀乐。”①这一点也是需要我们认真思考和改进的。

二、社团生活中的同辈群体及其影响

学校是学生个体与群体之间高度互动的基本场所。越来越多的学者开始认识到同辈群体在学生个体发展中的重要影响和作用。“对学生来说，最主要和最重要的群体中的人际交往活动是同学之间的交往。”②儿童自入小学以后，与同伴的接触和交往日渐增多，同伴的影响也不断增大，到青春期达到顶峰。“对中学生而言，最重要的群体莫过于他们自己学校里的同辈群体。”③儿童在同辈群体中可以自由地选择同伴，同辈群体的伙伴不是由成人指定或者强加给他们的，他们是在平等的基础上进行交往。周围同学们的衣着打扮、言谈举止以及他们对周围人事的看法和态度都对他们自己有着重要的影响。身心的发展决定了学生寻求人际关系的倾向从过去的家庭转移至追求同辈群体的归属感。归属的需要导致学生更乐于参与同辈群体的活动而不愿为群体所排斥或孤立。他们非常希望得到同辈的欢迎和接纳，并会采取群体所赞同的行为以积极融入群体。随着他们对某一群体的认同感的发展，就会力求取得某群体成员的资格，无条件地赞同其目标与决议，维护群体的荣誉和利益，与损害群体声誉的行为作抗争，关心同伴，愿意永远留在该群体中。可以说，为了被群体所接受而成为他们中间的一部分，他

① Kimball Wiles (1963), ***The Changing Curriculum of the American High School***, Englewood Cliffs: Prentice-Hall, Inc., p. 204.

② 李晓文:《学生自我发展之心理学研究》,教育科学出版社 2001 年版,第 217 页。

③ Kimball Wiles (1963), ***The Changing Curriculum of the American High School***, Englewood Cliffs: Prentice-Hall, Inc., p. 53.

们甚至愿意为此做出很大牺牲。

同辈群体作为个体社会化的重要因素，往往成为个体了解社会的一个重要窗口，是学生个体与个体或群体之间交流的理想场所。“对交往、对集体活动的需求常常压倒所有吸引儿童和少年上学的因素。”①在校园里增加和提高同辈群体之间的交流与合作是教育活动的一个最基本的形式。身在同辈群体中的学生不仅有共同的心理感受和需求，而且有相近的爱好、兴趣和共同的行为倾向，他们可以没有任何限制地互通消息，他们之间容易相互认同，比较能够达到相互转化与感染对方。通过同伴间的交往，群体成员逐步学会了如何与别人沟通与合作，学会了宽容与谅解别人，学会了同情与帮助别人，学会了接受别人的指导与建议，有助于与他人建立良好的人际关系。社团活动为学生同辈群体之间的交往提供了有利平台，满足了学生的交往需求。

模联真的给了我很多，我的视野开阔了，面对着来自全中国不同省份的精英们，真正感受到自己的渺小，原有的孤芳自赏，原本自以为的优点和能力在此才觉得自己也不过是芸芸众生中的一粒尘埃。与全国精英相濡以沫的几天里，让我更加发现自己是多么的卑微，还有许多方面需要提高和改进，永远都不要满足，不能安于现状，时刻记着还有许多许多比你更优秀的人才。

——摘自 2006 年北京大学全国中学生模联大会某成员日记

在交往中通过对他人的观察、了解来更好地认识自己，正是社团生活之于学生的一笔无形的财富。2006 年度北京大学举办全国中学生模拟联合国大会，全国各地中学生精英汇聚一堂。其中一位选手在比赛过程中这样写道：“先说说巴基斯坦代表吧，她开朗活泼又可爱，整天穿着很漂亮的紫色巴基斯坦服饰，但不算特别引人注目。她没有像别的代表一样忙着结盟，忙着拉拢，没有整天缠着别人问选 a 还是选 b，没有一开口就问国家立场，没有对别人进行刻意的赞美从而博取别人的好感。她在会议上很活跃，却不会让

① [苏]休金娜著，高文译：《活动——教育过程的基础》，见瞿葆奎主编，吴慧珠、蒋晓选编：《教育学文集·课外校外活动》，人民教育出版社 1991 年版，第 10 页。

人觉得她野心勃勃，虚伪做作，她的笑容很真很友善很美丽。她为我们演唱，让整个会议气氛渐入高潮。她时常让人感觉很舒服很亲切。我觉得这是她决胜的人格魅力，很多人太想拿奖，在别人面前表现得几乎人格扭曲，而她，像是无论世界多复杂，无论世事几度变迁，她总保持着最真、最迷人的微笑，这是何等的境界和崇高！”当一位学生这样去看待和评价另一位学生时，可以想象她（他）在自己心目中所起的的榜样和示范作用将会对这位同学今后产生多大影响！

通过同辈群体间的互动交往，学生能够更加真实地认识自我，了解自我。因此，同辈群体间的交流与合作也是学生自我发展水平良好的标志，是学生个体社会化的有效途径。学生社团生活为学生之间的交流与合作创造了有利的活动空间，有利于学生的社会化发展。访谈中，不少同学表示，通过参加一些社团活动，“最大的收获是敢上台讲话了”，“增加了自信，敢上台表演了”。还有同学表示：“经历了一些事，也见了不少各种各样的人，学会了怎样与人相处，做事的受挫能力也提高了。”给我印象最深的要算是这位同学的回答了：“收获嘛，发现了很多高手啊！”的确，社团生活中，充斥了各种各样特长的学生，在这里，才华横溢的可以得到充分的展示和发挥；不太出众的，则会感受到一种氛围，当然更多的还是由同辈群体所带来的那种压力以及在此基础上前进的动力。

三、社团生活中的交往与互动

交往是个体社会化和个性化的必要途径。“个体在日常活动过程中，在具体定位的互动情境下，与那些身体和自己共同在场的他人进行着日常接触。”①交往作为人的一种基本生活方式，更是社团生活的主要互动形式。因此，谈论社团生活，必然涉及到社团中成员间的交往。“支配这人与人之间交往的基本社会过程，其根源在于原始的心理过程。”②正是因为社团成员间的交往可以为彼此带来心理上的某种满足，或者说都或多或少地从交往中

① [英]吉登斯著；李康等译：《社会的构成：结构化理论大纲》，生活·读书·新知三联书店1998年版，第138页。

② [美]彼德·布劳著，孙非等译：《社会生活中的交换与权力》，华夏出版社1987年版，第22页。

得到了某些东西，他们才乐意相互交往下去。因此，社团生活中既存在着一种“利己主义”的倾向，也存在着一种“利他主义”的倾向。在这种情况下，各成员都渴望通过互利，即在我为其他成员付出的同时，我更渴望得到他们的相应的回报，或者说希望从交往中为自己得到某种“好处”。这里的“付出”与“回报”更多的是指精神上的交往需求，而非实物类的物质利益。“他们在其社会互动的过程中互相提供的报酬（除非是他们的期望破灭了）将维持他们的相互吸引和继续交往。”①正是这种利他主义的倾向导致了社团生活中成员交往与互动过程中的良性循环。如果说文学社在于教会学生学会文学写作，舞蹈社在于教会学生学会跳舞，体育社团在于锻炼身体，那么社团就无存在之必要。以体育社团为例，单是为了锻炼身体，个体自由进行运动就能达到。但参加体育社团就不同了，它是以体育运动这种共同的兴趣爱好为基础，重在培养学生在社团活动中的交往和社会能力。“在辅助课程和课外活动的环境里，他们可能还发展和实践艺术的、音乐的和动作技能的才能，领导的技能，以及未来谋生的技能。人际交往和社交策略（这方面的熟练程度不被认为是学术性课程的基本要素）尤其可以通过参与课外活动而获得。”②

课外活动或社团活动在人际交往等社会技能的提高方面发挥着不可低估的作用和价值。早在 1941 年美国学者 Willett 在伊利诺伊州 La Grange 市的 Lyons Township 中学就学生课外活动情况进行了一项问卷调查。其中关于参与课外活动对学生的教育价值的问题，结果显示：“依其重要性先后，中学生的反映依次为：(1)结交新朋友；(2)有效利用休闲时间；(3)学会如何面对成败得失；(4)在多种事务活动中学会如何保持平衡和分清主次；(5)拓展兴趣，丰富学校生活；(6)与教师关系更加密切；(7)放弃辍学的想法。”③而且 1944 年在由美国中北部联盟大中学校课程发展委员会（the Committee on Curriculum Trends of the North Central Association of Col-

---

① [美]彼德·布劳著，孙非等译：《社会生活中的交换与权力》，华夏出版社 1987 年版，第 23 页。

② [美]亨塞利等著，沈剑平等译：《课外活动在教育中的作用》，见瞿葆奎主编，吴慧珠、蒋晓选编：《教育学文集·课外校外活动》，人民教育出版社 1991 年版，第 229 页。

③ G. W. Willett (1941), “An Evaluation of the Extra-curricular Program in a Suburban High School,” ***North Central Association Quarterly***, 16, pp. 204—207.

lege and Secondary Schools)组织实施的一项研究中同样发现了类似的结论。① 结交新朋友,促进社会交往依然被学生认为是参加课外活动的最重要的好处。由此可见,社团活动之于学生的教育意义首先在于促进学生的社会交往。

学生在交往上已经具有强烈的主动性和倾向性,交往也带有明显的对象选择性。他们需要了解自己和了解他人,需要显示或展示自己的能力,所有这一切都需要拓展他们的交往空间和范围,并建立维持特定的人际关系。而"课外活动比其他各种形式的教学科目的教学活动更能促进所属感的形成和发展"②。他们的交往已不再仅仅局限于班级、年级和宿舍等的界限。社团活动为学生交往开辟了新的空间。学生所具有的交往的动机才使得他们积极参与到社团中与其他成员一起互相交流和沟通。学生社团由于是不同班级、不同年级有着共同兴趣爱好的同学聚集在一起,有利于社团成员之间互相取长补短,共同提高。学生社团克服了正式群体的高度正规化,成员的交往和互动是随意的、自由的。社团里平等、活泼、自由的气氛使其成员可以无拘无束地表达自己的观点,与他人打交道,与他人建立友谊,学到很多课堂上学不到的交流技巧和经验。在这块小环境里,他们可以各抒己见,"言谈举止"不受限制,可以自由发挥。社团中的高年级成员相对起到了带头和表率的作用,通过新老成员间的相互比较和评价,能真切地了解和认识自身的优点和不足,洞察自己在别人眼中的地位和价值。

在调查中,一位模联成员坦言:"9 月中旬,通过自愿报名,我光荣地加入到了学校模拟联合国的队伍中。起初,只是本着多些参与各类活动、培养自己的社会活动能力的想法,但当时的我却没想到在日后的活动中竟会接触到如此多优秀的同学,丰富了如此多的知识,积累了一些经验,包括如何更好地与他人交流,如何接纳他人的不同观点从而达到求同存异。"可以说,交往存在和发生于任何一种类型的社团活动中,没有交往,就无所谓社团,没有交往,更谈不

① 参见 J. Lloyd Trump (1944), ***High School Extra-curriculum Activities***, Chicago: The University of Chicago Press, pp. 111—123.

② [日]片冈德雄著,贺晓星译:《班级社会学》,北京教育出版社 1993 年版,第 82 页。

上社团活动。交往更多地发生在重在沟通、交流和对话、联谊类的社团中。尤其是对于一些联谊性社团而言，其主要目标就在于增进彼此间的交往。但是，目前的情况是，这类社团往往也只是做成了联谊性的，或者仅仅停留在一些信息情报的传递层面。如何更好地发挥这类社团的作用，深入挖掘和分享每一位社团成员内心深处的经验和感悟将是非常重要的。

无论是诗社、街舞社，还是动漫社，诗、街舞、动漫都不过是个载体，互相的交流、沟通才是最主要的。通过这个载体和平台，大家聚在一起，心门是敞开的，互相体验彼此的快乐与忧伤。通过活动，彼此之间的交流、沟通和坦诚相见才是最重要的。某中学话剧社在排练《天使传说》一幕戏时，社长对此赞赏有加："这幕戏排得很不错，很多演员都是第一次上台，但是发挥超常，比如说王楠（杨景岳饰）那几段就很不错。高一年级的几部戏也都不错，毕竟是首次演出，大家都尽力就是最大的成功，过程本身才是我们所关注的。"

随着后现代地理学的发展，空间的社会性价值得到凸显。"空间社会性的提出使我们意识到在社会的进程中，不断改变的不仅仅是自然，更是相对于自然这个最大的物质空间之上的社会空间。……'在场'不仅仅意味着存在于空间中的一点，更意味着参与到空间所蕴含的社会互动的网络之中。"① 可以说，不同的空间赋予了不同的意义，同样的空间在不同的时间也产生不同的意义，比如教室在课堂、在课间和在课外活动时间便产生了各不相同的意义，学生在其中便也有了不同的表现。而学生社团活动的空间性，其物理性特征决定了学生活动方式不同于课堂活动方式，强调了人与人的平等和参与。但真正的社团活动不在于学生表面的"在场"，更在于学生真正参与到该社团活动空间所蕴含的社会互动网络之中。社团活动中沟通、协调、冲突等互动，可以促进互相了解，在团体中相互学习与影响，共同发挥团体力量。在勒温看来，团体的本质就在于其所属成员的相互依存。在一个社团中，无论他们面临的是某个需要解决的问题，还是希望共同培养的某种兴趣，或是他们乐于参加的某项活动，社团成员总是会聚在一起共同收集信息

① 石艳：《区隔与脱域——学校空间管理的社会学分析》，《教育科学》2006年第4期。

和资料，群策群力，共同解决问题或共享乐趣。

“模拟联合国”协会是由参与者对联合国机构内某一或某些国际议题的会议等活动进行模拟。参与者扮演联合国机构内某国政府或组织机构的代表，和其他代表一起就有关的国际议题陈述立场，展开辩论并为达成决议而进行谈判。参与者通过阐述观点、政策辩论、投票表决、做出决议等亲身经历，熟悉联合国的运作方式，了解世界发生的大事对他们未来的影响，了解自身在未来可以发挥的作用。目前北京大学已成功举办了几届全国中学生模拟联合国大会。关于参赛前的准备，调查中了解到，参赛中学更看重的是为参加模联大会的准备过程，这其中要经过小论文写作、英语听力和口语测试、中文即兴演讲等过五关斩六将的层层筛选。其实筛选的过程本身即是对一大批学生的锻炼和考验。在关于英语听力一关的测试中，用一位同学的话说：“语速前无古人得快＋吞音后无来者得严重＋单词宇宙超级无敌得难！”参与其中的酸甜苦辣也只有这些选手们最清楚了。组织这项活动的一位老师道出了学校的初衷：“这次模拟联合国的选拔，我们是想让更多的同学参与进来，给同学们一个扩展知识和能力的机会，让同学们在这个过程中得到锻炼和提高，最后去参加会议的毕竟只有5个人，所以这个过程很重要。能让更多的同学参与这次活动，认识和切身感受到这次活动的意义，得到一些实实在在的收获和体验，才是我们的真实想法。”参加完北京大学全国中学生模拟联合国大会，一位社团成员回来写下了自己的内心感受：

在北大，第一个感受就是天外有天。忘不了，忘不了代表们的出类拔萃；忘不了，忘不了在和北大国际关系学院及MUN组委会秘书长陈光学长的交锋中自己背后一阵阵的冷汗；忘不了，忘不了在地球村里中国代表的气度与风范；忘不了，忘不了法国代表在演讲台上的高贵与典雅；忘不了，忘不了各国代表们在委员会里所表现出的高于常人的素质……在无比敬佩的同时，最忘不了的是那一份自信。这次参赛给了课堂上永远也无法学到的收获，更让我深深体会到了，阳光总在风雨后，没有人生的低谷，就不会有人生的成就辉煌，没有体验过生活的失意，就不会感受到成功时的喜笑颜开。

——摘自某模联成员日记

在大陆的中学里，一些音乐性如管乐、合唱等社团，多由学校专业教师组织、指导，管理程序严密，活动计划性强。在台湾也同样，“惟对于长期性社团，大多为固定的音乐性社团（合唱、管乐）、特殊专长的运动性社团（田径、棒球）、童军团等，开设内容变化不大，参与人数及资格其实有其限制。”① 正是由于这类社团活动比较注重的是参赛和获奖，而对于社团内成员的互动和交往则相对忽略。“为保证教育过程中活动的效能和功效，只分析活动的具体结果是不够的。”②对于社团活动，当我们更强调其活动的结果时，比如参加某项比赛，对比赛成绩的过分重视，却导致了社团活动过程本身的意义大打折扣。因此在平时的社团活动开展中应相对淡化社团的参赛导向，更加注重社团活动的过程。作为指导教师，要多组织有利于社团成员互动的活动，重视社团成员的参与，扩大参与面和交往面；组织联谊活动，增进社团成员的感情，加强了解和沟通，增进社团成员的认同和默契。“如果社团能营造一个家的气氛，让学生拥有社团情感、愿意参加，便能维持社团向心力，并在参与中扩展人际关系。”③

四、社团生活中的人际关系与情意发展

1946 年 Robert V. Lone 对西州立高中（Western State High School, Kalamazoo）学生社团的研究发现：“社团成员无论在个体适应性还是社会适应性上都相对具有较高的发展水平。他们能够自如地处理学校里各种人际关系，比较积极地参与校内外各种社会活动。而社团非成员则在个体适应性和社会适应性方面表现得相对弱于社团成员。他们缺乏一种社会安全感，在各类社交活动中他们更倾向与采取逃避的态度。对于周围的人和事，

① 徐彩淑：《社团参与态度、社团凝聚力与人际关系之相关研究——以台北县参与社团国中生为例》，硕士学位论文（未发表），台北师范大学，2004 年，第 108 页。

② ［苏］休金娜著，高文译：《活动——教育过程的基础》，见瞿葆奎主编，吴慧珠、蒋晓选编：《教育学文集·课外校外活动》，人民教育出版社 1991 年版，第 9 页。

③ 徐彩淑：《社团参与态度、社团凝聚力与人际关系之相关研究——以台北县参与社团国中生为例》，硕士学位论文（未发表），台北师范大学，2004 年，第 110—111 页。

他们总是有许多这样或那样的不满，唯独不包括他自己。”①

社团活动多在实际生活情境中以群体活动进行。社团活动所创设的新鲜、平等的氛围，不但有利于社团成员之间的互助合作，而且也有利于拓展人际关系。积极参加社团活动，不仅可以增加同学间的交往，认识不少朋友，更可从参与和举办活动中学习接受与容忍不同意见，提高处事能力，增进人际关系。台湾地区在对社团成员的一项研究中也发现：“参与社团最重要的获益乃为结交许多同好。”②调查中，一位社团负责人兴奋地告诉我：“我现在的好朋友，包括最好的朋友，都是我在社团里认识的，大家一直相处得比较愉快。”因此，在不少学生眼里，学校应该是一个有许多同龄人可以自由交往的地方，学校是一个交朋友的俱乐部。在平时我们问起身边的小朋友为什么喜欢幼儿园或学校时，他们给出的回答也往往是“那里有许多小朋友可以一起玩”。不难看出，学校作为同龄人聚集的地方，成为了许许多多中小学生喜欢学校生活的主要原因。某中学模联协会在参加了2006年北京大学全国中学生模拟联合国大会之后感言：“我们大家在一起三天，就成为了一个大家庭，这本身就是一个奇迹。最北，有哈尔滨，最南，有深圳。我们从四面八方相聚到一起，都有一个永远的最宝贵的收获，那就是友谊。所以，尽管模联只有三天，但却会成为我一生中最美丽的回忆。”因此，在开展日常社团活动和社团展示活动的同时，不妨适当举办一些社团联谊活动，增加社团成员、社团间成员的联系和沟通，增进人际关系。

处于青春期的学生，渴望了解书本以外的各种知识，渴望提高自己各方面的能力，更渴望能交上几个知心朋友。因此，大多数学生都非常乐意参加学生社团组织。而且，同一个社团的成员由于在感情上比较亲近，在行为上也会比较一致，这更能增强他们对所在社团的感情。但是，社团也是个小社会，他们之间的人际关系也不是绝对的单纯。没有一段时间的深入了解，则很难把握他们其中的隐秘的东西。如美国有一项研究发现：“许多学生感到

---

① Robert V. Lone (1947), ***A Comparative Study of Member and Non-member of Extra-curricular Clubs of Western State High School***, Unpublished Master's thesis, University of Michigan, p. 169.

② 徐彩淑：《社团参与态度、社团凝聚力与人际关系之相关研究——以台北县参与社团国中生为例》，硕士学位论文（未发表），台北师范大学，2004年，第26页。

学校俱乐部和种种组织往往由团体‘内’的小集团所控制。尽管参加活动的大门向一切学生敞开，但许多学生还是感到俱乐部等组织真正欢迎的只是一心想受到那些紧密结合在一起的领导小组成员所‘赞赏’的那些人。”①这一点很值得反思。社团这样的群体内，其真正运行却是靠其内部的一些“小团体”、“小集团”等对社团发展起着关键的作用。当然，这里所指的“小团体”、“小集团”也并非贬义。因此，能揭示出这些，才是把握和了解社团运行的关键所在。调查发现，不少社团是以社长为核心形成的几个社团骨干来开展工作。社团活动中真正具有发言权的只是那么少数几个人，没有绝对的民主和平等。大多数同学扮演的是“随大流儿”的角色，在许多问题上他们没有发表个人见解和观点的想法和意愿。他们或许也知道，他们所要做的就是依从那么少数几个核心人物的吩咐就足够了。这类社团运作占大多数。还有一类社团是随着新任社长工作的不断开展，成员们日渐对社长不像最初那样满意，社长本人由于个人威信的逐渐下降而不再能得到大多数成员的认可。这时往往会在社团成员中间形成少数几个人组成的新的核心，他们逐渐在社团活动中得到大家的支持和赞同。这时的问题在于，社长与这个新的小集团如何进行磨合。一方面，社长在不断地反思自己，逐渐调整自己的工作思路，充分“利用”和“拉拢”新形成的核心，这样社团中的人际关系将逐渐会在以社长为核心的小团体的主导下发展；另一方面，随着该小集团在社团心目中威信不断上升和社长地位的不断下降，在接下来的社长换届中，原社长将自动被“淘汰出局”，社团将在该小集团中的某位核心人物的带领下继续前进。

学生社团营造了一个完整的生活空间，也给予了学生释放激情、演绎青春的舞台和天地。在社团生活中，他们感受着付出的艰辛，也体味着收获的喜悦。正如一位模联成员感言：“前些日子看到一则广告，当中的一段话让我难忘：人生就好像乘坐一趟列车，真正的意义不在于旅途的目的地，而在于沿途的风景和欣赏风景时的心情。的确，就拿这次的模联而言，这过程中

① [美]阿姆斯特朗著，戴玉芳等译：《美国中小学的课外活动计划》，见瞿葆奎主编，吴慧珠、蒋晓选编：《教育学文集·课外校外活动》，人民教育出版社1991年版，第415页。

的享受和投入才是最重要的。生活，也应该是这样。”一群生动鲜活的人物，你不参与，又怎能体味到他们的泪水是何等的苦涩？又如何能理解他们疯癫的笑的由来？许多刻骨铭心的故事，你不体会，又怎能感悟他们生活中的酸甜苦辣？社团生活带给了学生无尽的欢笑，也留下了永恒的回忆。一位话剧社成员向我讲述了他们演话剧时的最难以忘怀的一段花絮：“演话剧很有意思，尤其是我们在排曹禺的《雷雨》时，其中的花絮挺多的，那是一场拥抱戏，演员都觉得挺尴尬的，排练时会因此折腾很久，也闹出了不少笑话。还有就是台词，像四凤（蔡佳涵饰）的台词比较长，有时候都背疯了，弄得对戏的时候背不出来就出现了很多爆笑的场面。很多演员都学会了将台词融入生活了。怎么说呢，如果不参与进来，旁观者是很难体验到我们排练过程中的各种感觉的。但是，功夫不负有心人，最后反而四凤的台词背得很熟，排练时其他人背不出台词她就很郁闷。有一次四凤和鲁妈排演四凤晕倒的一幕，四凤倒在椅子上，鲁妈在旁抱着，四凤醒来，十分凄楚地望着鲁妈。这时，鲁妈同学竟然忘了台词！憋了半天，只得无奈地说：‘凤儿，不要怪妈心狠……妈的台词背……背不出啊！’（原台词：凤儿，不要怪妈心狠，妈的苦说不出啊！）”

行为科学家 Gavelin 指出，只要维持良好的人际关系，不论何种行业或组织，成功率达 85%以上。因此社团活动必须“提高团员间接触、沟通、交流的机会，让学生从学习过程中获得情绪管理、人际关系等技巧”①。当然，这也是社团活动本身所具有的优势所在。学生社团为学生创造了相互接触、相互了解、相互沟通、交流思想、建立友谊、发展友情的阵地，提供了相知、相识、相融的社会环境。某中学合唱团团长跟我们吐露了心声：“每次指导老师让我带排练时，心里都有一百个不情愿，想着现在高三的刘冰莹、邢子薇学姐她们要是在该多好啊！我真是害怕站在那五十多双眼睛前。当退缩占了上风时，与之斗争便成了心理上的痛苦挣扎，怎样才能把那分秒熬完，成了解决一切问题的最终目的。就这样，日子一天天过去了。但没想到事情

① 徐彩淑：《社团参与态度、社团凝聚力与人际关系之相关研究——以台北县参与社团国中生为例》，硕士学位论文（未发表），台北师范大学，2004 年，第 11 页。

慢慢好了起来。逐渐地，我从边发抖边领着练习，到现在能够头脑清晰地指挥。这对我来说诚然是一种突破。我大言不惭地说，我觉得这学期真是进步挺大的。特别是那次有人参观时，老师让我指挥，我一点儿也不紧张，而且，头脑也很正常，若在过去，是绝对不可能的。我现在才觉得这种能力真的是太重要了，终生受用。”社团活动不同于课堂教学，而目前课堂教学改革的方向也旨在加强生生互动和交流，因此，社团活动更是要多为社团成员提供接触、沟通和交流的机会，提供他们展现自己的舞台。“集体活动要能够激起学生的兴趣，内容上必须能够给学生以启迪与提高，形式上尽可能有助于营造热烈的气氛，并且活动要有时间的保证，即要有一个持续的过程，这样条件下的集体活动有利于引发学生的情绪体验，进而转变为学生自我的经验。”①社团活动的开展，有利于激发人的思考能力，增强理解力。尤其是当个人兴趣与群体兴趣相一致时，强烈的个性更易表现和得到张扬。这种非正式的集体活动为成员提供了在他们成长过程中所需的一种宽松的情感氛围。经过精心策划和组织的社团活动更有助于培养青年一代的深层次的人文情怀。尤其身心发展处于巨大变化的中学阶段，丰富多彩的社团活动有助于增强其社会和公民责任感。

① 李晓文:《学生自我发展之心理学研究》，教育科学出版社 2001 年版，第 216 页。

第八章
学生社团生活的再生产

同那些正式组织一样，学生社团也面临一个生产与再生产的问题，而且，与其他任何的社团组织相比，学生社团的生产与再生产问题都更为突出。出于那些众所周知的原因，学生的流动以及学生社团的实践性共同体性质，决定了学生社团必须具有非常强大的生产和再生产能力。学生社团的生产与再生产不仅仅涉及到招纳新人这样成员再生产的问题，也涉及活动的开展这样的知识再生产的问题，甚至还涉及活动资源的再生产问题。

第一节　学生社团成员的再生产

起初，社团可能只是一个萌芽，是一个松散的网络。当成员们建立起联系之后，他们互相合作、密切联系，就形成一个社团。社团形成以后，成员的数量就会逐渐增长，发展成为一个有活力的知识结构。这一切，取决于社团成员的再生产。尤其是学校中学生的流动性很强，社团老人、熟手不断离开，新人、新手不断加入，使社团成员的再生产成为维系社团生命的一个关键因素。

一、社团的组建

跟人的成长一样，社团也有一个从诞生到发展以至于成熟的过程。社团的诞生从已有的网络开始，当在学生中间形成一个重要的话题并吸引一些感兴趣的人的时候，就自然地产生了一个网络。为了组建社团，领导者和组织者需要发现究竟哪些人在谈论某个话题，和谁谈论，以及讨论的具体问题是什么。然后就可以把这些具有共同兴趣的人组织起来。

社团组建的初期，可能需要组织精心地培养和设计。早在1922年3月，北京大学面对为数众多的社团，如何组织管理这些社团，如何对学生社团进行规范，为此学校评议会第七次会议公布了《国立北京大学学生事业委员会暂行组织大纲》。大纲规定："凡大学学生兴办事业，须于未成立前，将其宗旨、办法及职员姓名，函经本委员会审议，转呈校长查核备案。其已经兴办之事业，本委员会得依其职权调查或整理之。"①这里的学生事业委员会，其实际的职能就相当于学生社团等学生组织的管理机构。

美国的大学都有专门的组织负责学生社团的成立与管理。以哈佛大学为例，哈佛大学文理学院（以下简称哈佛学院）生活委员会（The Committee on College Life）总体负责学生社团的成立审批与管理。在这个有着崇尚结社传统的高校，许多学生立志于发起成立社团。面对每一个有可能成为某一社团负责人的学生，学生入学时院长办公室就为他们提供了一本大学生活指南的手册。手册中注明了申报成立社团的基本程序。学生也可在哈佛学院官方网站上咨询下载相关的内容（网址：www. college. harvard. edu/student）。哈佛大学还专门制定了《大学生社团管理规则》（Regulations For Undergraduate Organizations）以供他们发起组织社团参考。此外，哈佛大学还在校园网上建立了学生社团申报成立的电子注册系统。② 从学生入学第一天起就有专门的委员会对学生成立社团进行指导和管理，避免了学生在社团组织问题上走弯路，提高了工作效率。也避免了因学生经验不足，或

① 沈千帆主编：《社团人：来自北大的青春故事》，中国画报出版社2004年版，第14页。

② 廖良辉：《中美高校学生社团管理比较——以美国哈佛大学为研究实例》，《青年研究》2005年第4期。

者社团成立条件宽松、管理指导缺失出现的种种问题。

为确保社团活动的有效开展，美国不少学校规定，各社团在成立之初必须向社团管理办公室递交社团章程。章程必须包括以下内容："1. 成立社团的宗旨与目的；2. 经选举产生的社团工作办公室；3. 成员不少于 12 人；4. 社团活动的出勤要求及规定；5. 活动经费：会费没有限制，但不能过高；6. 至少有一名指导教师指导社团活动。"①当然，对于社团成员人数的限制，不同社团的活动性质决定了社团规模的大小。有一些社团活动的开展需要较多的成员参与效果会比较好，而还有一些社团则是较小规模活动效率会大大提高。另外，场地可利用的基础设施的配备情况也是社团规模和成员人数考虑的主要因素之一。一般情况下，一个成功的社团组织，对其成员的要求是 7—15 人为宜。美国地方工业艺术学生社团规定，社团成立时还必须具备以下材料："1. 一面美国国旗；2. 学生手册若干；3. 社团横幅；4. 带有每一位社团干部标志的匾额；5. 财务账本；6. 社团剪贴簿；7. 秘书本；8. 社团章程（装框）；9. 社团宗旨（装框）；10. 社团格言（装框）；11. 奖励证书；学生会员卡。"②下面是美国地方工业艺术社团的具体产生条件和程序，或许可以给我们一些借鉴和启发。

---

① Nellie Zetta Thompson (1953), ***Your School Clubs*: *A Complete Guide to 500 Activities for Group Leaders and Members***, New York: E. P. Dutton & Co., Inc., p. 46.

② American Industrial Arts Association (1965), ***Student Clubs Handbook***, Washington, n. d., p. 4.

地方工业艺术学生社团的产生条件和程序①

1. 一定数量的有兴趣的学生；
2. 必须有一名在该社团活动有着一定见地的指导老师，并且乐意担任该社团指导老师；
3. 社团活动项目与计划必须通过学校行政渠道的批准和认可；
4. 有关该社团的组织制度、日常管理手册等的复印本报送至美国工业艺术协会的执行秘书处(the Executive Secretary of the American Industrial Arts Association)备案；
5. 社团学生委员会的成立必须遵从社团规章制度、手册的有关规定，并提出他们的有关建议、意见和改进策略；
6. 在委员会就社团成立的有关问题进行了详细陈述之后，如果大家认为该社团有着明显需成立的必要，将会召开一个特别会议。在这个会议上，根据社团的有关规章制度进行社团干部的选举；
7. 在该社团成立之际，其他社团的指导老师有义务协助该社团小组，帮其社团顺利成立；
8. 必须有一个的良好的、行之有效的社团活动计划，并尽快加以落实。如果没有良好的计划跟上，该社团的兴趣将会大大下降乃至消亡；
9. 如果在州一级存在有工业艺术学生社团，那么地方学生社团必须首先与州级社团一致，其次才是跟国家级的工业艺术学生社团保持一致。

哈佛大学《大学生社团管理规则》中明确规定了正式批准成立学生社团的条件："发起成立社团的学生要向院长办公室提出申请，出具社团的章程，提交会员名单，聘请指导教师；社团章程中会员入会不得因种族、信仰、肤色、性别、性倾向和身体残疾等受到歧视；必须提供详细的会员名单，会员应当是已注册的表现良好的学生，每个社团至少要有 10 个学生会员；必须要有

① American Industrial Arts Association (1965), ***Student Clubs Handbook***, Washington, n.d., pp. 1—2.

两位指导老师(faculty advisers)的推荐函，两位指导老师必须是哈佛文理学院的行政官员，并且其中至少有一人是拥有投票权的全体教师会成员。指导教师要有充分承担社团财务责任的能力。指导教师的身份只有通过生活委员会认可后才能正式确定。”①

哈佛大学学生社团管理成功的另外一个秘诀就是严格，不仅仅是申报条件的严格，还包括审查的严格。“较之我国高校通行的做法，哈佛大学审批成立学生社团另一个不同的环节是，学生社团在正式获准成立前，一般都接受了生活委员会较长时间的考察。哈佛允许两类学生社团存在，一类是已经获得正式批准成立的，另一类就是没有具备正式获批资格的。但没有获得正式批准资格的社团数量比获得正式批准的还多，哈佛认可的只是众多学生社团中条件较为成熟的一些而已。这些暂时还没有获得正式认可的社团绝大多数正在等待获得校方认可，当然其中也有一些不具备学校认可的基本条件，甚至永远不可能被学校正式批准，但哈佛这一强调自由精神的美国著名大学同样允许他们存在。有没有获得学校正式认可最大的不同就是学校给不给社团一定的经费支持。”②严格的入门制度，保证了社团的生命力，避免了今日成立，明日即解散的悲剧。

台湾地区的学校对学生社团的组建也有非常明确的管理办法，以东吴大学为例：③

1. 通常除由学生事务处辅导的公共(或自治)类社团(指学生会、毕业生联谊会及宿舍励进会等)外，凡在校生均可依个人兴趣参加，或向校课外活动组申请组织各种性质(指艺术类、学术类、体育类、服务类及联谊类)的学生社团。

2. 申请手续：首先有25人以上联名发起，其次将社团名称、组织章程及发起人名册，书面报送校课外活动组审核，然后在召开成立大会前二日，通

① 廖良辉：《中美高校学生社团管理比较——以美国哈佛大学为研究实例》，《青年研究》2005年第4期。

② 廖良辉：《中美高校学生社团管理比较——以美国哈佛大学为研究实例》，《青年研究》2005年第4期。

③ 唐德中、胡敏：《台湾学生社团：磨志练才的摇篮》，《中国青年研究》2003年第6期。

知校课外活动组派员列席，并于10天内上交社团综合登记本。

3. 章程内容：应包括社团名称、宗旨、社址、组织与职责、经费及财务管理办法、财务监察制度、社团负责人与干部之产生及其任免程序、社员大会等。

深圳中学社团联盟是由学生社团自发组成的，社团联盟理事会全面负责各社团的成立、运作。深中社团具有较高的自由度，只要学生有某一方面的兴趣、爱好，通过申请，就可以成立组建社团。社团的成立条件和程序包括：有20名以上同学集体参与；内部分工后，上交一份成立社团的初步报告，报告内容包括社团名称、负责人、成立意义、活动形式及大型活动计划，场地需求及活动资金来源；经理事会审核通过后，该社团即可宣布成立并开展活动。

社团组建的过程中，对社团进行设计是一项非常重要的工作。这些设计主要包括关于社团的一些想法和想象的雏形，如社团的范围、社团的主题、社团的人员结构、社团的发展目标、社团知识分享的过程、社团的章程、社团的管理规则以及工作计划、启动方式等等。

二、社团的纳新与宣传

无论是国内还是国外，一般在新学年开学初，各种社团会通过各种各样的宣传方式进行纳新活动。在美国，开学的第一周，在校园内你会发现许多学生自己设的摊，介绍学生社团以此吸纳新会员。其中有与体育运动有关的俱乐部如划船、摔跤等；也有合唱队、学生报社、交响乐队、学生剧团等与文娱有关的社团；还有一些有着“相同命运”、“反歧视”、“无法分离”等稀奇古怪名称的学生组织。美国西州立高中（Western State High School, Kalamazoo）1946年10月2日关于社团纳新还对全体学生做出了如下公告：“下列各社团将于10月4日（周五）召开本社团内部的第一次会议或开展本学年的第一次活动。每一位学生可以任意选择自己感兴趣的社团活动参加。考虑时间为一周，自10月11日起每位同学一旦选择某个社团，之后将继续参加该社团活动，不得再有任何变动。”①而在第二学期开学初，还会有

① Robert V. Lone (1947), ***A Comparative Study of Member and Non-member of Extra-curricular Clubs of Western State High School***, Unpublished Master's thesis, University of Michigan, p. 32.

类似的社团纳新活动以及重新选择新的社团参加活动。

社团纳新离不开对社团的宣传。在美国的教育模式中，学校报纸等媒体见证了学生社团的发展和成长。在大多数情况下，有四分之三的版面都是有关学生活动的。这里留下了学生在社团生活中的喜怒哀乐，这里记录了学生斗志昂扬的青春旋律。其次，学校教学楼走廊两侧的展示区域也可以由各社团充分利用起来。一年一度的社团节也是社团活动宣传的有效手段。此外，"比较有吸引力的社团名称毫无疑问地成为社团宣传简单快捷之路。比如'Buskin and Brush'总比叫一个极其平凡的'戏剧社'更能吸引人的注意。而对优秀社团活动的奖励也有助于更多的学生对该社团产生浓厚的兴趣。媒体上关于某位社团成员的'现身说法'也往往增加了该社团的无穷魅力。如果经过精心组织和策划，关于学校社团的广播和电视节目也将会为社团宣传做出不可估量的贡献。"①下面是美国密歇根州卡拉马祖教会高中2007—2008学年度关于学生课外活动的简单介绍和宣传，每一位学生、教师、家长以及社会人员都可以免费获取。

课外活动

都有哪些课外活动？我又能做些什么？我感兴趣的是……

关于课外活动，我们总会碰到这样那样的一些问题。或许你不爱运动，那么你能做的是……而你又不喜欢音乐艺术类活动，这时你该怎么安排自己的学校生活？作为中学生，你希望挑战自我；你想在他人面前变得谈吐自如；你想积累一些组织管理经验；你想自己在别人眼里是了不起的。时光飞逝，我们知道，学校的各种功课已经让你有些马不停蹄，你还必须花些时间来为自己赚点零花钱，所以还有一些校外工作必须要做。但是，繁忙、枯燥的学校生活中你还需要更多的乐趣，还需要多方面来充实自己，而这时的你又不知该如何下手。好的，没问题，卡拉马祖教会高中将会为你提供更多的丰富多彩的课外活动……

① Nellie Zetta Thompson (1953), ***Your School Clubs: A Complete Guide to 500 Activities for Group Leaders and Members***, New York: E. P. Dutton & Co., Inc., p. 61.

艺术社团	航模小组
运动员训练场	图书指导
乐队	知识抢答
篮球队	毕业班团队
保龄球社	服务社
啦啦队指挥	滑雪社
圣诞舞社	足球社
教堂联谊会	垒球队
华盛顿之旅	尚智社
社区志愿者协会	运动队:管理与分析
咨询办公室助手	越野队
春舞社	艺术剧社
班级与学生会	校友活动社
橄榄球队	爱心社
前台助手	青年志愿者协会
辩论社	网球社
棋牌社	田赛队
高尔夫球社	女子排球队

开阔你的视野

结交新的朋友

快来加入吧!

卡拉马祖教会高中(KCHS)

2007 年 9 月

当新成员加入一个发展很成熟的社团时,要设计某些程序让新成员尽快熟悉社团的内部关系以及运作方式。一般来说,可以在专门的纳新会议上向新成员介绍社团的故事,让他们获得新的信息、分享社团的历史。同时,要由一位社团的核心成员做新人的介绍人,建立一种类似徒弟与师傅的关系，但是又不是师徒关系，帮帮新人获得关于社团的宗旨、历史、活动范围、活动安排和组织准则等。

第二节 社团活动知识的再生产

一、社团活动计划的制定

社团的生机体现为丰富多彩的社团活动，社团活动的组织水平也往往标志着社团的发展水平和管理水平。好的制度和计划才可能为社团的发展带来前进的动力并保证发展的方向与效果。一般情况下，社团活动计划要由社团成员和其指导老师一起共同制定。在制定社团活动计划时，有以下几个因素需要考虑："上一年的社团活动开展情况的经验教训，附近兄弟学校同类社团的先进经验，相关文献关于同类社团的先进做法的报道，学校其他社团的经验与做法，以及学校、社区、社团等的现实状况等。"①因此，对于课堂教学之外的学生社团活动，同样有必要事先做好整学期或学年的活动规划和日程安排。在这种情况下，师生才能够对接下来一个学期或学年的社团活动一目了然、心中有数。这样的整体规划的好处至少是可以明确某一个社团活动的设计和开展与整个学校活动的安排是否冲突或协调一致。当然，"最有意义的活动计划就是能够如实付诸于实践"②。再美、再漂亮的活动计划如果不能得到有效落实，也不过只是一纸空文，没有任何意义。

在每学期社团活动正式开始前，社长必须先向社团联盟理事会提交一份本学期的社团活动计划，理事会如果认为这些活动是比较有利于学生发展，并且又具有开展的可能时，允许社团按照计划开展活动。社团活动具有

① Nellie Zetta Thompson (1953), ***Your School Clubs: A Complete Guide to 500 Activities for Group Leaders and Members***, New York: E. P. Dutton & Co., Inc., p. 54.

② Nellie Zetta Thompson (1953), ***Your School Clubs: A Complete Guide to 500 Activities for Group Leaders and Members***, New York: E. P. Dutton & Co., Inc., p. 54.

较大的灵活性，社团可以随时根据情况调整活动方案。

——深圳中学社联理事长访谈记录

学校对社团活动要进行整体性的管理，不能放任自流。如哈佛大学就有一套完整的学生社团活动申报制度。"学生社团举办的活动必须在哈佛大学活动注册体系（Event Registration System-use to register your events）注册，每个学生社团在社团活动注册系统中都分配了专用的户名与密码，以便学生社团即时申请。社团只有通过活动注册体系的申请，才能得到学校的经费与其他支持。社团活动要使用室内外空间也要通过不同的申请系统予以申请。学生社团要提前数周使用户外空间申请系统（Application to use Outdoor Spaces）和校内建筑申请系统（Application for Use of University Buildings）申报活动场地。"①

下面的××中学摄影社工作计划或许可以让我们大致了解到目前我国学生社团的日常管理状况。

××中学摄影社工作计划

新的一学期开始了，为了使摄影社在这学期中更好地发展，特制订此粗略的工作计划。

1. 继续贯彻摄影社章程，把纪律放在第一位。
2. 继续每周的固定活动，更深入地学习摄影技术，争取开始暗房操作的学习。
3. 举行一次摄影大赛，让更多的同学接触摄影。
4. 继续协助其他各部门，帮助拍摄和记录各项活动。
5. 利用高二年级学农的机会，让社员们以此为题拍摄作品，活动结束后进行集体展示。
6. 展开新的宣传，招收高一的爱好者加入我们，并在其中寻找、培养下一届的接班人。

---

① 廖良辉：《中美高校学生社团管理比较——以美国哈佛大学为研究实例》，《青年研究》2005年第4期。

一方面，完善的社团制度能够确保社团活动的有序开展，但另一方面，我们也应该明白，“过分拘泥于议会程序或过分强调社团活动运行的规章制度时，将会导致社团组织变得毫无生气，甚至一张空壳而已”①。因此，过分的制度化运行的社团实际上却限制了社团的发展，而相对松散、有序的制度才更有助于在社团生活中形成融洽的人际关系。“在一个非模式化的社团组织群体中，更易培养出良好、和谐的人际关系。”②因此，在我们看来，根据学生社团的实际情况，要想让他们埋头专注于社团的文本制度或条条框框，或许并无益于学生的身心发展，但在允许可以没有条条框框的管理制度的情况下，而不能没有社团活动的计划，包括学年计划、学期计划，以及每一次的活动计划。当然这些计划关键是要落到实处，而不是只是为了完成“上级”的任务随便“比葫芦画瓢”而已。此外，社团还可以制定翔实的考勤制度文本，但如果每一次都能明确考勤要求，并认真落实活动计划，或许这要比一套套的“墙上挂挂”的制度条文更值得提倡。因此这种情况下，社团负责人是否负责和能干则是一个社团发展的最重要的因素。

社团活动的管理还应该包括经费的管理。无论是学生社团自筹经费、会员缴纳的会费、社会赞助还是学校拨付的活动经费，都应该有严格的财务管理、审批、审核制度。这方面，哈佛大学为我们提供了极好的范例。“哈佛大学《大学生社团管理规则》规定，社团的任何收入不能为社团组织中个人所得，特殊情况下，社团要支付会员必要的劳务费用或其他形式的报酬均应当由院长办公室认可。社团要对自己的财务负责，要保管好社团财务记录，哈佛学院院长办公室为社团负责财务的学生干部提供培训和财务工作指导。学生社团每年必须要向学院院长办公室提供一份详细的财务报告，并接受一次财务稽核。每个社团的指导教师要参加由学生工作办公室(Student Activities Office)主办的一年一度的社团财务管理培训班。学生

① Nellie Zetta Thompson (1953), ***Your School Clubs: A Complete Guide to 500 Activities for Group Leaders and Members***, New York: E. P. Dutton & Co., Inc., p. 47.

② Nellie Zetta Thompson (1953), ***Your School Clubs: A Complete Guide to 500 Activities for Group Leaders and Members***, New York: E. P. Dutton & Co., Inc., p. 47.

社团向校友和校外单位寻求赞助必须要事先经得院长办公室同意。”①

完善的社团活动计划的确有利于社团活动的有效开展，但在社团开展活动的过程中，当发现活动计划不能有效实施时，这时在执行过程中对计划的适当修改和完善则显得尤为必要。“社团活动内容不能一成不变的。毕竟开展社团活动的价值之一就在于它给予中学生创造性的机会。我们应该多鼓励学生创新，制定新的计划，尝试开展新的活动。课堂学习活动已经有了一套非常成熟的近乎模式化的东西，但社团活动绝不能这样组织。”②对于任何社团活动的创新，我们都要积极鼓励和支持，不能一棍子打死。

二、社团活动时间与场地安排

有了翔实的社团活动计划和安排，各社团的活动时间和场地就会有一个比较好的协调，以免互相冲突，影响活动质量和效果。因此，社团活动日程安排尤其是时间、场地等因素必须及时公布出来。我们必须为社团活动安排好固定的活动时间，并确保感兴趣的学生能够自由参与其中，“绝不允许某位学生因学生成绩等原因而拒绝其参加社团活动的现象发生”③。关于社团活动时间的安排，不同的学校、不同性质的社团，安排也有所不同。但总体而言，诸如每一天放学后尤其是每周五放学后、中午、晚上、周六上午以及节假日等等都可以作为社团活动时间。但是一般情况下，绝大多数社团活动更多地还是选择在某一天放学后这个时间段里开展。如目前美国中学的社团活动一般安排在每个学习日的下午放学后开始，大多是 3 时左右开始，每个社团活动一般历时 1—1.5 小时。其他不参加社团活动的同学，放学后则直接乘由该学区免费提供的校车或自己开车回家(一般年满 16 周岁有资格参加驾驶培训，获得驾照)。当然，在美国，由于交通问题，不少学生需要由校车接送回家，因此放学后的社团活动一般也就只限于自驾车的同学。这时，中午时间开展社团活动就会变得比较实际、有效。而有些学区，为鼓励积极开展学生社团活动，一般

① 廖良辉:《中美高校学生社团管理比较——以美国哈佛大学为研究实例》,《青年研究》2005 年第 4 期。

② Kimball Wiles (1963), ***The Changing Curriculum of the American High School***, Englewood Cliffs: Prentice-Hall, Inc., p. 215.

③ Kimball Wiles (1963), ***The Changing Curriculum of the American High School***, Englewood Cliffs: Prentice-Hall, Inc., p. 84.

还会在社团活动结束后再派出校车来接收这些成员回家。这样就比较有助于社团活动的开展和运行，提高社团的参与度。但是，在20世纪四五十年代，不少研究发现，当时的很多社团活动时间则是上午。如“西州立高中每周五上午8时开始为社团活动时间，持续50分钟。社团一般有两种类型：学科类的(Subject-Matter)和社会交往类的(Social)”①。

在社团活动计划和日程管理工作中，社团活动地点的选择也是必须要考虑到的重要因素之一。不同的社团活动特点是社团活动场地选择的主要因素。一个要欣赏交响乐的社团很可能要选择音乐室，而对化学感兴趣的社团活动必定要在化学实验室里进行，其他的如缝纫室、画室等均由感兴趣的社团成员各取所需。因此，一个翔实的社团活动计划还要涵盖活动所需器材设施。在一些情况下，礼堂、餐厅、图书馆和体育馆等都可以作为社团活动的主要场地。但是，在很多情况下，教室仍然会成为不少社团开展活动的主要场所。而且，教室里的桌椅可以根据学生的需要来移动。还有一些学生，将学校平时闲置起来的一些房间打扫一新，还做了适当的装饰，用来开展社团活动，也是一个比较不错的办法。

为了促进中学生社团的良性发展，为社团创设宽松、有序的发展空间，提高社团管理工作的针对性、灵活性，根据中学生社团现状，制定出一套切实可行的成立审批、活动审批、签到注册、财务管理、评优表彰等日常管理办法。我们结合《新深中》、《深中教育》和《深中文化艺术节刊》、《深中体育节刊》等学校刊物，及时刊发学生社团活动的开展情况。同时对现有的社团管理制度进行不断修订、更新和完善，如社团管理的网络平台建设、骨干培训制度、签到制度、评优制度、社团负责人的任命、指导教师的聘请以及社团对外联络等等。进一步加大对社团开展户外活动的监督管理力度，从宣传、场地、安全、内容等方面严格把关，防范各种安全隐患；注意加强与社团负责人之间的沟通和交流，建立社团特别联络员制度，成立社团负责人俱乐部，在增进了解的基础上促进和加强了社团的日常管理。

——深圳中学团委书记访谈录

① Robert V. Lone (1947), ***A Comparative Study of Member and Non-member of Extra-curricular Clubs of Western State High School***, Unpublished Master's thesis, University of Michigan, p. 31.

此外,为了更好地促进社团活动的开展,有必要对已开展的社团活动进行总结。根据不同情况,一般在每学期末,所有社团均需提交一份社团总结。总结里要反映出社团活动的开展情况,重点在于对活动过程的成败进行反思,有助于将来在开展社团活动时更好地取长补短,不断改进。上海市高桥中学在 1956 年第二学期学校工作计划中也指出:"各项课外活动,除开展活动外,还必须研究存在的问题,在学期中或学期将终时作一次总结,积累一些经验,解决一些困难问题。"①

第三节 社团活动资源的再生产

轰轰烈烈地登场,悄无声息地消失,似乎是大多数学生社团难逃的命运。学生社团的物质资源不足并不是制约社团发展的关键因素,毕竟一个简朴的学校照样可以活跃着生机勃勃的学生社团。即便如此,资金困难虽称不上社团解体的唯一原因,但也算得上是重要原因。作为学校,首先要在活动场地、活动设施等方面给予学生社团以优惠和支持,还要为学生社团活动提供必要的活动经费,以保证学生社团活动的正常开展,为学生社团开展活动提供有力的物质保障。学生社团活动空间、场地、设施、资金等首先需要了解学生的需求,不同社团有不同的需要。如社团活动空间,室内还是室外,校内还是校外,应该与学生讨论,充分采纳学生的意见、建议,尽可能达到他们所希望使用的活动空间。

经费对于任何组织的运行与开展活动都是必不可少的。同样,经费也是社团开展活动的有力支持。学生社团的活动经费一般是由成员缴纳会费、学校有关部门拨款、社会赞助等多种途径。台湾东吴大学对学生社团活动经费的规定为:"以自筹为主,学校和'教育部'依其社团性质及活动重点,

① 《上海市高桥中学校史资料汇编》,2001 年 5 月,第 155 页。

一般酌予补助 2 000—5 000 元专项经费不等。”[1]在大陆仍以学校拨款为主，会员会费和社会赞助为辅。如深圳中学义工联在其社团章程中就明确指出：“本社团活动经费来源包括学校社团联资助的活动经费以及本社团开展募捐、义卖所得款项。”美国州一级的工业艺术学生社团，其“日常的活动经费主要来源于社团成员缴纳的会费。但是，一些工业机构和组织在许多方面会给予一定的支持。比如一些工厂会为社团免费提供一些文具、办公用品等。同时，社团也会通过做一些商业广告来为社团活动开展赢得经费支持；一些工商业公司还会通过其他方式来资助社团开展活动”[2]。经费的使用一般包括购买器材、邀请校外人士讲课或表演、组织各种比赛、参观、联谊会、印刷刊物、颁发奖状纪念品等。通常情况下，过高的社团会费容易引起社团成员的不满，降低其参与兴趣。比较理想的做法是大部分的社团活动经费由学校来负责承担。但是，在课堂教学与学生活动之间，只要存在着正式教育与非正式教育的区别，拨款的问题就一定程度地存在着。不管怎样，个人缴纳会费金额的多少始终是一个要考虑的问题，尤其是对于那些低收入阶层的子女而言。因此，如果某社团要想保持较强的吸引力而不是想拒很多人于门外，社团成员会费问题不能不成为一个值得认真考虑的重要因素。“学生参加活动能够通过学校行政上的援助而得到加强。在许多市区学校中，一个实际的做法是资助活动费用，以避免学生因为经济上的原因不参加活动。”[3]

作为学校，本应大力支持学生社团活动，有义务为学生社团提供充足的软硬件设备。但是，经验告诉我们，资金设备等的充裕的支持却又会淹没了学生开拓的动力和创造性。一切都是现成的，一切都帮学生安排就绪了，唯一可以肯定的结果就是降低了社团成员的积极探索和进取的热情和态度，其结果反而适得其反。因此，如何让社团成员在适度的挫折中茁壮成长，而不是过度的支持和保障使学生丧失思考和创造的机会，则是需要我们认真

① 唐德中、胡敏：《台湾学生社团：磨志练才的摇篮》，《中国青年研究》2003 年第 6 期。

② American Industrial Arts Association (1965), ***Student Clubs Handbook***, Washington, n. d., p. 2.

③ [美]赫维茨等著，蒋晓等译：《美国课外活动的历史和现状》，见瞿葆奎主编，吴慧珠、蒋晓选编：《教育学文集・课外校外活动》，人民教育出版社 1991 年版，第 399 页。

思考的。在美国的学校里，你时常会看到一群学生在食堂门口摆摊卖一些糖果或者鲜花什么的，原来他们都是在为自己的社团筹集活动经费。

社团活动本身就是一个教育过程，解决社团经费的过程如果使用得当同样也可以起到教育意义。但实际中如果没有充足的活动经费，普遍存在的做法就是“等、靠、要”；要么就是由学校提供充分的活动经费而“衣食无忧”，则完全忽略了社团成员主动去拉赞助这一重要的具有教育意义的而且是非常有利于成员社会化的一环。寻求各种渠道的经费资助，是一个实践性强、体现责任心的很好的办法。拉赞助的过程是锻炼人的能力，是个体社会化的一个急剧的催化剂，是激发和表现一个人社会责任的重要武器。常见的做法主要有，为对方提供劳务如宣传产品等，获得用劳务报酬换来的活动所需产品或相应的费用资助；与对方共同承办活动，对方出钱，我方做好全方位的活动服务；通过义卖、募捐等其他手段筹措活动经费等。因此，我们应该充分重视如何有效地解决社团活动经费和增强这一过程的育人功能。

当然，不能一概而论，尤其是对于学生来说，如果学校不为社团活动提供任何资金方面的支持，而全由学生自己走向社会拉赞助，似乎也有些不现实。我们认为，一方面，学校应该根据实际情况对学生社团提供适当的活动经费支持，以保证社团日常活动的正常开展。另一方面，学校也可以适当地放开手，鼓励各社团组织开展一些大型活动，由社团成员主动走向社会进行活动资金的筹措。一定程度上讲，这也是学生真正接触社会的最好机会。“关于筹集活动经费一些双赢的商业行为值得在每一个社团中推广，并将其视为教育过程的一部分。”①如果能充分利用锻炼学生的这一良机，将会取得意想不到的教育效果。一些学生社团，如话剧社、合唱团等，通过适当的演出售票的收入来弥补活动经费的不足，被证明是一项比较可行的措施。

话又说回来，学校重视学生社团的发展，为其提供充裕的资金、宽敞的活动场地、完善的活动设施以及充足的活动时间，我们也不能因此对这种行为妄加指责。但事实是，实践中我们的确也很难找到这样的典型。另一方

① Nellie Zetta Thompson (1953), ***Your School Clubs*: *A Complete Guide to 500 Activities for Group Leaders and Members***, New York: E. P. Dutton & Co., Inc., p. 56.

面，如果没有充裕的资金，也并不一定意味着学校就不重视社团活动，或许学校是在充分利用这一有力的教育时机，促进学生的社会化发展。但是，如果连基本的活动时间、场地都不予提供，学校要是还口口声声喊着对学生社团如何重视，那可是有些问题了。对学生社团活动缺少必要的指导和支持，对社团的新生和消亡不闻不问，任其自流，管理松懈，必然会造成大部分社团先天营养不良。调查发现，目前我国的学生社团活动实践中遇到的较大障碍仍然是场地缺乏、设备不足以及经费缺乏等问题（占 47.8%）。因此，作为学校要为学生社团开展活动提供支持和保障，这是毫无疑问的。但是，该如何支持，支持到什么程度，这个“度”该如何把握是非常关键的。过度的“物质”支持反而会扼杀了学生思考、创造和迎接挑战的机会和动力。丝毫不管不问，也关闭了学生施展才华的空间与可能。面对活动经费的适当不足，要运用和体会“资源有限，创意无穷”的理念，让社团参与者感受到被尊重、受重视的同时，又给他们一个开拓的空间，从而强化社团组织的向心力，增加社团成员间的凝聚力。适度的挫折感、活动过程中各种酸甜苦辣、刻骨铭心的体悟、活动后的洋洋得意的成就感都是无价的，是一个人成长过程中最珍贵的财富。

办社团，活动经费是必不可少的。但每学期由学校拨的一些活动经费也主要用来维持社团的平时开支，真是要搞大型的社团活动，那是我们社团成员一定要自己想办法的。听说这主要是学校里给我们锻炼自己的一个机会。开始还不太理解，以为学校是不支持我们社团开展活动。经过一次次的磨练，我们最后才明白了学校的一片良苦用心。想起我们拉赞助的经历，是我一生中最难以忘怀的考验。我们的每一项大型活动都是我们成员自己拉回来的赞助。我们曾与中国移动、国际交流中心、龙腾体育用品等大型企业合作。目前我们的社团展演就是由动感地带提供的赞助。当时觉得去拉赞助可以走入社会，跟大公司、大企业去打交道，我觉得这非常能锻炼我的社交能力。记得我第一次拉赞助时，第一个想到的就是百事公司，五六次的电话联系后，他们终于肯跟我面谈了。想到要注意自己的形象、言行、举止，当时特别紧张，之后是与他们公司的一位经理面谈。至今还记得非常清楚，那位经理十分友善，他语重心长地对我说：“你们这些中学生呀，不简单哪，这么小就会出来拉赞助，嘴巴又厉害，长大后还了得?”就这样，第一次拉赞助就成功了，自己感觉非常有成就感，感觉自己更自信了，这第一次拉回的是五千，后来还拉过好几万的。所以在拉赞助的过程中，我感觉自己胆子大了，人自信了，表达能力也更强了，并且多了一种原来想都没有想到过的高中生活经历。

——深圳中学某社团成员感言

学生走出去拉赞助在这所学校里已是屡见不鲜。这不，该中学话剧社自编自导的《时差七小时》就是以学生走进企业拉赞助为题材，生动反映了一代中学生主动走上社会、敢于迎接挑战的激情和活力。

《时差七小时》剧本

Part1：议论

地点：前往 JC Penny 的路上

人物：Jennifer

Joanna

Gina

Jen：什么嘛，打六次电话都是 Toilet，找借口也不找个新鲜点儿的。

（夸张地学秘书的口音和动作，讽刺点）

Gina：唉，我们打得还真不是时候，那个 Manager Brian 怎么老猫厕所啊！

（可以抓抓头）

Joan：我看不见得，说不定啊，是他膀胱有问题。

Julia：哈哈，或者跟你一样有便秘！

众人笑。

Part2：会见

地点：JC Penny 会客室

人物：Jennifer

Joanna

Julia

Gina

Secretary

Manager Brian

道具：沙发一排，茶几一个，茶杯4只，牌子2个（双面），办公桌椅一套

Jen：我们可以见布莱恩经理吗？

S：实在抱歉，他正在开一个非常重要的会议。会议结束后，他要去见一位客户，然后要去伦敦参加一个茶宴。他没有时间见你们。

Joan：我们可以预约吗？

S：但你们必须和他当面预约。很抱歉。

Secretary 走出。

Jen：Yeah Yeah！How could this be！

Joan：有没有搞错啊！

Julia：不是啊嘛！

Gina：表酱子嘛！（不要这样子嘛！）

Julia：真是出师不利啊！唉，我们还是回去吧！

Gina：超丢脸啊！我们还是搞别的吧！

Joan：Stop！怎么可以这么轻易就放弃呢！我们可是 Garnett's House 的女生耶！We are the best！

Jen：Joanna is right！只有失败者才会向困难低头！而失败者是不属于 Garnett's House 的！

众人齐：Yeah！We are the best！

众人正襟危坐在沙发上，依次喝茶。

第一个牌子过：10分钟过去了。众人都没有姿势了。

第二个牌子过：30分钟过去了。依次倒头在旁边人的肩膀上。

第三个牌子过：3个小时过去了，所有人瘫在沙发上。

第四个牌子过：深夜已至。所有人的脚叉得乱七八糟。

Brian 上。

Brian：女士们，我们能聊聊吗？

全体弹起！

Brian 走到办公椅前坐下。

Brian：我只给你们一分钟时间，你们要说服我为什么要当你们的赞助商。

全部人望着 Jennifer。

Jen：因为可以进一步提高 JC Penny 在服饰界的声誉，同时也促进了商品的销售。JC Penny 是一家富有爱心的企业，但是却从来没有参与过学校举办的 Fashion Show，在表示爱心的同时，也 show 出了贵公司对年轻人教育的支持，还可以扩展学生市场。我们深信，如果得到 JC Penny 的支持，我们一定可以为慈善机构筹到满意的数目。所以说，这绝对是一个双赢的局面。

Brian：Wise people think Alike！事实上，我一直在观察你们的行动。刚才我参加的 Tea Party，就是去征求大老板的意见。不过，如果你们没有打那六次电话。今天没有等到这个时候，我也无法感受到你们发自内心的诚意。所以，我想你们没有浪费时间，我希望我也没有。

Joan：我们保证！你绝对没有浪费时间！

Julia：我们的 Fashion Show 一定会让你满意！

Gina：对，我们一定会成功的！

Brian：Excellent！You got it！

众人：Really？Yeah！

众人冲上去抱住 Brian。

剧终

演员表：

Jennifer：中国到英国的留学生，有个性，不服输，有勇气锻炼自己（陈瑜）

Joanna：校花，漂亮活泼而且大胆，个性鲜明，典型的西方开放型少女（王靓）

Julia：相比之下比较胆小，但做事认真，无条件地支持她的朋友（蔡佳涵）

Gina：比较没有主见，喜欢逃避，总希望别人把事情决定好（赵爽）

Secretary：死板的英国白领，严肃过头反而可笑（丁奕）

Manager Brian：风度翩翩的英国经理人，有头脑，做事慎重（吴巍）

剧务：陆曌洲（LuLu）

道具：沙发一排

茶几一个

茶杯 4 只

牌子 2 个（双面）

办公桌椅一套

只凭学校本身的力量来保证学生社团的健康有序发展，一方面是力不能及，另一方面只活跃在校园围墙以内的社团充其量也只是学生团伙儿的自娱自乐，已失去了其称为社团的意义和价值。争取社会资源，就是学生社团主动与社会接触的一个良机。学生社团也只有主动出击，争取与企业的合作，争取社会各界对学生社团的支持和赞助，争取更多的社会投入来充实学生社团的资源，才有可持续发展的保障。在这一与社会接触和沟通的过程中，学生社团也实现了学生与社会的联系和互动，真正发挥社团的社会化作用。

第九章
学生社团生活中的障碍

学生的生活决定了他们所受的教育。“教育的根本意义是生活之变化。生活无时不变即生活无时不含有教育意义。因此，我们可以说：‘生活即教育。’到处是生活，即到处是教育；整个的社会是生活的场所，亦即教育之场所。因此，我们又可以说，：‘社会即学校。’在这个理论指导之下，我们承认：过什么生活，便是受什么教育；过好的生活，便是受好的教育；过坏的生活，便是受坏的教育；过有目的的生活，便是受有目的的教育；过糊里糊涂的生活，便是受糊里糊涂的教育；过有组织的生活，便是受有组织的教育；过一盘散沙的生活，便是受一盘散沙的教育；过有计划的生活，便是受有计划的教育；过乱七八糟的生活，便是受乱七八糟的教育。换个说法，过的是少爷生活，虽天天读劳动的书籍，不算是受着劳动教育；过的是迷信的生活，虽天天听科学的演讲，不算是受着科学教育；过着随地吐痰的生活，虽天天写卫生的笔记，不算是受着卫生的教育；过的是开倒车的生活，虽天天谈革命的行动，不算是受着革命的教育。我们要想受什么教育，便须过什么生活。”①社团生活也不例外。

目前，学生社团还没有引起人们足够的重视。学生社团在不同地区、不同学校间的发展还很不平衡，同一学校不同社团的发展也良莠不齐。社团组织体系还不够完善，学生的自主性发挥还不够，社团活动还存在形式化、

① 陶行知：《生活教育》，见《生活教育文选》，四川教育出版社 1988 年版，第 122—123 页。

娱乐化倾向，不少学校的社团活动还不能正常开展。课堂教学和社团活动的矛盾还时时困扰着每一位学生。教师指导和学生自主的矛盾也是学生社团活动很难活泼有序开展的主要障碍，要么必须依靠指导教师来管理，停留于过去“兴趣小组”的水平，要么就是一盘散沙，活动无序，难免出现“一管就死、一放就乱”的尴尬局面。实践中的学生社团到底开展的如何？难道真的都像一些学校对外宣传的那样完美？这里我们不妨先来听听一位高二年级学生关于她自己的社团经历，或许从中我们可以得到某些答案：

高一的时候我参加的第一个社团是 English club，形式也无非跟上课差不多，人超多，指导老师和社长在讲话的时候下面总是很吵。后来还组织了一个英语方面的活动，意在让大家积极参与，可是同学们之间推推搡搡，没有几个积极的。但不管怎么样，我是每次活动都没拉下，到了后来，说实在话，更多的时候我都是在做作业。当然我还算是比较好的，很多同学干脆就不去了。

因此，看似红红火火的学生社团生活的背后，还有许多的问题亟待我们去思考、去分析、去解决。需要说明是，反思目前的学生社团生活，我们认为，学校对学生社团的指导不足、干预有余，社团活动偏重于个人的娱乐消遣，缺乏与社会的联系，服务社会的意识淡漠，特别是，还没有真正将社团学习作为一种学习的模式，对其教育价值挖掘不足，是目前学生社团的主要问题所在。

第一节　社团指导“越位”与“不到位”

在对学生社团的指导和管理上，往往存在着两种偏差。一种是认为学生还是小孩子，学校还不能放开手，包括对学生社团，都要由学校教师认真组织，学生只要按照学校要求认真参与就是了。另一种就是对学生社团活动干脆甩手不管，任由其自生自灭。这两种情况都是在学生社团管理中所应该注意的。要充分认识和实现“学生是社团的主人”，对不少学校和教师来说，并不是一件非常容易的事。他们习惯了“自上而下”地看问题，习惯了对学生的比比划划，习惯了说“你该这样，不该那样”。意即，学生社团通常情况下被沦为了一种管理学生、约束学生的主阵地，而他们却忘却了学生社团是学生生活的天地，是学生作为一个“完人”的乐园。一定程度上说，“我们害怕民主。说到底，我们还是对学生的计划、组织、决策能力以及责任心缺乏信心”①。因此看来，学校对学生社团往往是干预有余而引导不足，缺乏正确、宏观的价值导向。这不禁让我想起了 2007 年 5 月在深圳某中学调研时涂鸦社社长的苦衷：“上学期我们社 30 几人，这学期猛减至 9 个人。涂鸦作为一种街头艺术，在我国还不能被大多数人所接受。尤其是在城管部门看来，就是影响市容，乱涂乱画。我作为社长其实也是刚接触涂鸦这门艺术，自己也不是很熟、很专业，只是比较感兴趣罢了。又没有指导老师，所以作为社长什么事情都得做，结果还不能得到社员们的认可。我们找资料找得也很辛苦，到街上涂鸦又会被城管抓。上学期我们到学校旁边的教工宿舍那面墙上去涂，结果又被教工宿舍的管理员一顿痛骂，教工宿舍的住户都纷纷关窗，对我们意见也很大。如果呆在教室里讲课，社员们又没有兴趣。社团活动时不少社员就随便画几笔然后走掉。”因此在这种情况下，对于学校，用社团成员的话说就是“该管的不管，不该管的多管”。当然，学生的话或许有些偏激，但也从一个侧面反映了学校在指导学生社团时的症结所在。调查中，绝大多数学生（占 73.8%）认为“学校与学生社团共同配合，以社团本身的独立自主和开拓创新为主，学校重在引导”是当前学生社团生存和发展的关键所在。因此，学校要明确学生社团的性质，变过度干预为适度引导，还学生一片自主发展的净土。对于学生社团，最有发言权的是学生自己。我们只是一个观众，只要做一个有欣赏和鉴别品位的观众就足够了。

明确了学生自己是社团的主人，那么社团的成功是社团人努力的结果，

---

① Kimball Wiles (1963), ***The Changing Curriculum of the American High School***, Englewood Cliffs: Prentice-Hall, Inc., p. 204.

而失败也只能由他们自己来“自食其果”，由社团人自己来承担和面对。作为管理者，要让学生逐渐养成对自己负责的态度，培养他们的责任心和义务感，而不是什么都大包大揽。但另一方面，对于学生社团，“不越位”并不意味着从此对社团不闻不问了。学校、教师对学生社团的爱，默默的爱，意味着背后的支持和无形的鼓励。这种爱，会转化成学生社团前进的无形而强大的动力。在学生社团发展过程中，尤其是学生身心发育还不十分成熟，是非观还没有真正形成。加强学生社团工作的指导，把握学生社团正确的发展方向，是目前学校必须要做好的一项工作。如何加强对社团的管理，使社团朝着良好的方向发展，共青团中央学校部副部长李小豹认为，在新形势下，共青团要发挥指导、服务和管理学生社团的核心作用，把握学生社团的航标，明确社团发展方向，坚持以育人为宗旨开展社团活动，推动学生社团的持续发展。

对社团的引导还包括，在计划社团活动时进行全面调查和了解学生的课余兴趣爱好以及学校和社区能提供的设施情况，一定程度上也可避免重复和不必要的资源浪费。“如果一名学生选择参加法语兴趣小组，他（她）可能会认为将能参加许多宴会或学习如何制作可口的法式点心，但结果却发现取而代之的是成天乏味的关于法国地区的报告，他（她）就会觉得这种小组不配其胃口。”①因此，除了那些多年来已固定成为学校常设项目并长期受到同学们欢迎的社团活动外，每一年，我们都有必要通过问卷调查等手段，来了解某社团活动在开展中存在的问题、受同学们的欢迎程度以及改进措施等。社团活动一定要从学生的角度出发，而不是由成人来代替学生决定开设哪些课外活动，以及怎样开设课外活动，这样会降低学生参与的积极性和兴趣，以致降低活动的效果。收集到和了解学生为什么退出某社团的原因，对于如何改进学生社团工作也是很有帮助的。下面有关此方面的问卷小调查，可以为我们收集到非常有价值的关于社团开展情况的信息。

---

① ［美］阿姆斯特朗著，戴玉芳等译：《美国中小学的课外活动计划》，见瞿葆奎主编，吴慧珠、蒋晓选编：《教育学文集·课外校外活动》，人民教育出版社 1991 年版，第 416 页。

社团活动问卷小调查①

1. 今年你喜欢参加社团活动吗?
2. 你最喜欢的社团活动是什么?
3. 你最不喜欢的社团活动是什么?
4. 在参加各类社团活动中,你的收获是什么? 这些收获是怎么得到的?
5. 明年你还想参加这个社团的活动吗?
6. 你会把这个社团推荐给其他同学吗?
7. 对于该社团的持续发展,你的建议是什么?
8. 对于是否取消该社团,你的建议是什么?
9. 你对学生社团干部是否满意? 为什么?
10. 你喜欢你的社团指导老师吗? 为什么?
11. 你认为社团活动的场地以及设施如何?
12. 你认为社团活动的时间安排及频率是否合适?
13. 对于社团的发展,你的有效改进建议是什么?

如前所述,给学生社团适当的发展空间,并不意味着对学生社团撒手不管,不闻不问。没有了学校的正确引导和支持,学生社团在开展活动过程中不免会出现一些这样那样的问题。有的社团出现"虎头蛇尾"、甚至是"有始无终"的现象,轰轰烈烈成立之后就不管今后的发展了;有的社团仅仅热衷于娱乐消遣上,没有明确的社团宗旨和活动目标。甚至还有些学生社团打着冠冕堂皇的旗号,做一些不利于学生身心健康发展的事情,其活动宗旨与学校育人的理念背道而驰。如 1987 年春末夏初,"北京朝阳区有些中学生组织了'七兄弟'、'八仙会'、'八彩'、'九狂'、'魔鬼九兄弟'、'十三太保'、'十

① Nellie Zetta Thompson (1953), ***Your School Clubs: A Complete Guide to 500 Activities for Group Leaders and Members***, New York: E. P. Dutton & Co., Inc., p. 19.

五大护法'等团伙"[①]。因此，在这种情况下尤其需要学校对学生社团的正确引导和指导。共青团中央和教育部2005年在《关于加强和改进大学生社团工作的意见》中，就大学生社团的指导和管理工作做出了明确指示，意见指出："学校团委要在党委领导下，切实承担起对学生社团的指导和日常管理工作；学校宣传、学生管理、教务、科研等部门要结合工作职能，为学生社团的建设和发展给予支持，提供必要的指导；学校后勤等相关部门要加强对学生社团开展活动的支持和帮助，形成党委领导，行政支持，团组织具体管理，各部门共同关心的管理格局。"

第二节　社团活动形式化、娱乐化

尽管参与社团活动对于大多数学生而言，是件非常轻松、愉快和充满乐趣的事情，但如果社团活动仅仅停留在娱乐消遣的层面，那么也就失去了开设社团活动的意义和价值，违背了社团活动开设的初衷。"社团活动必须基于有利于学生成长的角度开设，因此一个新的社团组织的成立，必须要经过严格全面的审查，其基本点就是看该组织的成立和开展是否有利于学生的成长。……任何不利于学生身心发展的学生社团，都毫无理由地取缔。"[②]美国工业艺术协会学生俱乐部认为，学生社团的活动目标主要在于，"充分为学生提供各种机会，通过社会的、市政的、学校的和社区等多种活动的参与，培养和发展学生的领导能力，以及通过学生同辈群体间的交往，培养学生对活动的计划、组织和实施能力。其次才认为学生社团具有娱乐休闲和发展

① 孙云晓：《青春社会场——当代中学生社团生活纪实》，四川少年儿童出版社1992年版。参阅 http://www.cycnet.com/sunyunxiao/c_literature/c_a_report/c_a_report08/184945.htm.

② Kimball Wiles (1963), ***The Changing Curriculum of the American High School***, Englewood Cliffs: Prentice-Hall, Inc., p. 210.

兴趣的功能。”①

在美国的20世纪60年代，教育界不少专家学者对于学生活动已有着共同的认识。在他们看来，“作为学校课程中不可或缺的一部分，学生活动也不再单单被当作学生消遣和娱乐的途径，而是更多地赋予了学生活动更高程度的教育意义”②。学生活动的开展，有必要得到学校行政的各种支持，同时学校也有义务基于学生的成长而做出某些贡献。访谈中，认识了一位名叫雨希的高二年级学生。刚入校时，雨希根据自己的兴趣积极报名参加了校涂鸦社，但是，一个学期下来，她感觉社团活动的开展不像她想象的那样，也不像宣传的那样，开始的宏伟目标一个个的都成了泡影。社团活动中没有专业指导教师的指导，社团活动时就是社长临时网上找一点有关涂鸦的资料给大家宣讲，社团成员依旧像平时课堂上一样排排坐，根本没有任何让你自由发挥想象、自由涂鸦的机会。可以说在这里学不到她想学的东西。她说，与其这样，还不如退出静下心来做点自己想做的事情，或者宁愿利用这段时间去完成自己的功课。但是，目前学校规定高一年级时必须参加一个社团。这样的话，她唯一的选择就是在第二学期参加其他的社团活动了，但结果仍是好不到哪里去。是啊，目前不少中学在高一年级统一把社团活动课程化，这样的规定无疑意味着，每一位同学必须至少参加其中一个社团组织。可悲的是，由于全校社团活动安排在同一时间开展，所以如果你对两个或以上的社团感兴趣，那也只能怪你自己分身无术了。这样的无奈选择，着实也成为了目前高一学生参加社团活动时面临的主要困惑。

调查发现，目前学生社团中，休闲娱乐性社团占绝大多数，也最受学生的欢迎，而学术性社团尤其是服务性社团相对较少，即使有也不过只是些低层次的交流型社团，学术探究和社会服务的功能严重不足。其中在问到“你比较喜欢参加哪种类型的社团活动?”时，有62.8%的学生回答是“娱乐休闲类”；其次“文学艺术类”占了18.6%；而“社会服务类”和“政治理论类”分别

---

① American Industrial Arts Association (1965), ***Student Clubs Handbook***, Washington, n. d., p. 14.

② Kimball Wiles (1963), ***The Changing Curriculum of the American High School***, Englewood Cliffs: Prentice-Hall, Inc., p. 202.

只占了3.4%和2.8%。而单就目前所占比例较高的兴趣爱好类社团而言，也更多地停留在社团内部成员娱乐休闲的层次上。比较好的做法也无非是面向全校范围进行公演了，如街舞表演、话剧公演等。至于走向社会、深入社区进行文艺演出，则更是少之又少了。美国学校"以咨询服务为目的的学生社团组织随处可见，而在国内此类社团却少之又少，这是我们工作理念中服务意识欠缺的一个表现"①。

同时，学生社团活动虎头蛇尾的现象也非常普遍，一方面是指学生在参与人数上，由最初的人满为患到后来的所剩无几；另一方面更多地是指学生自身在参与社团活动的一种心理状态，由开始的兴趣盎然到后来的兴趣全无，甚至退出社团。不少同学抱着来社团里混学分和调节放松的想法，以至于平时的社团活动几乎处于懒散的闲歇状态，很少主动开展一些有创意、有影响的活动。即使在一年一度的大型社团活动周里，社团活动的主要内容也摆脱不了表现性、娱乐性、消费性的倾向和特点。当然，依赖、被动、娱乐化的活动特征本身也是学生社会化程度较低的表现，他们仍希望过多地依赖别人，听从别人的安排。这一现象在目前学生中间是普遍存在的，但社团活动的正常开展，总是需要一些人的积极、热情的参与和支持，这类人往往就是非社团负责人和几位社团骨干莫属，而其余的大部分社团成员则是表现得相对被动和倦怠。

总之，无论在何种情况下，"社团活动之于参与者的教育价值都不能首先让位于社团活动的娱乐消遣上，每学年一次的社团活动评价，就是要看社团活动的开展之于学生的发展和成长价值。同样，社团活动的改善也是基于学生的健康成长"②。当然，平时一次次的社团活动中，成员之间的交流与碰撞、合作与冲突都会对成员产生很大的影响。可以说，社团活动给予社团成员的那种最直接、最宝贵的感受和收获莫过于平时社团生活的点滴。但是，提升社团活动层次和质量，努力打造社团精品活动也是社团活动开展过

---

① 于伟、韩丽颖：《中美高校学生社团文化建设若干问题比较研究》，《外国教育研究》2002年第10期。

② Kimball Wiles (1963), ***The Changing Curriculum of the American High School***, Englewood Cliffs: Prentice-Hall, Inc., p. 84.

程中一个必不可少的环节。因此，注重挖掘社团活动形式化背后的教育价值是我们应该努力做到的。一年一度的社团展示的计划和筹备活动，同样可以磨练社团成员的意志，增强成员间的交往、团结和协作，促进成员交往过程中的社会化发展。

第三节　社团服务社会意识弱

前已所述，目前不少学校中社团类型比例失调，兴趣爱好类占绝大多数，而社会服务类社团则相对不足。许多学生都是抱着“好玩儿，可以放松一下”的心理来参加社团的。因此，在社团招新时，兴趣爱好类社团的招牌前总是门庭若市，学生积极踊跃地报名加入这类社团。而在服务类社团如志愿者服务队、义工联、爱心社等社团前，却是门可罗雀。其反差之大可想而知。上海市高桥中学在解放初期，为了迎接郊区土改，组织了农村服务团，通过唱歌、跳舞等文娱活动，配合宣传土改政策，密切与社会的联系。有首歌里还这样唱到：“大家想一想，大家看一看，地主搭仔农民到底哪个养活哪个……”①同时，目前学生社团间的横向沟通和联系不够，许多学生社团尚未突破有限的小团体圈子，其活动场域和服务领域仅限于学校或本社团成员内部。调查中，有超过一半的学生（占63.4%）认为自己学校的社团与社会几乎没有或有较少联系。即使是本校各社团之间，也不能实现资源共享，社团的互相学习和督促作用发挥不够。服务社会的意识差，即使在服务社会方面做了一些工作，也不过是停留在显性的一件一件事上，缺乏服务社会的长远目标和计划。这种与社会脱钩的学生社团抹杀了社团对学生社会化发展的功能，已不再是学生联系社会的桥梁和纽带，也就失去了学生社团存

① 《上海市高桥中学校史资料汇编》，2001年5月，第47页。

在的意义和价值。

由于目前学校对社团活动时间大多安排在同一时间，如每周三下午第三节课，这样本社团成员很难看到其他社团的活动，缺乏互相学习和交流的机会，社团活动开展相对封闭，各社团间缺乏横向联系和沟通。这也是目前学生社团活动中一个比较突出的现象和问题。调查中，有59.2%的学生认为“各个社团之间缺乏资源共享和有效的沟通合作”成为了当前学生社团在外部条件和支持方面存在的主要问题。学生唯一能看到其他社团活动的一个场合就是社团展示，但这也不是平时社团活动的常态。早期我国两校之间的学生社团联系还是比较广泛的，如北京高师附中的少年学会和当时河南开封第二中学的进步社团青年学会就有着密切的联系，并结成兄弟学会。两个团体的成员经常互相支持，通信讨论共同关心的各种重要问题，并交换出版物。青年学会1920年2月在其出版物《青年》第三期中有述：他“读《青年》者，不可不再读《少年》；已读《少年》者，又不可不读《青年》。”①与其他社团的沟通促进了社团之间的横向联系，为社团活动的合作与经验交流提供了有力平台，包括同校社团间、社团与他校社团、社团与班级间等的联系和交流。这样有助于开阔视野，吸纳他人之长，有助于本社团站在制高点上来审视自身的优势与差距，并寻求努力方向，确保社团发展的生机与活力。

下面一套简单的问卷源自于美国20世纪50年代。此问卷主要基于当时期的美国对于学生自身兴趣爱好以及对社团态度的调查和了解，主要关注的内容在于学生感兴趣的社团、社团活动与学科学习的关系、对指导教师的评价和建议、对社团活动的建议以及学校社团活动与社区的关系如何等。从中可以看出，所关注的主要问题与我们当今所关注的如社团活动与学科学习、教师如何指导社团等根本上是一致的。但不同的是，50多年之前的美国中学生社团就已开始关注学生社团与社区的关系问题，这一点还是值得我们反思的。

① 张允侯等:《五四时期的社团》(三)，生活·读书·新知三联书店1979年版，第75页。

社团问卷小调查①

1. 你的兴趣爱好是什么？
2. 你对哪种社团活动最感兴趣？
3. 你最喜爱的学科是什么？
4. 你希望在哪门学科上再多花时间钻研？
5. 在你的课堂学习中没有开设，而你更想学习的是哪一门学科？
6. 凭你的判断，你认为，哪一位教师最有可能成为一名优秀的社团指导教师？
7. 这位教师的兴趣、对学生的热情程度如何？他的最突出的特点是什么？
8. 你最希望组建的社团是什么？
9. 你比较喜欢加入的社团有哪些？
10. 有哪些社团活动主要是在社区内开展的？

美国密歇根州卡拉马祖中心高中“行动者小组”(K-Central Activists for Action)的积极分子们在新学期来临之际，力图尽他们所能来美化校园和社区，给同学们创造一个良好的学习和生活环境。“在上一个学年里，该小组成员在美化校园和社区环境方面做出了很大贡献。他们每周集中工作至少一次，从各个教室里收集废纸进行二次回收利用。他们中的一些成员还积极参加了卡拉马祖养花小组，主要开展一些养花、护花活动。在世界地球日当天，小组成员们热情参与校园清洁活动，并为学校开辟了一片安静、和谐、美丽的花园。”②因此，社团育人功能的实现和发挥，就必须保持和发展与外部环境的联系和合作。时代的发展，要求学生社团由兴趣娱乐型占主导逐步向服务社会型的社团结构转变。学生通过各种对外的社团活动，广泛地

① Nellie Zetta Thompson (1953), ***Your School Clubs: A Complete Guide to 500 Activities for Group Leaders and Members***, New York: E. P. Dutton & Co., Inc., p. 18.

② “K-Central Activists for Action Do Their Part to Beautify Their School and Community”, ***EXCELSIOR*** (Kalamazoo Public School), Volume 10 Issue 9, Oct. 2007, p. 11.

接触社会生活，增加对社会的了解和认识。“学校不应只把学生拴在学校里，满足于不出乱子。”①参加各类服务社会的社团活动，有助于增强学生对社会和社区事务的关心和参与度，提升学生为社会服务的责任感，培养他们的公民责任感。

最主要的，社区服务也是学习的一种模式，以志愿者工作、社区服务为主要方式的服务型学习对学生的发展具有重要的意义。“这些社区服务与学习实践经历能够促进学生的学校教育以及个人发展。”②一方面，学校要积极鼓励和支持学生社团走向社会，另一方面，社团自身也要主动出击，将自己的“能量”贡献给社会，服务于社会。

① [美]亨塞利等著，沈剑平等译：《课外活动在教育中的作用》，见瞿葆奎主编，吴慧珠、蒋晓选编：《教育学文集·课外校外活动》，人民教育出版社 1991 年版，第 230 页。

② 托马斯·贝利等著，许竞等译：《工作实践出真知：业本学习与教育改革》，中国人民大学出版社 2010 年版，第 7 页。

第十章 学生社团生活的优化策略

有学者认为，"要发挥社团功能的重要条件为积极参与、组织健全、经费充裕以及学校支持"①。因此，粗想来，优化学生社团，无非就是从组织健全、领导重视、经费充裕、指导教师得力、社长负责、社员积极参与等方面着手努力改进。但是，我们不可能设计出一套完整、系统的社团活动开展模式来适用于一切地方的一切学校。意即，社团活动并没有一个固定的单一的模式可以遵循。它必然会受到多种因素的影响和制约，正如我们很难为"一所小规模的设备简陋的乡村高中设计出一套翔实的、奢华的并能有效实施的社团活动计划"②。学生群体的整体状况、社区及学校的设施配备、教职员工的素质能力等因素均在一定程度上制约或促进社团活动的计划和开展。比如，拥有同样优秀的一批艺术教师队伍，在一所学校，可能会成立并造就出一支硕果累累的艺术社团；而在其他学校里，可能会在全校音乐课的教学及效果上独树一帜；但是，还可能会出现的是，虽然拥有一支优秀的艺术师资队伍，但该校的艺术课也不过是课表中的一点装饰而已，墙上挂挂罢了。因此，这里所谈的社团活动的优化策略，不可能面面俱到，也不可能成为每一所学校、每一个社团都可以对号入座的万能处方。这里的优化与培育，更多

---

① 徐彩淑：《社团参与态度、社团凝聚力与人际关系之相关研究——以台北县参与社团国中生为例》，硕士学位论文（未发表），台北师范大学，2004 年，第 21 页。

② Nellie Zetta Thompson (1953), ***Your School Clubs: A Complete Guide to 500 Activities for Group Leaders and Members***, New York: E. P. Dutton & Co., Inc., p. 17.

的是立足于当今学生社团发展现状，创造一种适合社团发展的环境，重视社团的学习，为社团开展活动提供时间和其他必要的资源，鼓励参与，清除障碍。

第一节　自由，自由，还是自由

理论上讲，“社团活动的开展，有助于中学生独立思考问题、自行解决问题、学会自律、在尊重和理解他人的过程中成长”①。但是，我国传统的“自上而下”的学校管理体制一定程度上制约了学生在社团生活中的自主发展意识和动力，也削弱了学生社团作为相对独立的“民间组织”在校园文化建设中所应发挥的作用。社团，作为非正式组织，自由是其灵魂。没有了自由，社团也就会走向消亡，走向异化。不少学校管理者习惯于把学生社团定位于学校行政机构的附属物、学校意志和命令的落实和执行渠道，对社团统得过死，管得过紧，使社团活动只限于执行上级命令。大部分社团因自动力不足，社团的活动严重缺乏自主性，再加上学校支持社团的力度不够，在很大程度上限制和阻碍了学生社团的发展。“我们培植儿童的时候，若拘束太过，则儿童形容枯槁；如果让他跑，让他跳，让他玩耍，他就能长得活泼有精神。身体如此，道德上的经验又何尝不然。我们德育上的发展，全靠着遇了困难问题的时候，有自己解决的机会。所以遇了一个问题，自己能够想法解决他，就长进了一层判断的经验。问题自决得越多，则经验越丰富。若是别人代我解决问题，纵然暂时结束，经验却也被旁人拿去了。所以在保育主义之下，只能产生缺乏经验的学生，若想经验丰富，必须自负解决问题的责

① Nellie Zetta Thompson (1953), ***Your School Clubs: A Complete Guide to 500 Activities for Group Leaders and Members***, New York: E. P. Dutton & Co., Inc., p. 7.

任。”[①]社团活动缺少了自主发展的个性特色，也就失去了应有的吸引力和影响力。

要想真正实现一个团体的良性发展和持续发展，确保团体运行的“自动力”是关键的一环。“人的应然性存在说明人内在的具有自我发展的动因……教育要开发人的智力、能力(包括道德判断能力等等)，要开掘人的大脑潜能等等。但教育更重要的是要发展人之发展的动力；授人以自我发展的‘发动机’和‘钥匙’，并不断提高它们的能量与功能范围。”[②]，这就要求学校“改多管为少管、改少管为不管”，真正给社团一个自主发展的空间，将社团活动投入到社会大熔炉中。实际上，学生社团由于横向联系不够，彼此沟通、交往也很少，这在一定程度上减少了社团间的竞争。缺少了竞争机制的社团发展，在一定程度上，就是弱化了社团发展的自动力。因此，相对加强社团间的横向联系，引入竞争机制，也是目前学校社团所要努力改进的方向之一。

当然，“教育确实必须给人指明一个方向，但这个方向应给每个人留有自由选择和发挥个性的余地，而不是狭隘地去限制扼杀这种个人选择的自由”[③]。社团活动的成功开展依然离不开学校行政、指导教师等的大力支持。但是，“社团活动之所以成功，其中最主要的原因还在于它为中学生提供了一个展示自己以及与学校教师共同思考、共同策划的有利平台。当然，前提‘师生共同’依然是以学生自身的活动为重要基础”[④]。此时，学校和教师将退居于幕后的指导位置，把更多的自主权交给学生，让学生担当起设计社团活动目标，实施、总结和完善社团活动计划，以及处理社团日常事务等一系列工作和责任。学生自己能做的，就让学生自己做。“每个孩子努力以一种独特的方式成熟起来，这不仅仅是大自然的安排，也是我们的义务，即尽最大努力鼓励这种情形的出现，而不要力图用我们的努力来取代孩子的努

① 陶行知：《学生自治问题之研究》，见《陶行知文集》，江苏教育出版社2008年版，第58页。

② 鲁洁：《实然与应然两重性：教育学的一种人性假设》，《华东师范大学学报》1998年第4期。

③ [日]片冈德雄著，贺晓星译：《班级社会学》，北京教育出版社1993年版，第78页。

④ Kimball Wiles (1963), ***The Changing Curriculum of the American High School***, Englewood Cliffs: Prentice-Hall, Inc., p. 208.

力。”[①]学生社团作为学生自愿参与的群众性组织，要成为学生“认识自我、展示自我、发展自我”的舞台，在激发学生的“自主潜能”、强化学生的“自我意识”方面有效发挥作用，成为学生自我教育、自主发展的有效途径。一个不懂策划的人，会因亲自参与策划而了解和懂得了如何进行策划。一个不懂磋商谈判的人，会因一次去企业拉赞助的经历而变得成熟起来。一个不善言辞的人，会因眼前必须要解决的问题被逼着走向社会，面对对手，不得不向自己的弱点挑战。一而再，再而三地实践，潜能被激发出来了，最终可以勇敢地站在舞台上用心讲述他那引以为豪的成长经过。这一切，都是只有给他们一片天空，让他们去实践，才能获得的收获，心灵的收获。

调查中，一位社团成员说：“在我们学生自己的活动上，我们更希望成为自己的主人，希望能参与其中的整个过程，而不仅仅是被告知该做什么不该做什么。这个过程要让我们自己去摸索。自己栽过跟斗再自己爬起来，那种痛苦最刻骨铭心，记忆才最深刻。社团活动中，我们自己喜欢什么只有我们自己最清楚，所以社团当然该由我们来搞，我们自己来招募人员，策划活动，全心全意做给我们自己。”因此，学校管理部门需要转变观念，淡化其行政管理职能，变对社团的管理为对社团的指导和服务，为学生社团的发展提供更宽松的环境和更广阔的空间。“学生自治是学校中一件大事，全体学生都要以大事看待他，认真去做；学校里也须以大事看待他，认真赞助。”[②]社团活动也是一样，得不到学校重视的社团是不可能成为成功的社团，而受到学校“束缚“的社团依然也不可能成为成功的社团。写到这里，我们想到美国的瑟谷学校。“这里不设课程，没有学分要求，没有特定教室，没有教师，只有工作人员，不分年级，不设在学记录。只要不影响他人，学生可以做自己喜欢做的任何事情。瑟谷学校的教育理念很简单：天生的好奇心是学习最好的驱动力，孩子会因好奇心而主动地探索他周围的一切。结果瑟谷学校

① 阿克夫，格林伯格著，杨彩霞译：《21 世纪学习的革命》，中国人民大学出版社 2010 年版，第 154 页。

② 华中师范学院教育科学研究所主编：《陶行知全集》（第一卷），湖南教育出版社 1984 年版，第 140 页。

的孩子毕业后都在做他们自己真正想做的事情，而且做得很好。”[①]如果没有特别标明，看到“这里不设课程，没有学分要求，没有特定教室，没有教师，只有工作人员，不分年级，不设在学记录”这样的描述，我们是否可以联想到学生社团的情景？我们可以说，瑟谷学校根本上是一种社团模式，与社团的运行有诸多相似之处，瑟谷学校的成功对我们发展学生社团是否会有启示？我想，最大的莫过于给学生更多的自由。

前面已有提及，深圳中学环保社于2007年3月11日组织了赴梧桐山植树活动。整个植树活动从策划、组织到活动开展，全部由学生自己完成，包括联系《深圳青少年报·中学周刊》、《深圳晚报》记者，联系梧桐山管理人员为参加植树活动的同学进行梧桐山介绍和环保宣传等所有事项安排。景区管理处的陈主任对我们说：“以前也经常有学校自发地来我们这里进行类似的活动，但作为学生，像深圳中学这样全部由学生自己组织自己联系的还不多见，而且深中的活动内容比较丰富，除了宣传，还用自己的植树行动来说话，效果更好，孩子们这样的行为容易让大家接受，对景区、对社会确实起到了积极的、正面的影响。”整个活动全程安排得井井有条，活动取得圆满成功。我们不妨来看看这份由学生自己起草的活动策划书：

深圳中学环保社梧桐山植树活动策划书

一、活动时间：2007年3月11日（周日）

二、活动地点：深圳市梧桐山风景区

三、活动宗旨：我们从植树造林，防止乱砍滥伐破坏生态平衡、污染水土资源明白：保护人类共同的家园——地球已刻不容缓。种下一棵树，播撒一片绿，树立环境保护意识，切实体会环保的实质意义，将其落实到我们的生活中，争当绿色小卫士，以此呼唤明天的绿色。

四、参与人数：38人

① 阿克夫，格林伯格著，杨彩霞译：《21世纪学习的革命》，中国人民大学出版社2010年版，第208页。

五、组织单位：深圳中学环保社

六、活动形式：将参与同学分成四个队，为便于组织，从中选派一名队长进行直接负责，增强团队凝聚力。

七、活动主要议程：

第一环节：山下集会

第一项　动员　负责人：孙怀异

第二项　环保宣言，环保横幅上签名　负责人：梁俊熙

第二环节：山上植树

第一项　明确任务，听园艺工人讲解如何植树，分组上山植树

第二项　由梧桐山园林局陈主任为同学们介绍梧桐山及环保情况

第三环节：山中进行环保活动

第一项　山中捡垃圾

第二项　对游客进行环保知识宣传、问卷调查和横幅上签名

八、根据规定时间在环保宣言处集合，合影留念，返校

学生社团也包含了一种对理想的自由学校的渴望，或者说，社团的自由模式是自由学校的一个雏形，一个实验。“所有的理想学校都提供这样一种环境，让学生确定自己的目标，学生都具有内在的动力，为实现自己的目标而学习；学生具有自由的支配权，以自己希望的方式和速度（独立以及与他人合作）进行学习。所有的理想学校都是自治的社会，所有的股东都拥有完全的发言权，决定学校运行的各个方面——规章制度、财政、人事及行政管理。”①

① 阿克夫，格林伯格著，杨彩霞译：《21世纪学习的革命》，中国人民大学出版社2010年版，第185页。

第二节　实践，实践，还是实践

社团生活主要是在社团成员的活动与交往中进行的，是一种实践性教育。在这样的教育中，起重要作用的不是课堂上权威的说教，而是学生自身的体验。这种独特的体验正是学生社团生活的主要价值所在。例如，以关注人身安全为主旨的学生社团组织，他们不是坐等学校行政部门有关安全的各项规定，而是自己行动起来，努力研究学校和社区的实际状况，包括人们的安全意识和道路、建筑等设计规划是否合理等，试图从中找到解决问题的策略。他们还会将讨论和实践中得出的一些建设性措施在特定的环境中加以推广试用，并不断完善，努力得出最佳的适用方案，如在学校的十字路口安排人员进行安全巡逻，制作海报宣传安全工作习惯，教给学弟、学妹形成注意安全的生活态度，向市政部门请愿建造通往学校的地下通道等。

学生社团理应始终强调一种公益精神和社会责任感。一个社团的发展，不仅仅要有益于社团成员本身，更要有利于学校的发展、社会的进步。当代中国社会经济的发展变化为学生提出了前所未有的发展机遇，也提出了更高的要求和挑战。作为学校，首先要积极顺应现代社会发展的潮流，支持、鼓励和扶持那些富有时代气息、体现人类未来价值取向和行为规范的新兴社团，如动物保护协会、环境保护协会等等。而且还要积极鼓励学生走出校门，深入社区，积极广泛地参与社会活动，扩展学生社团活动空间，在社会实践中学习直接经验，在服务社会的过程中接触社会，了解社会，加强社团与社会的接轨，促进学生与社会的联系。

社会服务类社团与其他单纯的兴趣类社团不同，它往往集文艺、体育、社会服务等几者为一身，立足校园，面向社会，服务社会的意识强。如送戏下乡、普法宣传、科技普及、社区援助等活动，突破了校园围墙，直接与社会接触。学生在社会实践中学习直接经验，增强了他们的实践体验，有效弥补了传统课堂中所无法实现的教育目标。因此，应积极扶持公益类、服务类的学生社团，加强社团与社会的联系，强化社团的服务功能，以弥补在校园中的书本知识的缺陷，加深对社会的理解和认识，如环保社组织同学进行环保宣传，倡导市民爱护环境，节约能源；志愿者服务队扎根社区，服务社区；法学会进行法律宣传咨询和法律援助；文艺社团进行文艺汇演；英语协会举办英语角等诸多活动，都逐步融入社会，加强了社团与社会的联系。在为社会提供了更多新的文化知识和观念的同时，也锻炼和发展了自己的社交能力。

2007 年 6 月美国密歇根州卡拉马祖市的 Loy Norrix High School 的法国文化与艺术俱乐部的 30 多位成员远赴巴黎进行了一次法国文化艺术之旅。这次旅行，让俱乐部的成员得到了最为真实的感受，实地体验了巴黎人民的生活方式，参观了巴黎著名的历史文化遗迹。这一活动对于还很少有机会出远门的学生而言，无疑成为了他们中学阶段的重要人生经历。一位名叫 Heather Nephew 的十一年级学生不无感叹道："跳下飞机，让你无法想象的是，眼前的美景平时也只有在书本和杂志上才能看到的，简直令人难以置信。"①法国文化与艺术俱乐部成员一行参观了世界上最著名的艺术博物馆，包括奥赛博物馆、卢浮宫以及蓬皮杜中心，有幸欣赏到了毕加索、莫奈、雷诺阿和凡·高等著名艺术家的名贵作品。无疑，法国巴黎艺术之旅将成为俱乐部成员的一次难忘的宝贵经历。因此，学生主动走向社会是密切与社会联系的良好形式。在选择"走出去"的同时，还可以采用"请进来"的有效措施来加强与社会的接触和互动，如聘请有相关专长的家长或社会人士积极参与到学生社团活动中来，一方面改变了指导教师一贯由本校教师担任的单一局面，增加了学生社团成员的新鲜感；另一方面还有效解决了学校缺乏合适的指导教师的问题。更重要的是，在学校充分肯定社会人士某项专长的基础上，还得以有效利用社会有用资源为学校做出贡献，强化了社区为学校服务的意识。因此，加大为社区服务的力度，还有利于为学生社团本

① "KPS French and Art Clubs' Students Experience Paris Lifestyle and Landmarks", ***EXCELSIOR*** (Kalamazoo Public School), Volume 10 Issue 7, Sep. 2007, p. 5.

身整合社区居民的优势，合理调配社区的各种资源。在服务社区的同时，又能将社区的有利资源合理地为我所用。

这里值得一提的是深圳中学的爱心义工联。该社团创建于 1995 年 9 月，至今天已发展成为深圳中学的老牌社团之一。社团以“爱心献给社会，关心献给他人”为活动宗旨，长期以来组织开展了丰富多彩的活动，包括社会调查，探访老人院、孤儿院，社会宣传，为希望工程、灾区募捐，校内的义卖活动等。用这些青春激昂的义工们自己的话说：“我们在奉献爱心的同时，也磨炼了自己的意志，社交能力、应变能力等方面都得到了提升，实践中充实了自己，丰富了自己的人生阅历。”深圳中学义工联在校内外做了不少工作，其中 2006 年 5 月我们来学校调研，适逢义工联进行“旧书新卖”活动。

旧书新卖

有些书你只看了一遍就束之高阁

有些书曾经帮过你现在却毫无用处

有些参考书是一时兴起买的却只字未动

那么把他们捐出来吧！

价格实惠，欢迎同学们来淘书！（报酬归捐书者所有 ☺）

捐书范围：各种文学类、社科类、参考书（高中及高中以上水平）、工具书、漫画……（教材除外，书的出版时间为 1996 年以后）

捐书 & 淘书地点：科学馆一楼大厅

捐书 & 淘书时间：5 月 15 日—5 月 18 日中午 12:30—13:30；下午 4:45—5:45

深中爱心义工联

2006 年 5 月 13 日

我们趁机进行了现场访谈，细问之后才得知这次活动开展的前前后后。原来，义工联考虑到深中不少同学都有过去买了现在又不需要的书，扔掉可惜，不扔又没有用处。这时义工联发动同学，将自己不需要的书以一个合适的价格卖掉。比如原价20元的一本参考书，你现在认为8元钱就非常乐意卖掉，这时你不妨把你心仪的价格写下，并留下你的姓名和联系方式。义工联将集中某一两个时间在学校公共场合进行“旧书新卖”活动。这时有需要的同学，如果认为原书主人给出的价格自己又比较能接受，就会把这本书买下。而待这本书按第一主人理想的价格卖出之后，义工联会将其应得费用如数返还。如果没有人买，那么书就将无偿捐到学校图书馆里归学校所有。十多年来，深圳中学义工联就是这样默默无闻地为同学们、为社会无私奉献着自己的一份爱心。其实，更令我们难以忘怀的是，深圳中学义工联2006年在全校范围内发起的为资助贵州省雷山民族高中的李芬同学继续完成学业的募捐活动。同学们纷纷将自己平时节省下来的零花钱，化成一份无私的爱，跋山涉水，“送”到了李芬的手中。本次募捐共筹集到了现金1540.6元，但这对于一个即将要辍学的学生而言，得到的不仅仅是这1540.6元钱，更是新时代学生之间的那份远隔千山万水却依然心心相连的无私的奉献和爱心。李芬在给深圳中学全体同学的回信中说道：“我是一个出生在贫困山区的苗族姑娘，已经记不清有多少次我站在人生的十字路口，面对着渺茫的前方发呆。但每当这时，我总是想到你们给予我的鼓励和帮助。正是这种得到别人帮助时那难以言表的感动，让我懂得了，面对人生的抉择，我们更需要的是——心灵的力量。”正是这一段段宝贵的社团经历，才让他们有机会接触和洞察到了真实社会生活的一角。而真正深入到社会生活中去的收获远不止那些显性的几件好事或学到些什么技能，通过洞察社会一角那种对心灵的洗涤与震撼，以及对人生的启迪和感悟，才是最宝贵的财富和食粮。

总体而言，目前的学生社团依然相对缺乏社会服务类的，这已成为不争的事实。但这并不表明学生社团的发展是游离于社会发展之外，不表明学生社团落后于社会发展而缺乏对时代潮流的敏感性和追逐意识，不表明他们对社会的发展不闻不问而只顾闭门搞自己喜欢的东西。相反，目前的学生社团尤其是在信息社会的背景下，学生喜欢紧追时代潮流的特点，往往还使一些学生社团成为了时尚前卫的领路人，一些前卫的、流行的文化思潮往往总是先在学生中间刮起。早些年就已开始流行的信息网络类社团以及如今风靡于目前学校里的动漫社、涂鸦社、街舞社等都出手于这些时代弄潮儿。在实践的氛围中，学生不断探索，不畏失败，愿意冒险，不断涉入和发展新的领域。对于学生新潮和前卫的思维和做法，目前许多老师已经明显感到自己知识结构的陈旧已远远不能满足学生的需要和引起学生的兴趣。他们所表现出的茫然和无所适从，再也无法让他们找到往日教师的那种威严。现在的教师不得不跟着学生走，向学生学习新思想。这意味着学生在教老师，而不是老师在教学生。这更加意味着，“实践是教不来的，必须亲自从事实践活动才可以学到。通过实践进行的学习，不能被组织成科目、课程、学期及其他离散的单元，也不能采用强迫的手段施加在学生身上”①。社团活动的目标决定了，社团活动成为了连接校园和社会的良好通道，决定了社团活动不能仅仅局限于校园围墙之内，更加不能局限在课堂之内，它必须是实践的，实践，实践，还是实践。

第三节 玩耍，玩耍，还是玩耍

学校教育所忽视或者不愿意承认的一个问题就是，玩耍中隐含着学习。“玩耍在（成人和儿童）学习的各个方面的重要性几乎不为人所重视。随着时间的流逝，玩耍的丰富性、深度、对创造性过程的重要性、与快乐及意义追求之间的关系，所有这些都逐一显露出来。”②

玩耍是一种重要的学习方式。一些在课堂教学中教师教不出来的东西，可以通过学生自己玩出来。在西方，很多人认为艺术是教不出来的，例

① 阿克夫，格林伯格著，杨彩霞译：《21 世纪学习的革命》，中国人民大学出版社 2010 年版，第 170 页。

② 阿克夫，格林伯格著，杨彩霞译：《21 世纪学习的革命》，中国人民大学出版社 2010 年版，第 201 页。

如，赫尔曼·格里姆(Hermann Grimm)坚信艺术“无论如何是无法教授的”。19世纪末的惠斯勒认为：“我不教艺术，我无法干预艺术，但我可以教如何科学地使用颜料和画笔。”教育家霍华德·科南特也断言：“艺术当然不能被教授，艺术家也无法被教育。”科南特还说过：“像艺术一样，文学不可以被教授，历史、哲学或科学也都不可以。”奥斯卡·王尔德也说过同样的问题：“教育是件让人崇敬的事，但是我们必须弄清楚的是，那些值得了解的事根本就是无法教授的。”艺术除了不可教之外，我们还必须注意它的娱乐功能，无论是音乐艺术、绘画艺术、电影艺术、电视艺术、文学艺术，都有一种重要的消遣功能。这种消遣功能不可思议地居然可以让人学习艺术、创造艺术，在玩耍、玩艺术的过程中创造出伟大的艺术品。这其中的道理，正如陶行知所说：“我们的教育向来有许多错误，小时读书便成了小书呆子，做教师时便成了大书呆子。因此我们中国没有什么科学，没有什么爱迪生的产生。不但是中等教育完全是洋八股，就是小学也成了小书呆子的制造场。我们提倡科学，就是要提倡玩把戏，提倡科学的把戏，科学的小孩子是从玩科学的把戏中产生出来的。我们要小孩子玩科学的把戏，先要自己将把戏玩给他看。任小孩子自由地去玩，不能加以禁止。不能说玩把戏的孩子是坏蛋。”①学生社团中的魔方社、动漫社、戏剧社表面上看起来是在玩，但是在玩耍中涵盖着学习和创造，事实上，很多学生已经在玩耍中玩出了名堂。“这其实意味着，人们在学习，却没有意识到自己正在学习。做自己选择的事情是常见的主题，学习是副产品。学校首先是学生自由听从内心召唤的地方。”②

玩耍是一种探索未知世界、未知领域的有效手段。《通过玩而学》中写道：“现在我们比以前更明白了，教育专家与童年早期专家发现：玩就是学习，甚至更进一步，玩是最有影响力的学习方式之一。”玩耍没有已知起点也没有明确的目标，但是各种不同形式的玩耍有一个共同的特点，就是玩耍是

① 陶行知：《儿童科学教育》，见《生活教育文选》，四川教育出版社1988年版，第434页。

② 阿克夫，格林伯格著，杨彩霞译：《21世纪学习的革命》，中国人民大学出版社2010年版，第194页。

在探索未知的东西，玩耍在很大程度上意味着自由地探索。这种自由，包括探索领域的自由选择，探索方向和最终结果的自由发散，当然还包括心态的放松和自由。玩耍中的孩子兴致勃勃地进行各种活动，没有强制，没有竞争，没有淘汰，没有分化，内心无所畏惧，也无需畏惧什么，正是在无所畏惧的玩耍中形成新思想，探索出新领域。同时，玩耍本身所带来的快乐和满足也支持着玩耍的活动不停地持续下去，一直到玩出名堂来。学生社团中的轮滑社、跑酷社都是这样的活动，在玩耍中获得全新的体验，获得发现和创造的乐趣。玩耍的另一种境界是玩艺术、玩文学、玩发明，当能够把那些所谓高深的学问以玩耍的心态来进行的时候，实际上就进入了一种深度的探索、探究状态，就会产生真正的学习和创造。社团学习与课堂教学最大的不同可能就在于社团学习有一种玩的氛围、玩耍的放松心态，在课堂教学中那些看起来、学起来很严肃、很认真的知识，在社团学习中都可以玩，在玩耍中消解了紧张为难、恐惧心理，玩耍本身带来的快乐和满足支持着学习深入地进行。表面上是在玩耍，实际上是在进行深度学习。

以玩耍的心态参与社团活动会创造最佳的学习机会。社团学习真正实现了玩耍、学习和工作的三者合一，解决了学校教育中排除玩耍和工作的弊端。美国塔夫茨大学教授戴维・埃尔金德(David Elkind)非常重视游戏对人的创造力的影响，他指出："游戏不是奢侈品，反而是一项极为关键的动力，攸关所有年龄层之生理、智能和社会情绪的健康发展。"特别是，"当游戏、爱和工作都互相关联时，学习和发展是最具成效的"①。按照埃尔金德的观点，"游戏、爱与工作的结合，是获得学业成就的方法；但三者合而为一，儿童就能在他个人独有的处境下获得最佳的学习机会"。这充分说明在儿童学习(工作)过程中，如果没有游戏的联合，就很难发生真正的学习。也充分证明了社团学习中玩耍的重要性。或者说，社团活动中保持放松，以一种游戏的、玩耍的心态参与其中，会形成最佳的学习机会，发生真正的学习。

① 戴维・埃尔金德著，胡玉立译：《游戏的力量：玩出创造力和竞争力》，重庆出版社 2011 年版，第 3 页。

在很多研究者看来，游戏就是玩耍。准确一点说，游戏是玩耍的状态，也是有规则的玩耍。根据陈益研究得出的结论："游戏是一种深度放松而又高度专注的状态，这种状态与高峰体验、禅定、神驰、静心、冥想、灵感、最佳学习态、最佳情绪态等是相通的，是人最完整、最本真、最美好的存在，是人存在的最佳状态，在这种状态下，人是一个完整的人，人的脑波处于 α 波状态，人脑的各部分处于非常协调工作的状态，人的意识和潜意识之间消除了割裂，人是一个整体的存在。人的潜能喷涌、非常具有创造力、身心健康、人成为他自己，是人自我实现的时刻。因此，游戏能把教育领域的潜能开发、学习、创造力培养、心理健康教育、个性培养、幸福人生等统整于一体。"①相对于游戏而言，玩耍没有规则，因而能够激发孩子更多的创造性反应。"1973 年，发表于《发展心理学》杂志的一项经典研究中，研究人员将 90 名尚在上幼儿园的小朋友分成三组。第一组小朋友可以从一叠纸巾、一个螺丝刀、一块木板、一堆纸夹等常见物品中，挑选 4 种来自由玩耍；对于第二组小朋友，研究人员要求他们模仿工作人员，根据日常方法使用这些物品；第三组小朋友看不到这些日常物品，他们坐在桌前，随机画自己想画的东西。10 分钟后，研究人员要求小朋友们说出其中一种物品的使用方法。结果显示，自由玩耍的孩子说出的非常规的、创造性的使用方法是另外两组孩子的 3 倍，这说明玩耍有助于培养创造性思维。"②

游戏中表现出来的创造性思维直接创造了人类的诸多文明形式。有的研究者认为人类的文明形态都与游戏有密切的关系，这些文明形态不仅仅是产生于游戏，而且一直未与游戏脱离，总是以游戏的形式表现出来。荷兰学者胡伊青加(Johan Huizinga) 考察了人类文化的诸多形态后得出这样一个结论："仪式产生于神圣的游戏；诗歌诞生于游戏并繁荣于游戏，音乐和舞蹈则是纯粹的游戏。智慧和哲学在源于宗教性竞赛的语词和形式中找到自己的表达。战争的规则、高尚生活的习俗，都是在各类游戏中建立起来的。

① 陈益：《游戏：放松的智慧》，南京师范大学博士论文，2003 年，第 5 页。

② 梅林达 · 温纳：《玩耍——让孩子的希望起飞》，《环球科学》2009 年第 5 期。

因此，我们不能不得出这样的结论：处于最初阶段的文明乃是被游戏出来的。它不是像婴儿从子宫脱离出来那样从游戏中产生出来的，而是在游戏中并作为游戏产生出来并永远也不脱离游戏的。”①

社团活动本身也体现了一种游戏精神。实际上，游戏精神贯穿了诸多的人类活动形式，当然也包括诸如俱乐部、文学沙龙、艺术团体这样的社团：“古希腊的论辩、竞技运动，古罗马的城市建筑、竞技场、剧院，中世纪的比剑会，骑士精神与制度，文艺复兴时期的诗歌、绘画、田园生活情趣，17 世纪的‘巴洛克’风格、服饰、假发，18 世纪的‘洛可可’风格、俱乐部、文学沙龙、艺术团体、音乐表演、古典主义、浪漫主义、感伤主义、政治中对权术的玩弄——这一切都是游戏精神的体现。”②

在学校中，引导孩子以玩要的心态学习应当成为教育者的一种追求。“各个层次的教育机构存在的理由应该是它能提供一种环境。在这种环境里，某种玩要形式占据主导地位，玩要被理解为其最宽泛的意义——自由探索，并得到教育者的支持和鼓励。”③学校教育根本上就是创造一种环境，这种环境首先是为了促进学习，而不是为了促进教。从这个意义上讲，玩要，创造玩要的环境和心态，应该是学校教育环境的一种追求。社团学习之所以有生命力，会在学生中自发地产生，不能不说和玩要式的学习有很大的相关性。

① 胡伊青加著，成穷译：《人：游戏者》，贵州人民出版社 1989 年版，中译者序，第 222 页。

② 胡伊青加著，成穷译：《人：游戏者》，贵州人民出版社 1989 年版，中译者序，第 16 页。

③ 阿克夫，格林伯格著，杨彩霞译：《21 世纪学习的革命》，中国人民大学出版社 2010 年版，第 66 页。

第四节 发展，发展，还是发展

学生社团相对于一般的社团而言，具有人员结构单一、成员流动性大等特点。尤其是中学生社团，受中高考等压力的影响，这一特点表现的尤其明显。以高中阶段为例，一般一年级时几乎全部活跃于社团组织中。但到了二年级时，也无非只是个别社团骨干留下来要么做社团负责人之类的，其余的大多将精力集中在功课学习中了。而三年级是高考的冲刺阶段，对于参加社团与否，更是无人问津了。由此看来，一般学生社团最多是以一年为一个流动周期，新生、老生的更迭使得社团年年都要及时补充“新鲜血液”。因此，也只有新生对社团活动有着较强的新鲜感和参与热情，老生则因功课的压力，视野的开阔，新鲜感的消失，而另外寻找他们新的兴趣点和发展空间。这种“一浪推一浪”的更迭属正常现象，社团活动也因此呈现出较强的波动性。我们不能强求学生社团这个球越滚越大，此起彼伏，东边不亮西边亮，是学生社团的发展特点和规律。正像学校一样，一拨进，另一拨出，“铁打的营盘流水的兵”，这是学生社团同样是作为学生的活动组织所决定的。关键问题是怎样在这种更迭中使社团保持一个良性的可持续发展，怎样不因换一个校长，学生社团的发展空间就截然两重天，怎样不因更换一名指导教师社团活动就变得无依无靠，怎样不因一个社长的退出就导致该社团瘫痪，怎样不因一批骨干的毕业离校就会导致社团的解散，等等，或许这些才是我们所应该关注和思考的。

一、完善社团负责人的选拔、交接和培训制度

研究发现，实践中的社团活动总会存在这样那样的问题。针对这些问题，我们总会相应地提出问题解决的策略。但是，在影响社团活动有效开展

的诸多因素中，“一批有着广泛兴趣爱好的学生和充满爱心和责任感的教师，以及一套比较有吸引力的、能得以有效实施的社团活动计划则是社团活动有效开展的必备的两个重要因素”①。

自然，社团负责人本身的素质和能力对一个社团的发展起着至关重要的作用。作为成长中的学生，其身心发育还不完全成熟，再加上组织管理经验相对不足，因此，社团负责人在工作中难免会遇到这样那样的问题。而不同的社团负责人又表现出不同的特点和问题。对同一个学生社团而言，热情、负责、敢于开拓的社团负责人能把社团活动搞得有声有色。而一旦换一届不够负责任的社团负责人，社团的发展可能就会从此走下坡路，以至于使社团陷于名存实亡的境地甚至消亡。因此，选好负责人和做好社团的交接传承工作是非常重要的。如果社团负责人的交接工作没有做好，一个原本很有影响力的社团或许就开始走下坡路，社团的可持续发展就无从谈起了。当然，没有交接好的主要问题，不外乎没有选好接班人或没有更合适的接班人，或对前任社团负责人的优秀经验的传承和教训的吸取不够。这就要求社团的新老负责人在顺利交接的基础上，在以后的日常工作中也要保持互相联系，这是社团可持续发展的关键所在。而一般由于新老负责人没有交接好，在社团工作中迷失活动方向、偏离社团活动宗旨的可能性倒不太大，关键是一些好的做法如果不能传承下来，可能原本红红火火的社团一下子就会垮下来。这样看来，选好下一任社团负责人，以及做好社团负责人的传承和交接工作，也是社团培育中的关键环节，而不仅仅是把一张平时从来不看也不用的社团章程或一张光碟和一沓照片转给新一届社长保管就算完事。

在新老社长做好传承交接工作的同时，学校总体上对新任社长的业务培训和领导能力培训也是关键的一环。“1999 学年，东吴大学在通识教育中首开《社团经营与发展》课程；淡江大学以讲座方式开设《社团经营与管理》

① Robert V. Lone (1947), ***A Comparative Study of Member and Non-member of Extra-curricular Clubs of Western State High School***, Unpublished Master's thesis, University of Michigan, p. 15.

课程，通过让学生实务运作"虚拟社团"，从中学习人际关系、社团管理与财务操作等；台北大学等也开设了类似课程，不少学校还规定《服务教育》(含扫厕所、扫教室)是大一学生必修学分。目前正准备成立学生事务研究所在职硕士班，建构一套社团理论与实务运作模式，促进社团健全发展。"①开展对社团负责人包括其他社团干部的培训，全方位地培养社团骨干的综合素质，包括团队协作、调查研究、项目管理、口头表达与展示、公民意识、责任心、领导能力、社交能力等等，需要制订出比较系统的培训计划，在学生社团干部中进行学生社团的指导思想、特点、工作方法、基本原则、组织管理技巧等内容的培训教育，切实提高学生社团干部的思想素质和业务能力。在把握好大方向的基础上，请一些比较有经验的老社长现身说法是比较能吸引住新任社长的有效培训措施。让学员在前人经验教训的基础上，通过理论与实践交叉的学习方式得到培养与提高。这样，既为各社团的发展提供了学习借鉴的平台，也为社团组织理论的成熟提供了参考。还可以邀请有经验的社团指导教师与学员一起进行社团管理方面的经验交流。此外，目前社会上尤其是一些大公司比较提倡的培训方法如拓展训练营等也是值得借鉴的。对于单纯的由学校个别行政领导做一个简单的发言或报告的这种培训，实践证明，其收效不大。当然，在培训开始前，首先需要做好社团骨干的挑选、受训对象需要的调查、社团训练课程的设计等许多工作，即根据什么标准来选拔社团骨干、哪些同学需要参加培训以及受训人员想接受哪方面的培训等问题。

需要注意的是，领导水平也是一门艺术，艺术靠天赋，艺术是教不出来的，因为天赋不可能从一个人传递到另外一个人。但是其他人可以帮助此人认识到自己的天赋并把这种天赋发挥出来。帮助社团领导人识别和发展天赋应该是社团学习的一个重要目标。"学校——从学前教育到幼儿园一直到大学——可以从具备所要求天赋的人中培养领导者，但学校不能生产

① 唐德中、胡敏：《台湾学生社团：磨志练才的摇篮》，《中国青年研究》2003年第6期。

领导者。学校可以帮助识别和开发必要的技能，从而提高管理水平。这一点同样适用于毕业之后的继续教育和成人教育。培养领导者需要提供表现所要求天赋的机会，天赋出现时要能识别出来，并帮助其发展出天赋（以及必须伴随的艺术）来。”①

台湾嘉义中心艺文社2004学年度社长庄捷涵在参加嘉义中心本学年度社团干部研习会的心得中写道：“这次的各项活动设计相当具有特色。例如，打散各社团而另行分组的编队方式，让我们建立了跨社团的人际关系，从此让我们扩大了交友圈。……四项竞赛活动（‘梦想家之家…’、‘当我是…’、‘晚会表演’与‘困境大挑战’）逼着我们使出浑身解数，没想到，这些活动竟然激发出从未见过的潜能。……回想去年参加干部研习会的时候，我只是社团的一个小干部；而今年，我则是以社长的身份参加。身为一个社长，我所代表的不再只是我自己，而是每一个用心经营社团的人。身份上的不同，造成了我心境上的差异。从被领导者到领导者，这个过程是苦涩的，但也带有甜蜜。也就是说，这领导一个社团的压力，常让人想放弃与逃走；然而，社团干部们所给予我的支持与温情，让我决定继续向前迈进。……参加完这次干部研习会，我觉得我真的进步很多了。从前，我是个拿着麦克风都会发抖的小女生；现在，我竟然成为一个站在台上能够侃侃而谈的小大人。从前，我是个不敢发表太多意见的小成员；而今，我已能完整说出自己的看法，并且成为社团的领导者。”②总体来看，就我国大陆不少学校而言，对社团干部有系统的培训的做法还不多。因此，根据实际情况，社团联定期组织各社长召开研讨会是目前比较有效的措施之一。但调查发现，不少学校几乎没有这样的会议，即使有，也只是社团联布置一下任务，简单听一下各社团最近的活动安排，仅此而已。还有什么比各个负责人在一起敞开心扉更能促使他们对社团的组织和管理进行深入的思考呢？同时，在听别的社

① 阿克夫，格林伯格著，杨彩霞译：《21世纪学习的革命》，中国人民大学出版社2010年版，第143页。

② 来源：http://chia.nou.edu.tw/fly/Joe.htm.

长谈社团的时候，自己总会自觉不自觉地与之比较，这时同辈群体同行之间所带来的无形的动力也是巨大的。因此，定期召开社团负责人研讨会，各社团负责人之间就工作过程中遇到的问题或困惑以及工作的经验进行交流，为他们提供展示自己的领导能力的机会，是目前培养社团领导人比较简单而又有效的做法。

二、加强社团指导教师间的沟通和交流

在对社团干部培训的基础上，指导教师的培训也是社团可持续发展必不可少的项目之一。学生社团的可持续发展，依然需要充分发挥指导教师的作用。由于目前各级师范院校几乎还没有开设有关学生活动指导之类的专业，而指导教师在实际的社团活动指导过程中，总会遇到这样那样的问题，总需要在实践中不断地摸索。此时，社团指导教师的在职培训就显得尤为重要。在美国的学校也同样如此。“对于有兴趣担任社团指导教师的初任教师而言，尤其是在大学师范教育没有开设学生活动指导等相关课程的情况下，岗位培训就会显得非常必要。毕竟指导社团活动所需的理念和方法的重要性，丝毫不逊色于课堂教学。”① 凡是能坚持下来的学生社团，都无一例外地离不开成年人的支持。如深圳中学的合唱团为什么一直能长盛不衰？学校领导的重视，指导教师的业务素质过硬、态度认真负责当然是其重要原因。或许有些事情对学生来说是很有难度的，但对于老师，对于一个单位就会很容易。这时适当地支持或拉一把，不仅不会妨碍学生锻炼自立、自强的能力，相反，还会使他们成长得更好，为他们重新撑起一片可以自由翱翔的蓝天。当然，指导教师的培训方式可以多样，比如举办各校间社团指导教师研讨会，同类社团指导教师在一起谈自己工作开展过程中的想法、感受和困惑，就是一项有效的可以广泛采纳的举措。“为社团活动指导而开设的夏季工作坊将会对社团指导教师有很大的帮助。在当地大学或相关教育机

① Nellie Zetta Thompson (1953), ***Your School Clubs*: *A Complete Guide to 500 Activities for Group Leaders and Members***, New York: E. P. Dutton & Co., Inc., p. 33.

构的支持下开展的各种社团活动临床诊断实践，受到了广泛的认可和欢迎。当然，最有效的实践和学习，无疑是‘以老带新’的那种‘传帮带’的在职培训了。”[①]此外，指导教师还可以对日常工作过程中出现的各种情况和问题进行深入研讨，探寻其中的深层原因，掌握社团发展规律和出现的新情况、新问题，为社团可持续发展提供理论和技术指导。

三、丰富社团活动，强化社团凝聚力

台湾学者程绍平在社团的研究中认为：“一个高凝聚力的团体才能有一个可大可久的社团。”[②]而强烈的、共同的兴趣爱好是社团凝聚力的基础。唯有社团内充满合作、友爱、融洽的气氛时，同时个人能从团体中获得心理的满足，他们才愿意留在社团里。此外，一个社团若要留住成员，必须让成员间有充分互动的机会，积极参加活动，增加彼此的了解，增强对社团的认同感、归属感以及社团凝聚力。凝聚力高的社团，其组织成员的维持时间较长，因此，这也是社团可持续发展的最佳方式。当然，凝聚力的形成因素之一必须是社团对成员有较大的吸引力。如果一个社团的活动开展不能引起社团成员的兴趣，自然就没有了吸引力，社团凝聚力也就随之降低。因此，社团要持续发展的有效策略之一在于社团本身要不断创新，能不断地吸引新成员，否则将最终失去可持续发展的基础。学生社团活动并没有一个固定的模式可以模仿和遵循。“多样性”才是社团活动保持长久生命力的本质所在。

作为学生社团，此起彼伏，有的新生，有的消亡，都属正常现象。但对于有些社团出现昙花一现的情况，我们要认真分析其中原因。当然，大致不外乎以下两点：第一，社团自身欠缺中坚力量与凝聚力，导致社团萎缩、消亡；第二，社团成员兴趣的转移，及由此引起的人员流失。当然，我们认为，一些

① Nellie Zetta Thompson (1953), ***Your School Clubs: A Complete Guide to 500 Activities for Group Leaders and Members***, New York: E. P. Dutton & Co., Inc., p. 34.

② 徐彩淑：《社团参与态度、社团凝聚力与人际关系之相关研究——以台北县参与社团国中生为例》，硕士学位论文（未发表），台北师范大学，2004 年，第 31 页。

旧的社团消失，另一些新的社团出现，这应该说是正常的现象，也符合学生社团自身的性质和特点，不足为怪。但另一方面，我们也必须看到，学校有关部门，对学生社团的关心支持不够，也是导致一些曾经起到过积极作用的社团消亡的原因之一。如果说兴趣转移导致某社团解散、消亡，这本该无可厚非，但为什么会兴趣转移呢？经过我们的调查了解，大多数情况下是该社团活动效率低下、社长不负责、管理混乱等原因才导致社团成员的兴趣转移的。因此，针对学生兴趣爱好广泛但缺乏持久性的特点，学校要适当引导和鼓励他们持续参加社团活动，而不是浅尝辄止。

当然，社团的培育和可持续发展并不是要求社团千篇一律地继承和发展下去。同样的迎新、骨干培训，同样的刊物、成果展等活动，会因不同的社团负责人而有不同的方式展现特色，会因不同类型的社团而呈现不同的风格，会因不同成员的组合而有不同的风貌。因此，如何在继承和创新之间获得新的平衡，如何整合现有资源的各种优势，如何将现有社团成员的特长和兴趣发挥到极致，是不同的社团共同的努力方向。

四、加快社团的制度化进程，营造积极健康的社团文化

如何因校长、指导教师、社长等人员的更迭而不至于导致学生社团的有始无终、昙花一现？现实中，我们很难保证每一任校长都能非常重视学生社团，也不能保证每一位指导教师都能在对社团活动的指导业务上游刃有余、态度上认真负责，更不能保证身为学生的社长能够对本社团的发展总揽全局、兢兢业业。这样看来，头痛医头、脚痛医脚的做法并不能从根本上解决问题。而社团可持续发展所面临的一个重要问题就是学生社团活动的制度化、规范化。系统的、相对完备的、稳定的管理制度是学生社团可持续发展的保障。传统上，我们一般以为，与制度化和规范化紧密相连的是死板、没有灵活性，这是制度化的负面影响。但一定的制度化和规范化会让人们自觉遵守传统的惯例和制度，并一如既往地贯彻落实下去。我们在美国生活一段时间发现，美国的法律制度很健全，人们都有着很强的法制意识，它在人们心目中的地位是坚不可摧的。但如此健全的法律制度并没有因此而成

为了人们思维和行动的羁绊。相反，在这样的一个法律范围内，你可以充分发挥你的想象和才干。这时，所体现出的恰是法律制度给人们带来的正面的积极的作用和影响。因此，这就要求我们在制订相关规章制度时，其目的在于促进而不是阻碍其发展。合理的规章制度更应该有利于人们创造性的发挥。

一个没有良好社团文化的学校，注定是一个没有个性和品位的学校。而社团文化缺乏积淀和延续性这一现象的存在，也是导致社团活动开展受人为因素影响较大的原因之一。针对学生社团发展中出现的“昙花一现”和“忽冷忽热”的现象，在社团发展中应强化社团的创业文化，引导学生以创新的激情和创业的热情，求社团的可持续发展，求学生的全面发展。人员流动性大的特点决定了学生社团在文化传承方面需要多努力，也更需要通过社团文化来维持学生社团的相对稳定和可持续发展。

社团是一个可以充分展现风采的舞台，学生毫无疑问扮演着缤纷舞台上的主角。从邓小平理论研究会到话剧社，从环保协会到动漫社，从爱心义工联到街舞社，新一代的社团人在这里放飞着他们青春的梦想，涂鸦着人生中最浓重的一笔，演绎着最真实的生命。如今的校园，不仅是学生获取知识的“炼狱”，更是他们发展兴趣、张扬个性的殿堂。是社团为他们创设了情感丰富、实践锻炼、连接学校与社会的有利平台。校园社团是校园活力的象征。在这里，有思想的碰撞，有智慧的交锋，有生活的激情，有爱心的奉献。他们在校园社团的舞台上崭露头角，他们从校园社团的文化中汲取营养，他们于校园社团的交往间了解社会。社团让他们感受到了忙碌中的快乐，社团让他们体悟到了指点江山的豪迈。意气风发的社团人为中学校园谱写了一曲动听的歌谣，更为青春的流年烙下了激情的印证。

“教育面对的是人，教育的世界是人的世界。”①学校生活是学生成长的重要时期。学生生活是人的生活，是完整的生活。有人把它形容为“像天空

① 鲁洁：《实然与应然两重性：教育学的一种人性假设》，《华东师范大学学报》1998年第4期。

一样广阔而又千变万化的学生生活”①。但是，如果只有对书本的认知，没有对生活的体验；只有知识的灌输，没有交往的实践；只有封闭的班级与课堂，没有开放丰富的实践活动；只有脱离家庭和社区的封闭的学校生活，而没有广阔、和谐的社会生活空间，就不可能有完整的人的生活。校园社团为学生的全面、和谐发展创设的宽松环境，让学生真正体悟到了学校不只是知识的“炼狱”，更是他们成长的乐园。这时，他们才发现，你是鱼儿，就可以在辽阔的海洋尽情腾跃；你是小鸟，就可以在无垠的天空展翅高飞。这时，他们才发现，原来社会的大舞台竟是如此的绚烂多彩。

约翰·杜威认为，“教育的目的不仅仅是培养公民，培养工人、父亲或母亲，而是最终要培养获得圆满生活的人。”②教育的本质在于“树人”，但我们要“树”的“人”是能够适应当今社会生活的人，而不仅仅是适应校园生活的学生。学生社团本身就是一个小集体、小社会。社团生活锻炼了社团成员处理各种人际关系的能力，使他们能处理较为复杂的社会日常事务。学生社团作为学生与社会联系的桥梁，在学生和社会之间搭建了一个很好的平台，在他们真正踏入社会之前，无疑起到了“模拟”的作用。但是，社团育人功能的真正实现和发挥，还必须经过社会大环境的洗礼和浸润，必须加强社团与社会的联系和接轨。一个人的成长和发展离不开“社会”这块肥沃的土壤，也离不开“社会”的千锤百炼和风吹雨打。温室里的花朵终究经不起大自然狂风暴雨的侵袭而走向衰亡，笑迎凛冽寒风的腊梅才最终成为生活中的强者。

---

① 孙云晓：《青春社会场——当代中学生社团生活纪实》，四川少年儿童出版社 1992 年版。参阅 http://www.cycnet.com/sunyunxiao/c_literature/c_a_report/c_a_report08/184945.htm.

② [美]约翰·I.古得莱得著，苏智欣等译：《一个称作学校的地方》，华东师范大学出版社 2006 年版，第 49 页。

结语
两种学习："个人学习"与"社团学习"的融合

在学校教育的现实中，客观地存在着个人学习和社团学习这两种学习方式。个人学习以"获得"为隐喻，强调的是个人知识的获得，在这种学习方式中，教育者的主要精力在于试图将客观的、现存的知识以生活传播、传递的方式输入到学生的头脑中，这种学习更多地是一种个人心智的工作，是一种倾向于个人化努力的活动。社团学习以"参与"为隐喻，强调的是群体的学习，是一种个人参与群体并推动群体发展的活动，这种学习更多地关注个人融入群体并在群体中获得身份感的不利，更多地关注个人在群体中获得的发展，这种发展不是知识的获得，而是参与的深化，学习与身份的获得同时进行。

近年来，随着建构主义思潮的滥觞，个人学习饱受诟病。人们将其称为适合工业生产模式的、以教为中心的、单向传递的、灌输式的……教育。在这种学习模式之下，学生主要是为了个人的自我奋斗，进行个体的认知活动，这种活动以符号运算为基础，谋求专业知识的获得和迁移，脱离了真实具体的生活情境，较少关注实践中的问题。而社团学习似乎也不可过于依赖，因为它具有使学生在认知方面的智慧缺失的危险，毕竟，这种非正式学习难以帮助学生实现系统知识的习得，而系统知识是进行实践不可或缺的基础和工具。

无论如何，作为以实践为主要目标的社团学习似乎天然地拥有解决传统的课堂教学内含的诸种弊端的优势。"参与到实践共同体、共享组织的实践，首先是支持集团的默会的内嵌性知识的习得，这部分正是传统教育与培训体系所无视和无奈的知识。”[①]甚至某种程度上看，对课堂教学的局限性的超越，就是由个人学习走向社团学习。这种学习方式的转向是从心理学、人类学、教育学、社会学等诸多学科对知识研究得出的新发现开始的。如有研究者认为：“伴随着对知识的研究在四个方向上的延展：从个人性走向社会性、从个人的知识走到集团的知识、从显性的知识到默会的知识、又从拥有的知识到实践行动的知识，我们对学习的理解也从个人化的训练、教授转向集体的协商和实践的浸润，学习者或实践者所处的文化的、知识的、专业的共同体随之构成了学习的一个重要变量，学习者和所在共同体的相互形塑也成为学习研究的一个崭新的问题。”[②]再如：“梳理百年的学习研究历史，一条跃动的脉络逐渐清晰，一条从强调个体经验的获得——无论是个体行为的塑造、认知图式的形成还是意义的建构，到对学习的社会性的强调，学习理论的发展已然从个体走向了群体。”[③]似乎这一切都预示和呼唤着一种从个人学习向社团学习的转向。甚至于有的学者提出，学习不是发生在个体头脑中，而是发生在一个合作性参与的过程中，“学习是一个发生在参与性框架中的过程，而不是发生在个体头脑中的”[④]。

但是这并不意味着要以社团学习取代课堂学习。课堂学习从其获得理论、学术发展的角度看，还是必不可少的。同时，社团学习作为一种传统的、隐性的学习方式也有其自身的不足。我们倡导社团学习并不是要以社团学习完全取代个人学习。在人的学习中，这两种学习方式都是必需的。我们不能以其中一种取代另外一种，也不能以其中一种为母本，吸收、嫁接另外一种的优点，先不说这样正确与否，本身这是不可能的。最好的处理方式是在两种学习之间进行游弋，根据需要各取所需，各得其所。

实际上，很多研究者也发现了这个问题。有个人学习和社团学习这两种学习的区分，就应该有与其相对应的两种课程的区分。莱夫区分了两种不同的课程，即学习型课程和教学型课程。教学型课程是针对新手的教学

---

① 赵健：《学习共同体：关于学习的社会文化分析》，华东师范大学出版社 2006 年版，第 53 页。

② 赵健：《学习共同体：关于学习的社会文化分析》，华东师范大学出版社 2006 年版，第 35 页。

③ 郑葳：《学习共同体：文化生态学习环境的理想架构》，教育科学出版社 2007 年版，第 101 页。

④ 莱夫等著，王文静译：《情境学习：合法的边缘性参与》，华东师范大学出版社 2004 年版，前言第 3 页。

而建构的,是个人学习所需要的;学习型课程是针对共同体学习而建构的,是社团学习所需要的,是面向实践的。"学习型课程是由情境化的机会组成的,这种情境化的机会面向即兴发展新的实践;从学习者的视角来看,学习型课程是日常实践中学习资源的一个领域。"①这两种不同的课程无所谓优劣,它针对不同的需要,只要是在某个时候需要的就是合适的、好的。这就意味着,学习者根据学习的需要可以在这两种课程之间游弋,形成一个学习的回路。当学习者进行个人学习的时候,采用的是教学型课程;当学习者进入社团学习的时候,就采用学习型课程。

为了帮助学习者实现在两种学习之间的转换,美国学者赖格卢斯(Charles M. Reigeluth)设计了一种新的教育范式,他称这种教育范式是第二次教育革命。"我们设想大部分的学习都将在学习团队当中完成,学习者相互合作,共同解决学习问题。在学习的过程中,我们可以设想有两个学习空间的存在:项目空间和教学空间。在项目空间里,学习者以学习团队的形式,共同合作解决学习问题。一旦他们遇到因为知识不足而无法解决问题的情况,他们将跳出项目空间,转而进入教学空间。在这里,一些传统的教学理论将发挥它们的作用,例如,我们可以运用'概括—举例—实践—反馈'的教学理论对学习者进行指导。在计算机教学环境下,学习者可以首先以学习团队或个人学习的方式,通过模拟情景教学游戏真实地操作一个'项目';一旦学习者遇到知识不足的情况,无法继续操作'项目'时,情景教学游戏暂时终止,教学系统开始启动,虚拟教师开始给学习者进行实时指导,教给学习者必要的知识或技能。这整个的学习过程都可以在同一台计算机,同一个教学系统里完成。一旦学习者在'教学空间'里掌握了他所需要的知识,他就可以回到'项目空间'里继续学习。因此,在信息时代,我们所设想的情形是这样的:在'教学空间'里,传统的教学理论仍然是有效的;然而我们需要一个更完善的教学理论体系。这个理论体系包含了问题式学习理论、合作式学习理论以及其他有关电子学习模拟游戏设计和人机关系设计的一系列的理论。这些不同的理论组成了大的理论框架,同时在这个大理

① 莱夫等著,王文静译:《情境学习:合法的边缘性参与》,华东师范大学出版社 2004 年版,第 44 页。

论框架内我们也需要传统的教学理论。”①阿兰·柯林斯将这种转换的方式称为“交织”。“‘交织’的意思是你必须在运用知识和学习知识背后的原理这两者之间往返移动，将两者结合。学校教育多侧重知识的结构，但不告诉学生怎样使用知识。因此，我们需要将学习知识结构和运用知识结合起来。”②

赖格卢斯设想的是一种在信息技术支持下的两种学习之间的转换，当然，在传统的教学手段之下，我们也可以进行这两种学习的转换。学习者先以团队或社团学习的方式进行基于问题、基于项目的学习，他们以合作的方式在真实的情境中解决真实的问题；在学习的过程中，一旦遇到无法解决的问题，需要用到某个他们所没有接触到的知识的时候，就转入个人学习，他们从真实的情境回归到课堂，由教师对他们进行传统的知识教学。一旦掌握了他们所需要的知识，接着再转入社团学习，继续进行他们的项目学习。如此反复，在两种学习之间游弋。这样灵活地转换，既可以避免两种学习方式各自的弊端，又可以发挥两种学习方式各自的优势。当进行个人学习的时候，他们不再是处于一种竞争的氛围，而是为了掌握知识可以继续项目的学习，这种学习不是为了选拔，而是为了应用，这样就避免了个人学习中的竞争问题。当进行社团学习的时候，他们是在真实的情境之中，学习可以与社会对接，顺利实现知识的迁移，避免了呆滞的知识积累。同时，在两种学习之间的顺利转换，又可以避免团队学习中对学术性知识掌握低效、无力的窘况，因为他们可以随时返回个人学习状态，解决知识上的不足。

个人学习和社团学习两种学习之间的游弋，也是在正式学习和非正式学习之间的游弋，同时还是在正式组织与非正式组织之间的游弋。我们设想学习在这多种学习类型和组织的游弋中，真正做到扬长避短，带来一场学习上真正的革命。

---

① 段敏静，裴新宁，李馨：《教育系统的范式转变——对话国际教学设计专家 Charles M. Reigeluth 教授》，《中国电化教育》2009 年第 5 期。

② 陈家刚，张静然：《认知学徒制、技术与第二次教育革命——美国西北大学 Allan Collins 教授访谈录》，《中国电化教育》2009 年第 4 期。

附录

（一）学生社团调查问卷

亲爱的同学：

为了全面了解贵校学生社团的历史与现状，更好地促进学生社团活动的开展，为广大同学营造一个丰富、和谐、多彩的学校文化氛围，促进各位同学的健康发展、全面发展与特长发展，我们特编制了以下问卷。本调查仅用于课题研究，不记姓名，请您根据自己了解的情况，如实填写，十分感谢您的合作！

2007年3月6日

预备性问题（请将所选答案的序号填在答题纸相应的空格内，每题限选一个答案）：

1. 你现在所属社团的名称：________

2. 性别：① 男　　② 女

3. 所在学校：

① 小学　　② 初中　　③ 高中　　④ 大学

4. 现任职：

① 普通学生　② 校团委干部　③ 校学生会干部
④ 校社团干部　⑤ 班级干部

一、单项选择题(每题后均有若干个备选答案,请将您认为最合适的答案序号填在答题纸相应的空格内,每题限选一个答案):

5. 你认为目前你校社团活动的总体质量:
① 较差　② 一般　③ 好　④ 非常好

6. 你认为目前你所在社团的活动形式如何?
① 太单调、死板　② 一般
③ 很活跃　④ 基本无社团活动

7. 你比较喜欢参加哪种类型的社团活动?
① 政治理论类　② 学科拓展类　③ 文学艺术类　④ 娱乐休闲类
⑤ 体育竞技类　⑥ 社会服务类　⑦ 网络时尚类

8. 你为什么选择参加目前这个社团?
① 为了提高相关学科的学业成绩,对升学有帮助
② 对该社团的活动很感兴趣,可以发展一种特长
③ 为了锻炼自己的组织能力
④ 无明确目的,随好朋友一起来的
⑤ 这个社团不会浪费很多学习时间
⑥ 没能参加其他想参加的社团

9. 你认为目前的社团生活给你带来的最大好处是:
① 拓展学科知识,有助于学习
② 培养兴趣、爱好和特长,彰显个性
③ 娱乐放松,丰富课余生活
④ 提高组织、协调等综合素质
⑤ 拓展交友渠道
⑥ 加强与社会的联系,熟悉社会,了解社会

10. 你认为中学生社团的生存和发展,关键在于:

① 社团本身的独立自主和开拓创新

② 学校的重视和扶持

③ 学校和社团共同努力,以学校的管理、计划和经费、场地的支持为主

④ 学校和社团共同配合,以社团自身努力为主,学校重在引导

11. 你所在的社团:

① 制度章程健全,执行得力

② 有相关制度章程,但执行中是另一回事

③ 没什么制度章程,管理混乱,无章法

12. 你所在社团活动经费的主要来源是:

① 学校拨款　② 成员缴纳　③ 社会赞助

13. 你认为你校社团与社会的联系,总体而言:

① 较多　② 一般

③ 较少　④ 几乎没有联系

14. 你认为你校社团在外部支持和条件方面存在的主要问题是:

① 学校对社团活动不重视,活动场地、资金无保证

② 规章制度不完善,管理混乱

③ 指导教师配备不到位,作用发挥不够

④ 各个社团之间缺乏资源共享和有效沟通合作

15. 你认为校长对于一个学校社团的发展:

① 不重要　② 有些重要　③ 重要　④ 非常重要

16. 你认为目前你所在社团的指导老师:

① 工作认真负责,但几乎体现不出学生在社团活动中的自主性

② 有放有收,既能宏观引导,又能充分发挥学生的自主性

③ 能力有限,不能为学生社团提供有效的指导和帮助

④ 几乎不管,任由社团自由发展

⑤ 无指导老师

17. 你认为学生社团中指导老师的配备应:

① 根据不同社团的性质和需要,有选择地配备指导老师

② 不需要指导老师

③ 学生很多还不能独立，每个社团均应配备指导老师

18. 你的家长对你参加社团：

① 反对，认为参加社团活动会影响到课程学习

② 只希望参加学科类的社团

③ 支持，鼓励我可以适当参加些自己喜欢的社团活动

④ 从不过问

19. 你对目前你所在社团负责人的工作：

① 非常满意　　② 满意　　③ 不太满意　　④ 不满意

20. 你认为作为一个社团的负责人，最重要的素质应是：

① 热情和责任心　　② 领导能力

③ 本社团领域的专业技能第一　　④ 学习成绩好

⑤ 人缘好

21. 综合内外因素，你认为制约你校社团发展的最大障碍是：

① 学校领导不重视，场地、经费无保证

② 规章制度不完善，日常管理混乱

③ 指导老师不得力

④ 社长不负责

⑤ 成员本身积极性不高

22. 你认为你所在社团在开展活动时经常遇到的主要问题是：

① 成员参与积极性不高　　② 活动流于形式

③ 活动经费不足　　④ 场地没有保障

⑤ 缺指导老师或指导老师不发挥作用

23. 你认为改进你校社团状况的最有效措施是：

① 给出充足的活动时间　　② 加大资金投入

③ 配备强有力的指导老师　　④ 校领导的重视

⑤ 社长及社团骨干充分发挥作用　　⑥ 家长的支持

⑦ 成员本身热情高效地参与

二、简答题(请将答案写在相应题目下面的空白处):

1. 请就目前学生社团发展现状、问题及其有效对策谈谈您的看法。

2. 写出你“参加社团”或“不参加社团”的 n 个理由。

学生社团调查问卷

预备性问题及单项选择题答题纸

请从每题后的若干个备选答案中选择一个最合适的答案,将答案序号填在下列相应的空格内。每题限选一个答案。

题号	选项	题号	选项	题号	选项
1		9		17	
2		10		18	
3		11		19	
4		12		20	
5		13		21	
6		14		22	
7		15		23	
8		16			

（二）学生社团访谈提纲(学生卷)

1. 您校社团活动的整体状况如何？

2. 与其他兄弟学校相比，您认为您校社团有何优势与不足？

3. 您认为目前哪些社团的活动开展得不错？为什么？

4. 您认为一个社团开展得成功与否，关键在于什么？

5. 您认为社团生活在您的学生生活中的地位如何？您如何看待参加社团活动与课业学习之间的关系？

6. 您对您校社团负责人的总体评价是什么？您认为作为社团负责人，最主要的素质要求是什么？

7. 学校领导对学生社团的重视程度如何？主要做了哪些工作来促进学生社团的发展？有何需要改进的地方？

8. 您校社团指导教师的整体情况如何？您认为社团指导教师在社团发展中所起的的作用主要是什么？在学生社团发展上，您如何看待指导教师与学生自主之间的关系？

9. 您认为目前您校社团发展方面存在的最大问题与不足是什么？

10. 您认为该从哪些方面来努力改进当前您校社团发展的现状？

（三）学生社团访谈提纲(社团负责人卷)

1. 您是如何成为目前该社团的负责人的？

2. 您认为您成为该社团负责人的主要优势在哪里？

3. 您认为作为社团负责人，最主要的任务和责任是什么？

4. 您是如何看待和处理社团工作和课业学习之间的关系的？

5. 您认为社团负责人与社团成员间的关系该是怎样的？您的主要做法是什么？

6. 您在社团工作的主要收获是什么？工作过程的主要困惑又是什么？

7. 您对社团活动的开展有何建议？您认为阻碍您社团发展的最大障碍是什么？

（四）学生社团访谈提纲（指导教师卷）

1. 您是如何成为社团指导教师的？

2. 您指导的社团与您的任教学科有无直接联系？您认为指导学生社团在您的学科教学上是否有帮助？

3. 您认为作为指导教师，该如何正确、充分地发挥在社团发展中的作用？

4. 与其他社团指导教师相比，您认为您在指导社团活动方面的优势和不足分别是什么？

5. 您在指导社团活动过程中的困惑主要是什么？

6. 您认为您理想中的社团该是如何组建、如何开展活动的？

（五）学生社团访谈提纲（团委书记卷）

1. 贵校学生社团的历史和现状如何？包括发展历史、主要类型与活动形式、时间安排、设施配备、资金投入、同学们的参与积极性、活动效果、指导教师对社团的态度和作用等。

2. 总体而言，您认为贵校社团开展与兄弟学校相比，有何不足与优势？

3. 贵校是如何看待和认识学生社团活动之于学校、社会以及学生成长和发展的作用和价值的？

4. 贵校学生社团的纳新主要通过哪些方式？

5. 对于不同年级的学生，在参与社团活动方面，有没有相关的限制或规定？

6. 贵校学生社团的管理体制如何？这样的体制与制度，其优势在哪里？您认为是否存在有需要改进的地方？

7. 贵校在社团活动时间、场地的安排上如何？社团成员对此的满意度如何？各社团之间的横向联系与协调如何？

8. 贵校社团活动开展的总体效果如何？各个社团开展活动的水平和效果相比较有何差别？

9. 哪些社团近几年被终止或自动解散？其原因是什么？

10. 相比较而言，近几年来贵校在学生社团活动方面有什么明显的变化？其主要原因是什么？

11. 校团委管理部门在社团发展和管理上所坚持的主要原则是什么？

12. 对于社团指导教师的配备，贵校的主要做法是什么？您认为需要改进的地方在哪里？

13. 您认为社团负责人在社团发展中所起的作用如何？贵校对于社团负责人的产生有何值得提倡的做法？

（六）学生社团访谈提纲（校长卷）

1. 您是如何看待学生社团活动的？

2. 目前贵校学生社团活动开展的如何？

3. 近几年来，贵校学生社团活动有什么明显的变化？主要原因是什么？

4. 与您之前工作的另一所学校相比，您认为目前贵校的学生社团开展的如何？有何优势和不足？这些优势和不足主要源于什么？

5. 您认为总体上贵校对社团的支持程度如何？主要成绩和不足是什么？

6. 您如何看待指导教师在社团活动中的作用？

7. 您如何看待学生参加社团活动与课业学习之间的关系？

8. 您认为一个社团成功的最根本的因素是什么？为什么？

9. 您认为贵校哪些社团开展得比较成功？为什么？哪些社团存在着较突出的问题？为什么？

（七）美国西州立高中(Western State High School)社团调查问卷(1946年)[①]

你被选入参与到西州立高中有关学生兴趣、态度的研究中来。你的姓名等所提供的信息不会被公开，本问卷用途仅限于本人研究之用。

关于下面的问卷，请你在最符合的答案下划线，或将你的答案写在划线部分处。

Ⅰ 个人信息

姓名__________ 年龄__________ 年级__________

Ⅱ 个人兴趣

1. 你平时主要阅读哪些报纸？

2. 你对哪类报纸最感兴趣？（在下面相应的横线上填上相应的序号）

运动类________ 滑稽类________ 美国新闻________

世界新闻________ 地方新闻________ 广告类________

故事特写类________ 社论________

3. 你平时主要阅读哪些杂志？

4. 你一般多久去一次电影？（在合适的答案下划线）

一周一次 一周两次 一周三次 两周一次

一个月一次 很少 从不

5. 你一般怎么来打发你的休闲时间？

6. 你一般多久去一次教堂？（在合适的答案下划线）

比较固定（一个月 3—4 次）

不太固定（平均一个月 1—2 次）

---

① Robert V. Lone (1947), ***A Comparative Study of Member and Non-member of Extra-curricular Clubs of Western State High School***, Unpublished Master's thesis, University of Michigan, pp. 178—180.

一般在教会节日时才去(圣诞节、棕枝主日(Palm Sunday)、复活节等)

从不

7. 你是某教会组织(比如唱诗班、青年组织等)的成员吗?

是的　　　　不是

8. 你一般参加哪些教堂活动?

9. 除学校活动和教堂活动外,你还想参加哪些活动但目前还没机会参加?

10. (接问题9)是什么原因导致你还没能参加这些活动?

Ⅲ　你的学校生活

1. 在西州立高中你有“在家”的感觉吗?

是的　　　　不是

2. (接问题1)如果你没有这种感觉,那么你认为是什么原因导致的?

3. (接问题1)如果在学校你有在家的感觉,那么又是什么让你有这种感觉的?

4. 对于老师,你最敬仰的品格是什么?

5. 你认为西州立高中的教师都具备这种品格吗?

是的,所有　　　　大部分具备

一般具备　　　　只有少数几个具备

都没有

Ⅳ　你学校里的社会生活

1. 目前你参加了某社团活动吗?(指那种每周固定开展活动的社团活动)

是的　　　　不是

2. 如果你是某学习小组的成员,是什么原因让你参加这个小组而没有参加别的社团活动?

3. 撇开现在学校里开展的社团活动不谈,你认为还有必要组建其他的社团吗? 都是哪些?

4. 除了学校的社团活动,你还参加了哪些课外活动?(如橄榄球、棒球、

辩论会、戏剧社和唱诗班等)

5. 如果你现在属于某学习小组,之前你参加过其他的学习小组或课外活动(包括社团活动)吗?(仅指在西州立高中)

是的　　　　不是

Ⅴ　你的"秘密生活"

1. 如果你可以选择,不考虑任何困难因素,你希望你长大后做什么?(只选一个)

2. 面对现实,你希望自己将来成为一个什么样的人?

3. 如果两者不同,你认为其中的障碍是什么?

4. 如果你还记得你儿时的梦想,那时的你梦想长大后成为什么?

5. 你的父母对你的愿望表示赞同吗?

是的　　　　不是

6. 如果不是,他们希望你将来做什么?

7. 平时让你最担心的事情是什么?

8. 生活中你不满意的事情是什么?

9. 生活中你最开心的事情是什么?

Ⅵ　你的日常花费问题

1. 平时你的父母或监护人给你零花钱吗?

是的　　　　不是

2. 一般一周给你多少?

3. 父母给你这些零花钱,你一般需要为这些零花钱做些事情吗?

是的　　　　不是

那你一般都做哪些事情?

4. 你还到外面去为自己赚些零花钱吗?

5. 你一般到外面做哪些工作?

6. 你一般一周要工作多长时间?

参考文献

[1] 国亚萍.青春南方:中山大学学生社团简史[M].广州:中山大学出版社,2004.

[2] 何雅.打开一扇窗 自己往外看——解码社团情结、学生干部、社会兼职[M].上海:复旦大学出版社,2004.

[3] 华中师范学院教育科学研究所.陶行知全集:第二卷[M].长沙:湖南教育出版社,1985.

[4] 华中师范学院教育科学研究所.陶行知全集:第一卷[M].长沙:湖南教育出版社,1984.

[5] 李春玲.中学生的个性培养[M].北京:北京师范学院出版社,1991.

[6] 吴慧珠、蒋晓:课外校外活动[M].北京:人民教育出版社,1991.

[7] 沈千帆.社团人:来自北大的青春故事[M].北京:中国画报出版社,2004.

[8] 孙云晓.青春社会场——当代中学生社团生活纪实[M].成都:四川少年儿童出版社,1992.

[9] 陶国富.大学校园文化[M].上海:学林出版社,1997.

[10] 王名.中国社团改革——从政府选择到社会选择[M].北京:社会科学文献出版社,2001.

[11] 王世刚.中国社团史[M].合肥:安徽人民出版社,1994.

[12] 吴忠泽，陈金罗. 社团管理工作[M]. 北京：中国社会出版社，1996.

[13] 张允侯. 五四时期的社团(三)[M]. 北京：生活·读书·新知三联书店，1979.

[14] 白芸. 都市中学的学生文化[M]. 济南：山东教育出版社，2006.

[15] 董小苹. 不同世界的中学生——中日美三国中学生价值观比较研究[M]. 上海：上海社会科学院出版社，1996.

[16] [美]丹尼尔森. 学校改进之框架：提高学生成就[M]. 陈萍，覃云云，译. 北京：中国轻工业出版社，2005.

[17] [美]温格 E. 实践社团：学习型组织知识管理指南[M]. 边婧，译. 北京：机械工业出版社，2003.

[18] [美]约翰·I. 古得莱得. 一个称作学校的地方[M]. 苏智欣等，译. 上海：华东师范大学出版社，2006.

[19] [日]麦岛文夫. 中学生与生活[M]. 刘平，译. 北京：中国青年出版社，1988.

[20] [日]片冈德雄. 班级社会学[M]. 贺晓星，译. 北京：北京教育出版社，1993.

[21] [瑞]查尔斯·赫梅尔. 今日的教育为了明日的世界——为国际教育局写的研究报告[M]. 王静，赵穗生，译. 北京：中国对外翻译出版公司，1983.

[22] 丁建洋. 构建以促进学生发展为目标的高校学生社团建设模式[D]. 大连：辽宁师范大学，2004.

[23] 胡宝国. 大学校园内的学生社团发展研究[D]. 上海：华东理工大学，2005.

[24] 胡小兵. 高校学生社团建设研究[D]. 武汉：武汉大学，2005.

[25] 欧阳大文. 中美高校学生社团的比较研究[D]. 长沙：湖南师范大学，2007.

[26] 钱东兴. 上海市历城中学动漫社团发展研究[D]. 上海：华东师范大学，2006.

[27] 徐彩淑.社团参与态度、社团凝聚力与人际关系之相关研究——以台北县参与社团国中生为例[D]. 台北:台北师范大学,2004.

[28] 徐小红.中学文学社团活动的理念创新与实践策略[D]. 南京:南京师范大学，2007.

[29] 杨宝忠.高校学生社团建设的理性思考[D]. 长春:东北师范大学,2004.

[30] 曾晟堂.五四时期知识分子社团研究[D]. 上海:华东师范大学,2000.

[31] 张小莉.1917－1927 年北大学生社团研究[D]. 长沙:中南大学,2005.

[32] 赵山.论个体与团体制约——高校学生社团社会化功能解析[D]. 长春:吉林大学，2004.

[33] 朱山梅.社团活动与大学生自我同一性的关系——以华中科技大学为实例[D]. 武汉:华中科技大学，2004.

[34] Edginton C R, Jordan D J, DeGraaf D G, et al. Leisure and Life, Satisfaction: Foundational Perspectives [M]. 3rd, ed. New York: McGraw-Hill Higher Education, 2002.

[35] Klesse E J. Student Activities in Today's Schools: Essential Learning for All Youth[M]. Lanham: Scarecrow Education, 2004.

[36] Wilds E H. Extra-curricular Activities[M]. New York: The Century Company, 1926.

[37] Bowes J S. Avenues to America's Past: Readings in American History, with Student Activities[M]. New Jersey: General Learning Corporation, 1969.

[38] Kennedy K J. Changing Schools for Changing Times: New Directions for the School Curriculum in Hong Kong[M]. Hong Kong: The Chinese University Press, 2005.

[39] Thompson N Z. Your School Clubs: A Complete Guide to 500

Activities for Group Leaders and Members[M]. New York: E. P. Dutton & Co. , Inc. , 1953.

[40] Woods P A. Democratic Leadership in Education[M]. London: Paul Chapman Publishing, 2005.

[41] Smith S L. Live it, Learn it: the Academic Club Methodology for Students with Learning Disabilities and ADHD[M]. Baltimore, London, Sydney: Paul H. Brookes Publishing Co. , Inc. , 2005.

图书在版编目(CIP)数据

学生社团生活:一种学习的新视野 / 谭维智,赵瑞情著.
—济南:山东教育出版社,2012
ISBN 978－7－5328－7488－0

Ⅰ.①学… Ⅱ.①谭… ②赵… Ⅲ.①学生—社会团
体—研究—中国 Ⅳ.①G455.7

中国版本图书馆 CIP 数据核字(2013)第 226723 号

现代教育管理论丛
学生社团生活:一种学习的新视野
谭维智 赵瑞情 著

主　管:山东出版传媒股份有限公司
出版者:山东教育出版社
(济南市纬一路 321 号　邮编:250001)
电　话:(0531)82092664　传　真:(0531)82092625
网　址:http://www.sjs.com.cn
发　行:山东教育出版社
印　刷:山东德州新华印务有限责任公司
版　次:2013 年 7 月第 1 版第 1 次印刷
规　格:787mm×1092mm　16 开本
印　张:17.5 印张
字　数:327 千字
书　号:ISBN 978－7－5328－7488－0
定　价:36.00 元

(如印装质量有问题,请与印刷厂联系调换)
印厂电话:0534－2671218